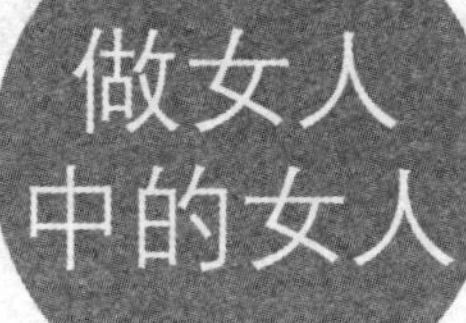

咖啡猫女 著

女人，交际全攻略

Nuren Jiaoji Quan Gonglue

增强女人能力
储存女人实力
积蓄女人人力
提升女人人气

中国纺织出版社

内容提要

对于女人而言，若想在这个社会生存，并且生活得很好，就必须让自己拥有充足的人脉资源，而人脉的获得必然离不开人与人的交往。如何让自己在社会交往中脱颖而出，如何成为大家喜欢并且愿意帮助与合作的人，这些都需要一定的方式与技巧。但是，许多女性缺乏交际技巧，以至于迟迟建立不起自己的人脉网络。本书就是要告诉女性朋友如何利用自身优势去打造、经营、维护自己的人脉。交际不只是男人的事，女人同样可以通过得体的办事方式来使自己成为交际场合最受欢迎的智慧女人。

图书在版编目(CIP)数据

女人交际全攻略：做一个会办事的智慧女人/咖啡猫女著.—北京：中国纺织出版社，2010.7

ISBN 978-7-5064-6482-6

Ⅰ.①女… Ⅱ.①咖… Ⅲ.①女性—人性关系学—通俗读物

Ⅳ.①C912.1-49

中国版本图书馆 CIP 数据核字(2010)第 097401 号

策划编辑：王　慧　　责任编辑：宗　静

特约编辑：李巧新　　责任印制：周　强

中国纺织出版社出版发行

地址：北京东直门南大街 6 号　邮政编码：100027

邮购电话：010—64168110　传真：010—64168231

http://www.c-textilep.com

E-mail:faxing@c-textilep.com

北京中印联印务有限公司印刷　各地新华书店经销

2010 年 7 月第 1 版　2015 年 2 月 第 2 次印刷

开本：710×1000　1/16　印张：20.5

字数：207 千字　定价：35.00 元

前　言

时下，女人对成功的渴望越来越强烈了。但是，正如一句歌词所道出的那样："从来女子做大事，九苦一分甜。"女人要想获得成功，就要付出比男人更多的努力和艰辛。

面对这种现状，有些女人开始选择以青春美貌来作为吸引他人的资本，然而，无奈"刹那芳华尽，弹指红颜老"，曾经时刻追随身后的那些男人转眼便不知去向；有些女人干脆秉持"干得好不如嫁得好"这样的想法，想嫁入豪门，殊不知，婚姻不仅需要经营与维系，还需要一个女人具备一种永恒的吸引力，以俘获男人一生；还有一些女人选择做命运的主宰，要求自己即使做不成"女强人"，也要做一个"强女人"，因此在承担着照顾一家老小的重担的同时，还要出入职场和交际场合。对于前两种女人而言，幸福和快乐总是"转眼皆成空"；而后一种女人，不但能够收获成功，同时也能让幸福和快乐成为永恒。

你想要做哪一种女人呢？

相信聪明的你一定会毫不犹豫地选择做后者！

但是在你选择之前，一定要做好应对艰难的心理准备，不仅包括体力的透支、能力的考验，还包括应对错综复杂的人际关系。然而，在这个充满竞争的时代，强壮的体魄和卓越的技能固然重要，但丰富而坚实的人脉资源，也能够影响一个人的成功。

所以，女人们，请从现在开始培养你的交际能力，以期能够在社会交往中脱颖而出，成为大家喜欢并且愿意帮助与合作的人。

当然，这些都是需要你具备一定的方式与技巧的。而现实生活中的许多女性，尤其是年轻女性，往往没有社交经验，也缺乏社交技巧，她们不懂得利用自身的优势，也不了解自己究竟有哪些优势，于是在对社交的恐惧与对自身的小看中蹉跎了岁月。

其实，女性的这种态度本身并没有什么错误，但是它却对人际关系的经营起不到好的作用。请将这种态度抛弃，因为你是一个希望自己的幸福与快乐可以永恒的人，所以，你就不得不去积极地与各种人打交道，掌握人际沟通技巧，熟知经营人脉的方式。只有这样，你才能为你想要的生活铺平道路。

本书就是要告诉各位女性朋友，如何利用自身优势去经营自己的人脉，如何运用绝妙的技巧去织造完美的人际关系网。

谁说社交一定是男人的事情，女人同样可以利用“优先权”，来为自己谋福利。你的表情、举止、仪态、言谈都是制胜的筹码，你的待人接物、个性修养都是赢得青睐的法宝，你的热情、真诚、殷勤、主动都是获得成功的利器……

当你掌握了人际交往的技巧和策略后，你就会发现原来编织人脉网络并不难，而且这张“网”能够让你收获颇丰。

姐妹们，快快行动起来吧，积极参与到人际交往中去。为了以后的人生路畅通无阻，努力提升自己的交际能力，努力成为一个长袖善舞的智慧女性！

猫猫

2010年6月

C O N T E N T S 目录

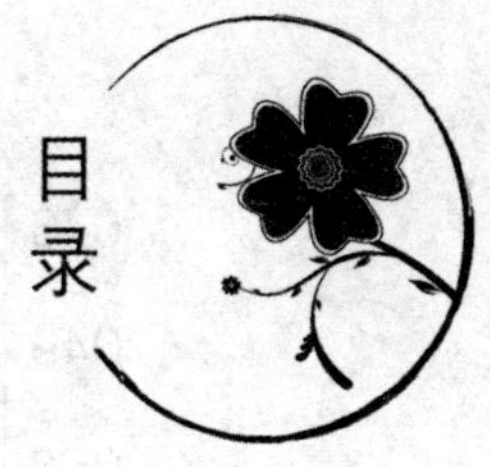

第一章

人脉影响命脉，女人要会编织交际网

002 人脉影响女人命运

006 作为社会人，需要人际关系网

009 人脉需要长时间的积累和沉淀

012 走出去，扩大自己的交际圈

015 人脉让女人心想事成

020 把积累人脉当成一种投资

023 机会是别人给的

027 女人成功，人脉先行

030 合作才是硬道理

032 互帮互助，世界也会变小

036 为自己拉关系

第二章

女人交际，有男人不可比拟的优势项目

040 女人该怎样编织自己的“网”

043 女人要有几个自己的“圈子”

046 善解人意，让对方感到温暖
049 自曝瑕疵，让交流变得更轻松
052 低头，是交际的智慧
055 女人味，女人用之不竭的资本
058 微笑，亲和力的源泉
062 温柔似水，润物无声
065 感恩让女人更美丽
068 赞美，人人受用的不二之选
072 幽默，让女人在交际中更显魅力

第三章 注重形象，你的礼仪价值百万

078 形象，决定女人受欢迎的程度
081 记住别人的名字
084 礼仪让你留下良好的第一印象
087 仪态美，女人重要的资本
090 知性美，女人的魅力之源
095 女人，要美丽更要有魅力
098 女人，打造你优雅的气质
102 “妆”出自己的美丽气质
108 你的衣服穿对了吗

第四章 提升口才，谈吐决定社交成败

114 让你的声音充满魅力

117 找准话题很重要

122 女人，这些话你不该说

126 以情动人，请你接受我的劝告

130 如何说，对方才肯听

134 柔和的语言更能打动人心

137 不可不注意的说话细节

141 赞美得法，轻松赢取人心

145 用好语言的“幽默效应”

149 让别人折服于你优雅的谈吐

153 怎样听，对方才肯说

第五章 结交优秀，让“有用”之人助你成功

158 推销自己，抓住机会

163 慎重选择，提高交朋友的品位

166 学会借助别人的力量

170 重视名人效应，寻找巨人的肩膀

175 让自己的人脉资源多元化

177 盘点生活，拓展自己的人脉资源

181 发现你生命中的贵人
185 成功，在于你认识谁
189 别忘了最稳固的校友关系

第六章 维护关系，让人际脉络日益牢固而宽泛

194 经营人脉是一种技巧
197 别让金钱毁了你的友谊
200 以诚感人，帮你获得别人的好感
203 每个人都需要包容
206 再穷也要站在富人堆里
210 人脉的最高境界是互助互利
215 互联网让世界变小
219 让自己的关系网越织越牢
223 诚信让你成为值得信赖的朋友
227 亲和力，女人交往中温暖的阳光
232 女人要用好“自己人效应”

第七章 婚姻中的相处之道，让爱情长久常新

238 在男人面前学会收敛你的强势
242 少说多听，唠叨不是女人的专利

248 宽容，婚姻生活中必要的调解剂
253 运用同理心原则，理解你的丈夫
257 尊重对方的隐私
261 给他一个自己的空间
264 小心，不要触碰男人的心理禁区
268 在婚姻中，保持一份独立
273 新女性，与丈夫平分秋色

第八章 职场人脉，做办公室中最受欢迎的人

280 鼓起勇气，勇于自我推销
284 职场女性，拒绝不是你的错
288 与同事和谐相处
293 如何应对女同事的嫉妒
296 同事之间要保持恰当的距离
298 表现自己，要恰到好处
303 让自己在办公室如鱼得水
306 保持沟通，主动去敲上司的门
309 对工作有看法和想法不妨说出来
312 当自己成为女上司

第一章

人脉影响命脉，女人要会编织交际网

网，是连接纵横上下的东西，网可以把你周围的一切连在一起。我们生活当中经常会用到的网中，有一个是人生存于社会必须具备的，那就是关系网，也就是人脉。一个人要想生存在社会，立足于社会，必须要拥有自己的关系网。现代社会是一个信息化、高效率的社会，对于生活在现代社会的女性而言，如果没有自己的关系网却又想在这个社会立足，那几乎是不可能的。所以，聪明的女性会在刚刚走入社会，甚至还在学生时代，就有意识地编织自己的关系网。

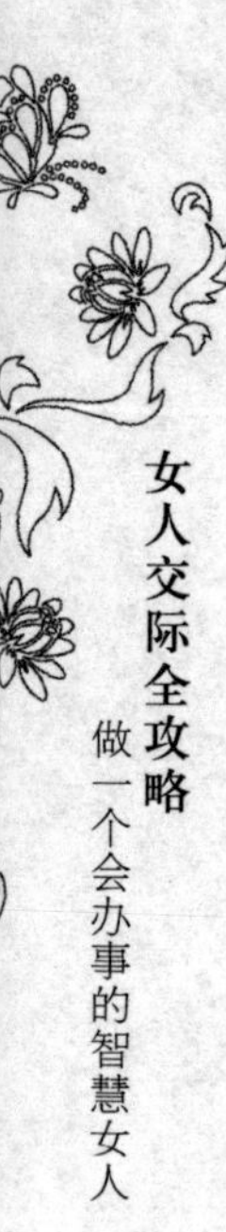

人脉影响女人命运

从“脉”字的解释上来看，脉指如血管般连贯而成系统的东西。“脉”就是指经络，是主线，是一个事物的主体和构架。山没有“脉”，就不可称为雄伟，就不能够绵延千里；叶没有“脉”，就无法挺立繁茂，不能遮蔽风雨；人没有“脉”，就无以成就发展，无法实现人生的辉煌。

具体到人脉，则是指由良好人际关系而形成的人际脉络，是一个人立足于社会所必须具备的生存手段。人脉广了，你才会在工作或生活中找到机会，展现自己的竞争能力。人脉，是你通往巅峰、通向成功的门票，是你积蓄实力的存折，是你打开封闭的门窗的钥匙，经营好自己的人脉，就是为自己积蓄足够的资源，找到通向战功的道路。

人脉能助你成功

古今中外，有很多人就是靠经营人脉而改变了自己的命运。

后汉三国的皇叔刘备，虽说有着皇家血统，但也只是个贩卖草鞋的小商贩。只因他非常善于经营人脉，从“桃园结义”开始，在麾下聚集了关羽、张飞、赵云等虎将，驾前更是先有徐庶，后有诸葛亮和庞统这两位当时最有名的谋士辅佐，最终得以联吴抗魏，成就了三足鼎立的伟业。

北宋的宋江本来只是个小小的押司，只是因为他是经营人脉的高手。无论是三拳打死镇关西的鲁智深，还是景阳冈上打死猛虎的武松，包括胆大包天抢了生辰纲的晁盖等人，这众多的江湖好汉、盖世英雄，心甘情愿地聚集在他的麾下，最终有一百单八将甘愿听从他的召唤，为了他肝脑涂地，在所不惜。

无论是“桃园结义”中的关羽、张飞，还是不出门便知天下事的诸葛亮和庞统，以及“梁山一百单八将”，都是不可多得的盖世英雄，他们之所以能够心甘情愿地聚集在刘备和宋江的麾下，对他们敬重有加，听从他们的指挥和召唤，甚至不惜为了后者鞠躬尽瘁、肝脑涂地也在所不惜。除了他们重义气的传统品性以外，你不得不佩服刘备和宋江经营人脉的技巧。

随时编织人脉网络

现实生活中，每个人都要参与到社会交往中，女人当然也不例外。无论是家庭主妇还是职场丽人，人脉资源都是让她变得更幸福、更成功的不可或缺的因素。所以，女人也不能忽视人脉的重要性。善于交际的女人，即使做专职的家庭主妇，也会因自己的交际手腕而结交更多的朋友，甚至能够成为必要时帮助丈夫储蓄人脉的一条捷径。对于那些职场丽人，交际更是不可或缺。做交际场上最受欢迎的人，不仅能够赢得上司的青睐，赢得同事的好感，赢得下属的忠心，更能赢得竞争对手的钦佩，赢得陌生人的赞叹。所以，女人们，请把你的时间多转移一些到编织人脉网络上，重视维持同一切人的关系，哪怕是偶尔遇见的一个陌生人，也不要错过。

婷婷是一座小城市的一家机械公司的总经理助理。在一次乘飞机去上海出差时，认识了在北京做律师的女孩小美，两个人年龄相仿，而且有许多共同的兴趣爱好，短短的旅程中，两个人聊得很投

机。分别时，两个人互留了联系方式，相约以后继续保持联系。

时间过得很快，转眼间一年过去了，婷婷所在的公司因为经营不善被迫关闭，婷婷失业了。沮丧和彷徨之余，她想换个环境，走出去为自己寻找机会，她想到了在北京做律师的小美。于是，她打电话给小美，把自己的情况和想法跟小美说了，看小美能不能帮忙。本来，她也只是抱着试试看的想法，因为，虽然一年来自己和小美一直有联系，但毕竟当时两个人只是在飞机上认识，分手后因为彼此工作都比较忙，也只是偶尔打个电话联系一下，而且，小美和自己不是同行业，不一定能帮上忙。没想到，小美很鼓励她到北京发展，并且主动提出自己有机械行业的客户，可以试着向他们推荐婷婷。

接下来的事情进行得非常顺利，通过小美的推荐，北京某机械公司的老总与婷婷见面交流后，双方对彼此都非常满意，婷婷顺利地找到了工作。后来，婷婷在这家公司表现得非常出色，公司老总多次对她奖励，婷婷也感觉自己的才能得到了发挥，在这里找到了自己的价值。

俗话说："多个朋友多条路。"即使是偶尔遇到的陌生人，也要尽量将其变为自己的朋友。从上面的例子中可以看出，往往就是你在不经意间经营的人脉，能够在关键时刻对你提供很大的帮助，甚至从此改变你的人生轨迹。

交际不是难事，更不只是男人的事，作为现代社会的新女性，要想获得幸福，要想走向成功，就要付出比男性更多的艰辛和精力，所以，女性就更要重视人脉的强大作用。无论你从事什么工作，在什么样的环境下生活，人际关系和交际能力都是一项不可或缺的能力。这是一个人生存于社会所必须要具备的条件，因此，可以说，对于任何人来讲，人脉都等同于一个人的"命脉"，断了人脉，人的生命价值将很难体现出来。

所以，姐妹们，积极行动起来吧，去编织你的人脉网络，拥有一个好的人际关系，有了可以充分利用的人脉资源，你柔弱的肩膀就能承担更多的重量，因为这时的你，不是一个人，而是有数不胜数的人在源源不断地给你帮助和支持，他们在同你一起担当。

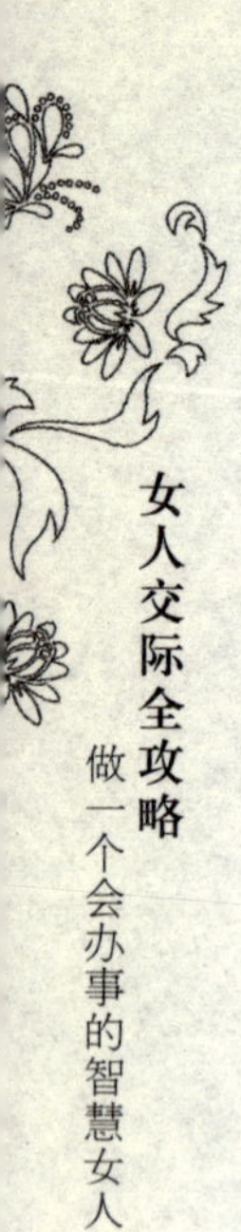

作为社会人，需要人际关系网

生活在这个社会，尤其是生活在竞争激烈的大都市的人群中，有些人做起事来左右逢源，要风得风，要雨得雨；而有些人却处处碰壁，举目四顾，一片茫然。其实，每个人都有成功的机会，之所以有的人成功，有的人失败，究其根源，除了专业知识、工作态度之外，很重要的一点就是成功者往往具有良好的人际关系，而失败者则没有。

有人说过："一个人在二十岁到三十岁时，靠专业和体力赚钱；三十岁到四十岁时，靠朋友和关系赚钱；四十岁到五十岁时，靠钱赚钱。"也就是说，在人生最重要的十年里，是需要依靠朋友为自己赢取财富的。也许你会说："我不渴望成功，我不需要财富，我只是想要一种清贫平淡但幸福的生活。那么，我还需要拥有良好的人际关系吗？"问这样问题的女士显然没有体会过同亲朋好友在一起聊天、游玩甚至劳作时的快乐。人脉资源带给我们的不只是闪光的成就，也不只是殷实的财富，还能带给我们一个人时无法感受到的愉悦和快乐。

交际是人类特有的高层次的需要

一个人生活在这个世界上，生存是第一需要，只有自身的温饱问题解决了，才有可能去谈论创业和发展。而要在这个世界上生存，就必须适应你所生活的社会环境。只有适应了社会环境、融入社会中，你才能得到最基本的生存空间。而融入社会的第一件事，便是要与其他人打交道，与人进行沟通和交往，也就是我们所说的交际。

根据马斯洛的需求层次理论，人类的一系列复杂需求，大体上可分为五个主要层次，从低层到高层依次是："饮食男女"的生理需求、"安居乐业"的安全需求、"丰富情感"的社交需求、"功成名就"的尊重需求和"释放潜能"的自我实现需求。只有较低层次的需求得到满足后，人们才会对更高一级层次产生需求。交际的出现，正是为了满足"生理需求"之后人类特有的各种高级需求，并对人类的发展起到促进作用。

交际是人类生存和发展的第一手段，是人类适应环境、丰富生活、满足个人发展和健全自我的基本途径。

作为生活在社会群体中的社会人，我们彼此之间都有着很强的依赖性和制约性。也就是说，在任何时候，我们都不能完全地脱离别人，按照自己的个性和想法去行事；更多时候，我们是要受到别人的制约，甚至不得不按照别人的意志行事。因此，我们要想生存下来，第一要务就是与其他人搞好关系。

阿拉伯哲人穆斯塔法说："一个没有交际能力的人，犹如陆地上的船，是永远不会漂泊到人生的大海中去的。"

学会交际，不仅可以使你的生存空间变大，还可以开阔你的视野，使你的生存质量大大提高。通过交际主动了解社会，了解人与人之间的微妙关系，既是一种最起码的常识，也是满足需求最基本的做法。

人与人进行交际，归根结底是为了满足现在和未来的各种需求，这些需求无时无刻不存在于人们的意识中。每个人都可以根据自己目前的需求层次，不断地变换自己的交际意识，确定交际手段，有计划地进行

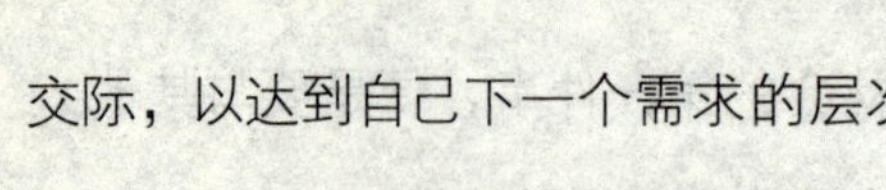

交际，以达到自己下一个需求的层次。

每个人都离不开人际关系网

现实社会中的关系网，纵横交错、盘根错节，每个人每件事都交织在这错综复杂的关系网中。在这个网中，不懂得经营人际关系、人缘不好的人，很难把一件事情办得很完美。而对于善于利用自己的人际关系的人来说，处理起问题时，往往能如鱼得水，非常顺利。

对于每一个行走社会的人来说，人脉都是一笔巨大的财富。一个好的人脉网，是你成功路上的助推器，会在你前进的过程中，时刻为你提供帮助。《华尔街日报》曾经针对人力资源主管与求职者，进行过一项调查，调查显示：95％的人力资源主管或求职者是通过人脉关系，找到了适合的人才或工作。

正所谓“一个好汉三个帮”，无论是多么有能力的人，都离不开别人的帮助。一个人的力量终究是有限的，无论是智慧、精力、财力……所有的一切，都是在一定范围之内的。任何一个人在前行的过程中都无法离开别人的帮助，因此，帮助你的人多了，办起事情来自然就会容易得多。

凡是成就大事的人，除了环境、机遇和个人能力等因素外，他们都有一个共同的特点，那就是能够很好地处理人际关系，善于结交朋友，善于借助别人的帮助。

所以，女人们，如果你想要拥有一个好的工作，要想得到一个好的发展机会，要想同男人们一起在职场上竞争，那就从现在开始经营你的人际关系。而如果你没有想要取得成功和拥有财富的大志向，那么，即使仅仅是希望得到宁静与快乐，也请经营你的人际关系。这样，就算你的人脉资源对你的成功和财富起不到作用，也会让你在孤独寂寞时有人前来安慰，在幸福快乐时有人一起分享。

人脉需要长时间的积累和沉淀

关系网的建立，不是一朝一夕的事情，而是一个长期积累的过程，需要我们平时多注意培养，只有平时为自己积蓄了足够的人脉关系，关键时刻，才能得到帮助。所以，要想让自己拥有一个强大牢固的关系网，就要在平时的日常生活中，多多加强与周围的人进行联系沟通，把这些人都拉到自己身边，成为自己关系网中的一个节点，这些节点越来越多，你的关系网就越来越强大和牢固，在你遇到困难的时候，说不定哪个点上的朋友就能够提供你意想不到的帮助。

不管是一条人脉，或是由人脉发展而来的人脉，都需要你长期的付出与关怀，这样，才能在看似不经意间逐步建立起自己的人脉网。那么，积累人脉主要依靠哪些途径呢？

熟人介绍

熟人介绍是一种最直接也是最有效的拓展人脉的方法，因为是熟人介绍，所以，没有了与陌生人交往时的不信任，联系起来自然就少了一些谨慎和小心，可以更快地就成为熟人、朋友。这样的方法，具有神奇的力量，其效果往往是事半功倍的。

一位保险推销人员去拜访一位成功人士，向他讨教取得如此辉煌成就的诀窍，成功人士回答：“因为我知道一句神奇的格言。”

推销员说：“您能告诉我这句格言是什么吗？”

"这句格言就是：我需要您的帮助！"成功人士说，"每次见到我的客户，我都会向他们说：我需要您的帮助，请您给我介绍几个您的朋友的名字，好吗？我的许多客户都会答应帮忙。"

这位推销员听后如获至宝，他按照那位成功人士的方式扩展着自己的人际圈。他的客户群像滚雪球一样越滚越大，若干年后，他终于成为美国历史上第一位一年内销售超过10亿美元寿险的成功人士，他就是享誉美国的寿险推销大师甘道夫。

甘道夫能通过熟人介绍的方法，让自己的人际关系网越来越大，越来越牢固，从而最终为自己成为寿险推销大师铺了一条人际大道。

女士们，你有熟人吗？如果有的话，不妨让他们帮你介绍更多的人吧！靠熟人去结交他们的熟人，会使你的人际脉络覆盖更多更广的区域，如此一来，无论你走到哪里，也无论你有什么事情需要得到别人的帮助，都会比你认识寥寥数人要顺利得多。

善用名片

在社交场所，在与陌生人打交道的过程中，名片是除了自身外貌形象以外，传递给对方的第一手个人信息。在与陌生人没有进行更深一步的沟通之前，以名片的形式把自己介绍给对方，不失为一种文明而又不冒失的方法。无论对方是否愿意与你进行更进一步的交流，递给对方一张有自己信息的名片，都无伤大碍。

众所周知的世界推销大师乔·吉拉德就非常重视名片的作用。乔·吉拉德认为，向别人递送自己的名片，就像是农夫在播撒种子，播种后，农夫就会收获他所付出的劳动。

乔·吉拉德甚至常常会提着一万多张名片去看棒球赛或足球赛，在进球或者比赛进入高潮全场沸腾的时候，他就会从座位上站起来，大把大把地把自己的名片撒向空中，让名片在空中漫天飞舞。这一看似疯狂的行为，为他的汽车销售事业创造了很多其他人无法得到的机会。

乔·吉拉德每次去餐厅吃饭时，通常都会多付一些小费给服务生，并同时送给服务生一盒自己的名片，让他们帮助自己送给来这里用餐的客人。

乔·吉拉德说："我在不断地推销自己，我要告诉我认识的每个人，我是谁，我在做什么，我要让所有想买车的人都知道应该和我联系。"

一张小小的名片，成就了乔·吉拉德的事业，或者更确切地说，是一张小小的名片，帮助乔·吉拉德积蓄了足够的人脉，继而才成就了他的事业。所以，如果你是一位职场丽人，或者你也想成为销售女王，那么，就不妨从你的小小的名片开始，为自己积蓄人脉，进而让你存储的人脉帮助你实现梦想。

还有其他的方式，如经常参加一些公益性的社会团体组织的活动、参加一些不同层次人士共同参与的自助性活动以及同学、同事举办的聚会……在这些看似有些浪费时间的活动中，让自己得到更多的认识别人的机会，为自己更好地积蓄人脉打下基础。

人脉需要长时间的积累和沉淀，只要你是个有心人，那么，随时随地都是你为自己积蓄人脉的机会。只要你愿意主动向别人伸出你的双手，愿意张开你的怀抱去拥抱对方，那么，无论你处于一个如何陌生的环境中，你都能够很快地找到喜欢你并愿意帮助你的人。

走出去，扩大自己的交际圈

经营人脉，不只是在自己周围固定的圈子里有一个好人缘就可以，除此之外，你必须要做的是扩大自己的交际圈，扩大人际接触面，让自己的人缘呈放射状地发散开去，没有边缘。不要再做“大门不出二门不迈”的大家闺秀了，也不要为了追赶流行和时尚而去选择做“宅女”，更不要一味地埋头在工作中，这样的生活状态或者让你变得胆小怯懦，或者让你与外界脱节，或者让你成为工作的奴隶，所以，不妨在闲暇之余走出去。“宅”在家里，饿了可以叫外卖，有其他需要的东西也有“宅急送”帮忙，这种看似优哉游哉的生活是令人羡慕的，但是有一点你要明白，当你需要人们的援手时，“宅”在家里的你就很难得到很多人的帮助了。因为，总是不与外界沟通的你，早已经成了“孤家寡人”了。

主动参加一些社交活动

如果你暂时没有太好的方法接触陌生的朋友，你可以选择参加一些团体活动，那是建立人脉关系的最佳地方，让自己活跃于其中。在那里，你可以结识更多的各行各业的朋友，这些不同行业的朋友会使你获得意义更全面的好人缘。

比如，你可以参加自助游，或者参加健身俱乐部，或者参加公益性的社会团体等。无论哪个团体或机构，都会有志趣相投的各行各业、各个层次的朋友出现在你的周围，而他们又有着各自的圈子和朋友，在那里，你的人际关系会迅速地以发射状扩展开来。而且，只要你经营得好，这种关系的扩展会一直持续下去，你周围的朋友会越聚越多，对你提供帮助的人也会越来越多。

人与人的交往、互动，最好在自然的情况下发生，这样有助于建立情感和信任。

在参与社会活动，尤其是一些公益性的活动时，人们都处于同样的环境中，以一种更为自然的状态相互接触和交往，这时候交往起来人们之间会少一些拘束感，沟通起来会更加顺利。

社会团体能让你结交更多朋友

如果你能够在某一团体中担当一个组织者或联络者的角色，那么，你是很幸运的，因为在你服务的过程中，你会有更多的机会接触更多的人，并且与他们进行联系、沟通、交流，并逐渐熟悉起来，自然地，他们就会成为你的人际网络中的一员，你的人脉之路也就自然会不断延伸。

焦海英是一家地方民营公司的老板，她的公司规模不算太大，但在地方上也是小有名气。她的公司经营十年了，一直是当地的纳税大户。她参加的全国性、区域性、行业性的社会团体组织足有近十个，其中，有好几个是公益性的团体组织。这些社会团体中，每一个社会团体她每年至少参加一次活动，而每一个社团里，她至少有三四个关系密切的朋友。为此，在她公司十年的经营过程中，她经营得很顺利，很少遇到无法解决的问题，每每有问题或麻烦出现时，总会有朋友出手相助。

焦海英自己说，她的公司外部70%以上的事情，都是依靠社团里认识的朋友的帮助和支持来完成的，如果没有这些朋友的鼎力相助，那么，至少有50%的事情自己是没有办法做的。

当然，也不是所有的社会团体你都要去参加，一是每个人的精力是有限的，把自己所有的精力都投入到社会团体中，自己的事业将会无法进行。二是并不是所有的社会团体都可以去参加的，社会上的公益性或自发性团体组织数不胜数，而组织的结构层次也是良莠不齐。因此，如果你想通过参加一些社会团体来扩展自己的交际圈，那么，在参与其中之前，做一个认真的选择，弄清哪些是可以参与的，哪些是要坚决拒绝的。其标准就是你必须能够从这些活动或组织中有所收获，能够在这里丰富你的人脉资源。

人脉让女人心想事成

生活在现代社会的女性，尤其是刚刚大学毕业正在找工作的女性，很多人都有这样一种感受：虽然市场上的招聘职位总是很多，虽然很多大企业一直在招人，但是，到自己这里，却总也找不到一份适合自己的工作。

熟人推荐帮你轻松找到满意的工作

其实，找到一份好工作，并不只是买一份招聘报、去一趟招聘会或者浏览招聘网站就能轻松搞定的。很多时候，来自熟人的介绍要比你自己应聘成功的概率高很多。有相关人士做过这方面的调查，结果表明，一半以上的公司在招聘员工，尤其是需要担任一些重要职位的人员时，都是先从公司内部人员或熟人的推荐中选择，因为熟人推荐比现场招聘的风险要小，而且招来的员工工作起来更容易进入状态。所以，只要你的能力能够胜任某个工作，在有熟人推荐的情况下，你应聘成功的概率几乎就是百分之百。

小琴下个月就要到一家著名的网站担任副总编了，这是一份她盼望已久的工作。小琴自然非常开心。不过，开心之余，她也并没有感觉意外，因为在她看来，凭着自己的工作能力和在圈内良好的人际关系，得到这份工作只是一个迟早的问题。

小琴有五年网络编辑的经验，在工作中，她凭借敏锐的专业感觉、娴熟的编辑业务以及有口皆碑的敬业精神，在这个不大不小的圈子里小有名气，业内的同行们几乎都知道小琴这个人。这样的知名度除了因为小琴娴熟的专业技能及敬业精神之外，还因为她平时就很注意经营自己的人脉资源。

在做网络编辑的这段时间里，小琴与各大网站的编辑们有过很多接触，其中不乏一些资深的编辑记者。虽然业务上的往来并不是太多，但平时私底下的关系都不错，每到节假日或是对方比较特别的日子，小琴总会在第一时间送去问候和祝福。至于平时的联络，虽然大多是通过网络，但小琴总会在对方看似不经意的某一天，发一封电子邮件或者在QQ、MSN上送个笑脸和问候。如果有时间的话，她还会请一些熟识的朋友一起去K歌或逛街、吃饭。因此，虽然她在业内并没有什么特别突出的贡献和作品，但是，由于人际关系经营得好，圈子内很多人都是她的好朋友，她想去大型网站做编辑的想法也被提上了朋友们的议事日程。

于是，不久就有朋友告诉小琴，一家大型门户网站正在招聘副总编一职，并在征得小琴同意后，把小琴的简历直接推荐给了单位人力资源部门。网站的人力资源部经理和网站总编了解相关情况后，认为小琴在业界的影响力、人脉和工作能力等各方面素质都非常适合网站目前的发展。几次面谈之后，该网站最终确定聘请小琴担任副总编一职。

小琴利用自己在圈内积累的好人缘，轻轻松松得到了自己渴望的工作。从这一点来说，小琴的交际能力，在其日后的工作中，也许会比她本身的专业更能发挥作用。

其实，无论是企业招聘人才，还是个人寻找工作，都更愿意利用人脉。通过与双方有关系的人员的推荐，双方对彼此的信任度都会大大增加，合作起来也会更默契更和谐。所以，如果你是一个聪明的女性，无论你现在是刚刚毕业正在求职，还是打算跳槽，或者你目前的工作令你满意且开心，你都应该利用一切机会，为自己积蓄人脉，即使不为找工作，有了足够的人脉资源，对于你现在的工作，也是一个很大的帮助。

交际能力是现代人必须拥有的生存之道，对于任何一位职场人士，尤其是职场女性，都非常重要。良好的交际能力和沟通能力，不仅是帮你找份好工作那么直接和简单，在一个人在职业发展过程中，良好的人际交往能力会有非常直接、重要的作用。所以，如果你想让自己事业发展得更快，让自己未来发展的路走得更平坦，那么，就要提高人际交往能力，让自己成为一个现代的交际达人，让自己周围聚拢起更多的朋友和贵人，让自己成为众人帮助的中心。想一想，那样的日子是不是会过得更开心一些呢？

别把自己已有的人脉荒废掉

刚刚毕业的大学生，往往苦于刚刚走上社会，没有更多更牢固的人脉帮助自己，从而在一些很好的机会面前无法企及。同时，也有一些人，因为疏于经营自己已经拥有的人脉，从而失去一些本来可以利用的好机会。

娜娜应聘电视台的娱乐主持人，在面试时，竟意外地发现，面试官竟然是自己的好朋友菁菁以前的实习老师韩波，跟菁菁关系很好，娜娜以前还见过他呢。

面试完以后，娜娜给好朋友菁菁打电话，告诉她自己见到她实习老师的事情，并托她代问一下自己的面试情况，看自己有没有机会进

入下一场复试。

菁菁接到娜娜的电话，也有些吃惊，实习结束后，因为忙于工作，她已经很长时间没有跟韩老师联系过了。这次，被娜娜提起，她才猛然想起来。

她赶紧找到了韩老师的电话，打过去问候以后，顺便问到娜娜的情况。老师很高兴，说："我记得的，娜娜表现不错，原来她是你的朋友呀，我想她进入下一轮应该没有多大问题。哦，你现在工作怎么样？实习结束后就没有了你的消息，我这边有好几次机会想推荐给你，可是，一直联系不上你，挺遗憾的！"

知道菁菁已经找到了一份称心的工作以后，韩老师才如释重负地说："找到好工作了就好，只是以后别忘了多联系呀，也许还有更好的机会呢！"

菁菁一方面赶紧答应着一定多联系，一方面也有些自责。韩老师虽然没有责怪自己，但是，老师一直惦记着自己的工作，而自己却一直没跟他联系。同时，她也在反思，因为自己在交际方面的被动性格，不仅失去了很多很好的机会，也差一点儿把自己的人脉给荒废掉。

菁菁是幸运的，因为朋友娜娜的事情，让她及时联系到了自己的实习老师韩波，并且，及时认识到了自己对人际关系的忽视。虽然自己曾经错过一些好的机会，但总的来说，对自己还是没有造成太大的损失。

现实生活中，像菁菁这样疏于经营自己人脉的人有很多，尤其是性格有些内向的女孩，无论是出于什么原因，总是很少主动去经营自己的人脉资源，不说为自己的人脉再增加新的资源，有时候，甚至现有的资源都会因为自己的疏于联系而最终被荒废掉。

其实，刚刚大学毕业的女孩也不必苦恼，人脉资源也并不一定要等到走上社会以后才会有，只要你善于经营，不要疏忽和别人保持联系，你的人脉积累，从任何时候都可以开始。大学时的老师、同学以及他们的朋友，你在实习期间的老师或单位领导，甚至你勤工俭学时认识的人或做家教时所接触到的学生家长，都可以成为你人脉资源的一员。上面故事中的韩波老师，也仅仅是菁菁实习时的老师而已。

作为新时代的新女性，虽然你可能已经事业稳定、家庭幸福，但是，一定不要疏忽了人脉的经营，不要把自己的人脉荒废掉。即使一时用不上也没关系，在任何时候，人脉资源都是你生活在这个社会中所必须拥有的资本。

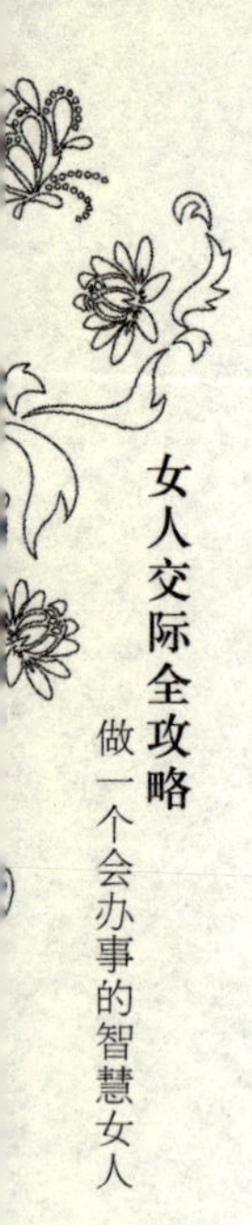

把积累人脉当成一种投资

一个人的人脉大多数是通过人际交往获取的，当然这里还包括一个人管理人脉的能力。相对于男性而言，女性的社会交际相对要窄一些，但是，女性在人际关系的处理中，面临的状况却更复杂一些，这就需要女性具备更强的交际能力和管理自己人脉的能力。

有人把积累人脉的过程看做是不定期地向银行存入自己的储蓄，等到你的人脉存折的数字越来越大时，你拥有的资源也就是你拥有的财富越多。其实，更确切地说，积累和经营人脉的过程，应该说是一种投资。它不只像存款那么简单，因为存款的数额是有限的，你存入多少，只能支取多少，至多再加一些利息；而人脉积累却不是，你存入的人脉，可能会以无数倍的利息给予你回报，而且，只要你经营得好，可以没有时间限制地支出，任何时候，人脉都是你可以随时利用的资源。

“朋友”提供的机会

大多数人在工作中，除了一些纯技术性的工作以外，都会接触到本单位以外的与工作相关的人，很多人在交往过程中，除了工作关系，也会发展成比较好的私人关系。很多时候，这些人在你的职业生涯或日常生活中，会对你产生很大的影响，给予你意想不到的帮助。

广告专业毕业的韩美慧，大学毕业后在一家报社广告部工作。工作期间，她有机会接触到了三星、美的等一些大品牌公司的业务人员。在给他们做创意设计或争取版面时，她都尽力做好，态度热情，服务周到，而且还会真诚地征求他们对广告方案的意见和建议，使得这些大客户对她的工作十分满意。他们连续在她所工作的这份报纸上做广告，为她提升了不少的工作业绩，她与这些客户在私下都成为关系很好的朋友。

尽管工作业绩一直不错，但生性喜欢挑战的韩美慧在工作几年以后，不甘于整天在办公室电脑前做广告方案，于是决定离开报社，自己创业。这个时候，她想到了以前的合作伙伴——私交甚好的客户加朋友。恰好，那个时候，美的空调在她所在的城市还没有专卖店，韩美慧提出自己想做美的空调的销售代理，对方没有太多犹豫，在众多竞争对手条件都差不多的情况下，把在当地的独家销售权给了她。

韩美慧很幸运，她从自己的客户那里得到了别人很难得到的机会。不过，韩美慧的结果也是必然的，因为她在工作开始，就把客户当成朋友来经营。韩美慧把经营客户、经营朋友做成一种人脉的投资，把自己工作中的零星储蓄积攒成可以成就事业的大财富。从客户发展成朋友，是韩美慧人际经营的成功之处，正是这些从客户发展来的朋友，帮助她成功创业，让她有了成就自我、实现自我的机会。

第一手资料也能“借”

一般来说，时事工作的第一手资料非常宝贵、非常难得的，必须要付出比常人多得多的艰辛和努力。如果说有人不是通过自己的努力，而是向别人借来第一手资料，你可能不相信，但是，美国著名国际时事分析专家李普曼，却是在自己没有精力、没有能力得到第一手资料的时候，成功地向别人借到了自己需要的第一手资料。

李普曼年迈时，由于时间和精力有限，不能亲自“周游列国”，

为自己的研究获得第一手资料，这对于进行时事分析工作的李普曼来说是致命的。

但是，李普曼并不着急，他自有他的办法，在多年的工作生涯中，他有大量工作在第一线的记者朋友。每次需要对某个国家的时局进行分析之前，他都会在自己的时事备忘录中找到曾经派驻在这个国家的特派记者，邀请他们共进晚餐，开怀畅饮。席间自然要谈一些那个国家的一些具体真实的情况。于是，对于别人“踏破铁鞋无觅处”的第一手资料，李普曼却是“得来全不费工夫”。

生活在这个社会中的每个人，都需要借助他人的力量来达到自己的需要。古人说得好：“下智者用己之力，中智者用人之力，上智者用人之智。”李普曼就是属于用人之智的人，而能够为他所用的，正是他在平时工作中积累起来的人脉资源。这样的人脉资源，让他在自己晚年的工作中，虽然不能亲临现场获取第一手资料，但是，却几乎是不费什么工夫就得到了。

无论是韩美慧还是李普曼，他们都把积累人脉当成一种投资。他们在平时就把自己周围的人脉关系储存起来，并且精心经营，让这些人脉资本的雪球越滚越大，在自己需要帮助的时候，这些储存起来的人脉，给了他们足够的帮助。

其实，我们每个人都有这样的机会，几乎所有人都会在自己的工作中接触一些相关的客户，重要的是，你怎样与这些客户交往，怎样把这些客户发展成你的朋友，怎样让这些朋友成为你人脉资本中的原始资本，并且让这些关系日日生息。只有这样，在你未来的发展道路上，就会不断有人来帮你。

机会是别人给的

许多刚刚走上社会的年轻人，尤其是那些自认为有能力、有资本的年轻人，在自己职业生涯刚开始的时候，往往习惯于游离在人事之外，以为倚仗自己有几分才华，就可以独行天下，打遍天下无敌手。殊不知，这种有个人英雄主义的思想和行为方式，在未来的职业生涯中，是一种非常致命的弱点。

这样的人，往往会在未来的工作中处处碰壁、屡屡受挫，而且，工作时间越长，碰壁越多，受的挫折越严重。这样的人由于不懂得合作，不懂得人际关系的重要性，致使自己不仅失去了许多难得的机遇，得不到晋级或升职的机会，甚至会因为无法融入团队，而不得不被逐出团队。

机会来自于周围的人

现在的职场，更多地讲究团队合作。如果你有过硬的专业技能，但是却恃才傲物，不与你周围的人打成一片，那么，你就算有满腔抱负也是徒然。很多时候，在一起共事的同事面前，不要表现得太傲慢，好好地与他们相处吧。给他人愉悦的心情，给他人发挥自身才能的机会，其实也是在给自己得到他人帮助的机会，更是给自己“凭借他人之力上青云”的机会。

毕业于上海某名牌大学计算机专业的张斓，从小就聪明，因

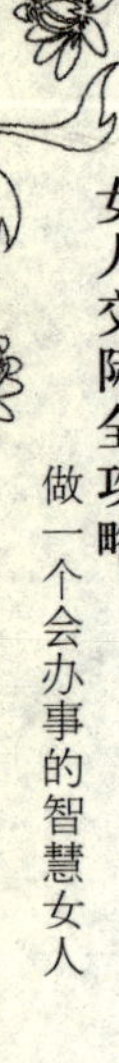

此，不论是父母还是学校的老师，都对她宠爱有加。大学期间，张斓表现出超众的才华，为此，同学羡慕，老师赞赏，她自己也经常自我陶醉。她曾经以“本科的学历，硕士的水平”来评价自己的能力。

在张斓还未毕业的时候，就有华东某软件开发公司去学校选拔人才，并且以优厚的待遇把她招进了公司。在公司老总与张斓进入更深一步的沟通交流后，确认她确实才华出众，于是，决定直接委以重任，让她主持开发一款中型游戏软件。

在如此竞争激烈的社会，多少大学生都还在奔波于求职路上的时候，张斓已经早早地担当如此重任。为此，张斓自己很是得意，决定抓住机会，好好大干一场。

但是，一路顺风走下来的张斓，这次却意外地遭遇了她的“滑铁卢”：在软件开发的过程中，她竟然无法得到开发组其他成员的全力配合，使她的工作进展起来非常困难。

原来，因为张斓从小就一路受宠，养成了以自我为中心的性格。在开发组，她不但唯我独尊，不能听取其他成员的意见和建议，而且，对其他成员颐指气使，发号施令，大家在多次忍让后终于集体抗议，不再听从她的意见。而在她看来，却是其他成员不肯配合她的工作。

公司总经理了解情况后，有些惋惜地告诉张斓：“我们非常欣赏你的才华，但是，你应该知道团队合作对一个公司的重要性，我不能为你一个人犯众怒，所以非常遗憾，我必须把你撤换下来，调到别的位置，虽然我也感到很惋惜。另外，我希望你能认真地考虑一下和别人相处的问题，那很重要！”

才华出众的张斓最终谢绝了总经理的调职，离开了这个本来可以让她施展才华的公司。

一个人无论走到哪里，都需要与其他人一起通力合作。对于这一点，相信聪明的张斓应该已经从公司老总的话中明白了。

张斓离开这家公司，对她来说也算是一个教训。由于张斓毕业于名牌大学，在计算机方面又极具才华，她重新再找一份好工作并不难。只要这次教训让她明白了与人相处的重要性，对于她来说也算是因祸得福了。

过于自我会失去机会

作为女人，你可以很自信，也可以有点儿“小自恋”，但是却不能过于自我。因为，女人在这个社会上打拼本来就比男人更困难，倘若你再因为过于自我而使得别人都远离你，那么，你成功的机会就微乎其微了。这个世界上有很多有才华、有能力的人，但真正能够成功的人却少之又少，其中很关键的一个因素就是那些成功者都不信奉“唯我独尊”，他们知道，要想取得成功，单靠一己之力而不去同他人合作，则寸步难行。

生活在当今社会的职业人士，要想得到更好的发展，就必须先去学会与别人搞好关系。你与同事、上司及下属的关系，决定着你未来的发展和能否成功，如果不能与工作中的合作伙伴保持良好的关系，任凭你的知识技能水平再高超，也不足以让你在工作中得心应手、发挥自如。

作为生活于社会中的普通一员，每个人都或多或少地与他人有这样那样的联系。任何一项工作都需要别人的帮助，任何一种成功，都离不开大家的支持。一个人的能力固然很重要，但是，在这个世界上，有才华的人多得是，单单只有能力，还远远不够你获得成功的条件。不要小看了人际关系的力量，没有一个和谐的人际关系，要

想成功，几乎是不可能的。许多时候，机会不是你争取到的，而是大家给你的。当生活赐予你机会的时候，要懂得珍惜和感恩，不要因为错误的人际交往方式而让自己与机遇失之交臂。

所以，如果你想要让自己的人生路走得顺畅一些，辉煌一些，那就请增强自己的团队意识，不要过于自我。只有把自己融入团队中，才不会遭遇被疏远的境况。如果人人都想靠近你的局面一旦打开，你与众人之间那道人为的屏障就自动消失了，也就是说，那个将你隔离在众人之外的、阻碍你迈向成功道路的屏障已经不复存在了，这时，你迈向成功的步伐必然轻快。有人说："如果一个人过于自我，那么，他的成功将只是一个框架，而永远不可能实现。"如果你不想让自己的成功只是以一个框架的形式存在于脑海里，就请抛弃过于自我的想法，融入大家的活动中，以迎接那实实在在的成功。

女人成功，人脉先行

当今社会人才济济，虽然不乏机会，但是，要想做出一些成绩，成就一番事业，也不是一件容易的事情，对于女人来说更是这样。因为思维方式不同，决定了女性在某些领域的能力和精力的确有不及男性之处，因此，要想成功，需要比男性付出更多的努力。更重要的是，涉足社会的女性，往往需要面对更加复杂的社会关系，如果这些关系处理不好，会导致女性难以将全部精力投入到工作中。但是，也恰恰由于人脉关系在女性这里更复杂，也让擅长经营人脉的女性比男性更容易成功。

人脉决定你的竞争力

无论在哪个社会，人与人之间都是存在竞争的，而竞争力自然来自于每个人的个人能力，这是毋庸置疑的。除了个人能力以外，人与人之间的竞争力，更多地表现在一个人的人脉资源上。

虽然不能说朋友的多少决定一个人竞争力的大小，但是，说一个人的人脉资源决定一个人的竞争力是不错的。之所以这样说，是因为人脉资源提供给你的帮助和机遇，远远大于你的个人能力。一个人的能力毕竟是有限的，因此，个人的竞争力也是有限的。但是，有了人脉以后就不一样了，“多一个朋友，多一份机遇”，有了朋友的帮

助，有了丰富的人脉资源，就相当于个人的竞争力增加了若干倍。

一个人的能力是有限的，即使是天才，也不可能样样精通。在自己从未涉足的领域，天才也会碰到难以解决的问题。这个时候，如果有一个好的人际关系，就可以在自己积蓄的人脉资源里找到这方面的“专家”，及时解决问题，使成功变得更容易。

哈佛大学曾经针对贝尔实验室顶尖研究员做过调查，结果发现，被大家普遍认可的专业人才，并不是那些具备一流的专业能力的人，而是那些平时人脉关系比较好的人。这些人的专业水平虽然不是一流，但是，他们可能会花很多时间与那些在关键时刻可能对自己有帮助的人培养良好关系，所以，他们往往会在面临问题或危机的时候，在别人的帮助下，很轻易地化险为夷。

对于任何一个希望获得成功的人来说，人脉都是其生命的一个支点，凭着良好的人脉关系，可以轻松地撬起自己并不轻松的人生。

人脉是成功的基础

著名成功学家陈安之研究了世界上一百多位成功人士后，得出这样一个结论：成功=30%的知识+70%的人脉，陈安之称之为“成功的秘诀”。

我们再来看另外一份研究报告，美国哈佛大学商学院对成功者的调查结果是这样的：在事业有成的人士中，26％靠工作能力，5％靠家庭背景，而人际关系则占69％。

或许你对这样的公式或调查报告持怀疑态度，但是，这确实是现实社会真实情况的反映，是有事实依据的。

有一项针对美国商界高层领导者的调查显示：这些CEO们平均要花费3/4的时间用于处理各种人际问题；70％左右的公司的最大一笔

内部开销是用在人力资源上的；80％的主管认为“公司最大的财富是人，事业成败的关键也在于人”。

纵观天下所有成功的人，无不是人脉关系非常丰富的人。无论是哪个行业的成功者，在他们的奋斗过程中，在自己相对艰难的时候，无一不是得到过朋友的帮助和支持的。正是因为有了这些朋友的帮助和支持，他们才能平稳地渡过难关，从而事业有成。

当然，人脉再重要，还是要以有知识作为基础，否则，只靠人脉也是很难成功的，而且，没有知识作为铺垫，人脉的积累和经营也会受到很大影响。其实，我们从来不曾忽视知识的重要性，也没有理由忽视知识，但是，同样，人脉的经营和积累也是不容忽视的。

每个人都是有潜力的，你的潜力能不能转化为现实的能力，往往要看你能不能得到别人的帮助。在你的潜力转化为能力之前，一定要与别人搞好关系，这样，才能把你的才能真正显现出来，而这也只是你搞好人际关系的第一步。

合作才是硬道理

一滴水只有放入大海，才能永不干涸；一个人只有融入团队，与别人合作，才能实现自我价值。在工作中，离开了上司和同事的认同和帮助，个人就成了无源之水。聪明的人总是善于融入集体，借助集体的力量，来实现个人价值的最大化。当今社会是一个商业社会，更是一个合作的社会。在这样的社会中，一个人要想获得成功，除了要有出众的个人能力外，更要具备出众的与别人合作的能力。

合作就是天堂

我们大家都知道这样一则天堂和地狱的故事：

一个人想要知道天堂和地狱的区别，于是，上帝满足了他的要求。上帝先带他来到一个地方，他看到那里的人每个人面前都有一口装着食物的大锅，每个人手里都拿着一个长柄勺在锅里舀食物，但是因为勺柄太长，每个人都无法吃到自己勺子里的食物，因此，那里的人们一个个都饿得面黄肌瘦。随后，上帝又带他来到另外一个地方，那里的情况和前面相同，也是每个人面前有一口装着食物的大锅，每个人手里都拿着长柄勺在锅里舀食物，但不同的是，他们每个人都把自己舀到的食物送到对面人的嘴里。因此，虽然他们吃不到自己勺子里的食物，却都能吃到别人送到自己嘴边的食物，因此，那里的人们个个都吃得很开心，过得很快乐。

这就是合作的力量，懂得合作的人，生活就像在天堂一样，快乐和谐；而不懂得合作的人，即使自己有能力，也往往会像地狱中的人一样，面前有食物，却吃不到自己嘴里。

与他人合作，可以取长补短。单打独斗永远难成气候，即使你能力再强，水平再高，个体的能力毕竟有限。而当你有效地融入集体中与他人进行合作时，成功的机会就会被无限地扩大。

当然，与人合作并非要你处处随声附和、随波逐流，与人合作并不是丧失立场，不坚持自己的观点。与人合作只是交际的一种手段，是一种与别人一起共同完成同一件事情的方式。

成功源于合作

著名成功学家戴尔·卡耐基说过："一个人事业上的成功，只有20％是基于他的专业技术，另外的80％要靠他的人际关系以及与人合作的品行。"

从诺贝尔奖的获奖趋势，我们可以看出，合作获奖者的比率正越来越大，没有哪一项重大的研究成果只是依赖一个人的努力。"顶夸克"这项物理学上的重大发现是由两个实验组的八百多人共同携手完成的；Windows2000的产品研发是在超过3000名工程师和测试人员的参与下完成的，他们共写出了5000万行的高级代码。

比尔·盖茨若不依靠保罗·艾伦、史蒂夫·鲍尔默等一批精英的鼎力相助和他手下那些聪明的软件工程师们，微软不可能成为IT业的龙头老大。

任何一项事业的成功，往往都是多个人合作的结果，事业越大，就越能突显群体合作的重要性。

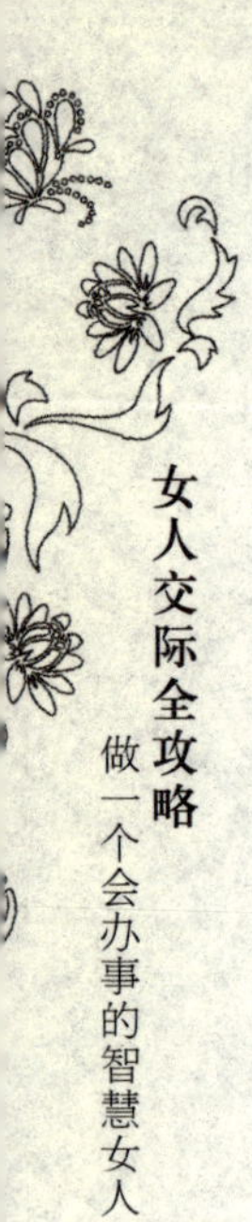

互帮互助，世界也会变小

受职业、活动地域和兴趣爱好以及个人素养的限制，每个人活动的范围是有限的。因为我们生活的圈子太小，而每个人每天都在自己的小圈子周围忙碌着，没有太多的时间和精力结识更多的人，所以，我们一直觉得世界很大。其实，世界也很小，只要你向前迈一步，走到圈子以外，也许，你可以结识不同领域的朋友，你就会熟悉更多的领域，结识更多的朋友。

走出圈子，世界也会变小

女人都有几个自己的交际圈子，如“朋友圈”、“工作圈”，每个女人都会在自己的圈子里活动，却很少走进别人的圈子。其实，交际圈子并不是封闭的，而是开放的，它不仅随时接纳新成员进来，而且还和其他圈子互相交叉，从而使不同圈子之间的成员有互相结识的可能。通过自己的朋友，去结交新的朋友，是扩展自己人脉的一个好办法。

在北京一家外企做销售工作的李可欣最近有些累，打算利用年假到青海湖做一次短期旅游，放松一下心情。但是她不想跟旅行社走，那样，既不自由，也看不到真正的风景。可是一个女孩独自去，人生地不熟，又觉得不安全。于是，她在QQ群里发了信息，希望能找一个当地的朋友来帮助她，而她也可以在对方来北京的时候帮助对方。

李可欣有一位信得过的朋友，很快帮她联系好了一个当地的女孩李冉，同为80后的李冉对可欣的想法非常赞同，对李可欣的到来也表现出了极大的热情。她很快便以很低的价格帮李可欣联系好了当地酒店，而且为李可欣设计好了旅游线路，并在自己休息的时候为李可欣当起了导游。两个异地的同龄人很快就成了很好的朋友，并约好明年李冉到北京来玩，到时候，李可欣给她当导游。

李可欣利用休假时间，在朋友圈子里结交了其他的朋友，既丰富了自己的生活，还扩展了自己的人脉。

只要我们往前迈一步，走出家门，走出自己的圈子，许多陌生的领域和面孔也许在短短的时间内就会被我们所熟悉。

互帮互助，机会才能增多

通过朋友的朋友，我们可以找到一条达到目标的捷径，从而避免在时间和精力上太多的消耗。通过朋友的介绍，我们可以接触到更多我们原本并不熟悉的领域，并从这些陌生的领域中找到自己的机会。

从事人寿保险业务的埃尔默·莱特曼是美国销售界的传奇人物，他多次成为保险界的金牌销售员。他的成功方法是："我不销售人寿保险，我只是建立联系，然后人们就来购买人寿保险。"

莱特曼从来不向人们推销他的保险，他最常做的只有两件事。一件是给自己的朋友们提供方便，让朋友的朋友们都能互相帮助，比如当他听说一个人要到某个地方去，他会提前通知那里的朋友，去机场或码头、车站迎接，并尽可能提供方便；他常做的另外一件事是：他每天都要在四季餐厅订一张桌子，邀请8个人与他共进午餐。他并不向这些人推销什么，只是把他们聚集在一起，让他们之间建立起关系，让

他们相互熟悉起来，之后就有很多人从他那里购买保险了。

想一想，莱特曼每天结识8个人，一年下来，至少可以给他带来2500个以上的潜在客户，而这些客户身后的朋友呢？长期下来，这就是一个不可估量的天文数字啊！

莱特曼的机会都是朋友提供给他的，因为他通过朋友之间的相互联系，就把保险卖了出去。但是，从另外一个角度说，莱特曼的机会是自己创造的，因为他总是在给自己的朋友以及朋友的朋友提供帮助，把朋友的朋友也当成自己的朋友一样对待，所以，这些朋友还有朋友的朋友，也都会把他当成朋友一样来看待，也会主动来帮助他。

国外一份调查报告显示，在对不同企业的人力资源部经理调查后发现，有37％的人是通过熟人、朋友和家人得到当前的工作的，在这37%的人员中，他们的亲戚、朋友和家人并不是他们所在公司的管理人员，而是管理人员的朋友，甚至是朋友的朋友。也就是说，他们的工作基本上是靠着朋友之间的辗转介绍才得到的。由此可见，朋友的朋友是非常重要的人脉资源之一。

科技越来越发达，人们工作越来越繁忙，走出家门的机会越来越少，接触陌生人的机会也越来越少，得到朋友的机会也就相对减少了许多。虽然互联网上可以让我们了解太多的东西，但是，人与人的交往不是只通过网络就可以解决的。我们需要通过朋友的帮助来扩展自己的人脉，需要借助朋友的关系找到新的朋友。同样，我们也可以在自己的圈子里，帮助朋友结识更多的朋友，因为，帮助朋友其实就是在帮助自己。

近几年求职市场出现了这样一种现象，即异地求职互助。由于市场原因，许多大学生选择了异地求职、异地创业。但是，异地创业往往存在着一些不可预知的风险，这对于刚刚大学毕业的学生是不容易承受的。于是，伴随这种现象就应运而出现一种互助现象，就是异地之间的互助。

一些有相关需要的学生，通过某些方式取得联系后，把彼此的需求告知对方，因为对方熟知当地情况，所以，会避免一些不必要的风险，而且也相应地降低了求职的成本；反过来，对方需要求职时，同样可以采用这样的方法，这样，求职的双方或多方之间就形成了一个互助圈。每个求职的学生在帮助别人的同时，也得到了别人的帮助。

别人是自己的镜子，你如何对待别人，别人也会如何对待你。要想得到别人的帮助，首先就要帮助别人。任何作用都是相互的，就如作用力和反作用力一样。你帮助别人了，别人自然心存感激，想在某一时刻回报你，因此，当你遇到困难时，作为回报，别人自然愿意伸手相助，帮你渡过难关。从这个意义上来说，帮助别人其实就是帮助自己。

人与人之间只有互帮互助，世界才能变得生动起来。更多时候，给我们提供帮助的人，是与我们没有任何关系的朋友，只有结识更多的朋友，才能让朋友成为我们取之不尽、用之不竭的人脉资源。

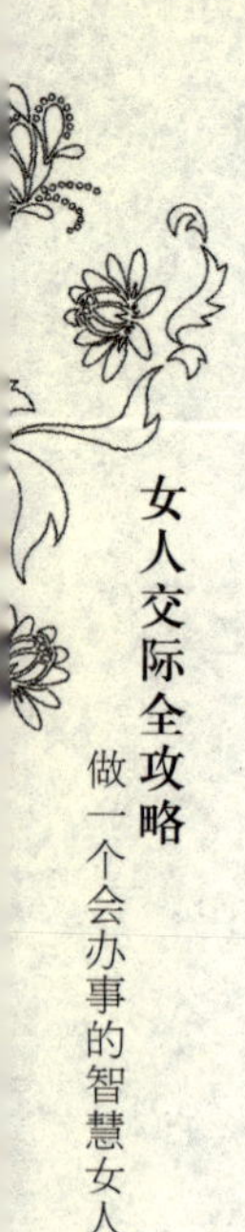

为自己拉关系

建立关系网并不是一种无关紧要的社交活动，而是一种为了自己的成就，而有意识地做出的一些主动的努力。“拉关系”与“玩手段”是完全不同的两个概念。拉关系，是一种以某种方式与在你的成功过程中可以帮助到你的人发生联系的有意识的努力，是一种主动地把自己周围熟悉的或陌生的人拉到自己的关系网中，成为与自己有密切关系的朋友的方法。

社交场上，主动伸出你的手

在一些交际场合，或者是朋友聚会的时候，有些人往往会表现得积极主动，而另外一些人则会表现得比较被动。我们常常会发现这样一种现象：有的人一进场，你就能感觉到她，到处都能听到她打招呼的声音，时刻都能看到她的身影，好像她跟这里的每个人都是朋友；同时，也有另外一些人，独自默默地坐在一个角落，一个人无聊地喝着咖啡，仿佛场上的一切都与她没有任何关系。

在一些交际场所，我们发现，大部分的女性不愿主动交际，其实这只是一种表象。一些表现被动的人，也并非完全是自愿被动，只是，在交际场合，自信心不足，内心表现得比较怯懦，担心自己主动与别人打招呼会遭到冷遇或拒绝，从而宁愿独自在人群外的一隅中品味孤独。这个时候，如果外界给她们一个激发点，她们交际的欲望也会喷薄而出。

其实，每个人都可能会有或者曾经有过这样的心理，但是，一旦克服这份心理障碍，大胆地走出去，你会发现，绝大多数的人都会回报你一份热情，你所想象的冷遇或拒绝可能根本就不会发生，即使有，多数人的热情也会把你内心因遭受冷遇或拒绝而受到的伤害融化掉。所以，如果你想趁着这难得的机会给自己拉关系，还是应该积极一些，主动把自己的手伸给别人，试试看，你一定会有一个好的收益。

当然，也不能说一个人独自喝咖啡不好，那也是一种个人品位，或许你想在喧嚣的人群中独自品尝一份幽静。但是，既然是聚会，既然是交际场所，既然大家都来到了这里，为什么不去和别人交流呢？要知道，在大家每天都忙得不可开交的今天，能够在一起聚会、在一起交流的机会并不多，在交际场合是一个结识陌生人、为自己扩展人脉的好机会。在这里，你大可以放下自己的矜持，主动向别人伸出自己的手，主动给自己拉拉关系。

套交情，拉关系，活跃气氛

与陌生人有了初步接触以后，就要套交情、拉关系了，这是扩展你的人脉的第二步。既然是“套”，就要先有一个活跃的气氛。虽然大家已经认识，但毕竟还不熟悉，这时如果能够营造一个活跃热烈的气氛，彼此都能轻松起来，相互交流也就更融洽。那么，如何活跃气氛呢？

（1）赞美对方。在与对方没有更深一步的交流之前，可以先赞美对方。如果了解了对方的情况自然更好，如果对对方没有太多了解，可以先从对方的外貌气质以及在现场的表现进行赞美，并由此引

申一个话题。人都是有虚荣心的，一般而言，大多数人在别人赞美自己时会表现得很兴奋，往往也愿意就此打开话题。

（2）利用道具，借题发挥。初次见面，有了简单的寒暄以后，由于一时没有共同的话题，可能会出现暂时的冷场，相互之间可能会有些尴尬。这时候，也许你一时无法从别处找到话题，那么，你随身带的一些小道具也可以派上用场。比如，一个别致的钥匙链，夏天随身放在包里的一把小扇子，如果对方恰好也是女性，那就更好说了，女性之间永远不会找不到话题，甚至只是对方手中提着的精致的小包都可以作为一个道具引出话题，并在此基础上借题发挥。

气氛活跃了，话题展开了，接下来你就要从对方的谈话中寻找对方的兴趣点了。发现对方感兴趣的话题以后，最好能顺着对方的兴趣谈下去，在交流过程中，表现出对他（她）及其兴趣的关注。

每个人都希望被别人关注，每个人都有自尊心和虚荣心，你关注对方，自然满足了对方的自尊心和虚荣心，对方自然也愿意与你亲近，主动拉近和你之间的距离，甚至有意识地和你“套近乎”，这时候，你与对方的交情就套牢了。

有一点需要注意的是，在与陌生人交往时，无论是展开什么样的话题，你都要用宽容的心去接受对方。因为每个人的观点和立场都是不一样的，也许你们会在交流的过程中有一些观点相异的时候，这时，不必非要与对方争得面红耳赤，宽容一些，试着接受对方的观点，即使不接受，也不必强硬反对，用以退为进的方法也许更好，这样，对方也会更容易接受你。

第二章

女人交际，有男人不可比拟的优势项目

女人是天生的社交家，女人特有的社交能力，在社交活动中起到举足轻重的作用。女人由于本身具有的一些性别特点，比如温柔和娇媚，宽容与善解人意、微笑与亲和力、柔弱和耐心……所有这些特点，都使得女人在与他人交往时有着男人所不具备的优势。

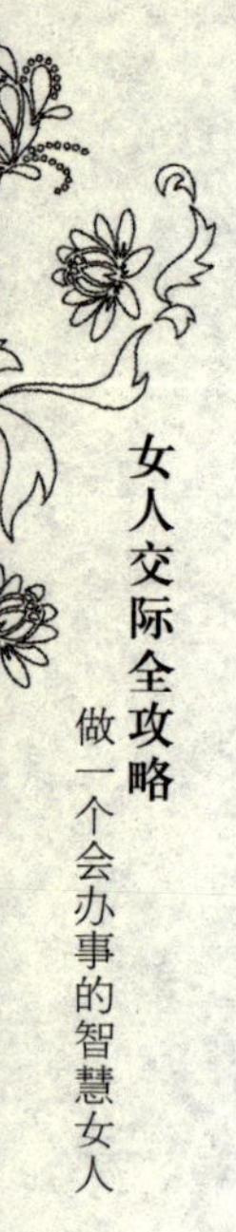

女人该怎样编织自己的“网”

每个女人都有自己的关系网，每个人都是关系网中的一个节点。但是，每个人的关系网还是有所不同。有些人的关系网庞大而且牢固，网中的每个人关系都很“铁”，交情都很深，好像网中的每个人随时都可以听从你的调遣。相反，有些人的网却很小且松散，仿佛有一点儿风吹草动就会损毁或消失，网中的人际关系平淡，交往也不甚密切，偶尔有需要的时候，大家可能还会考虑对自身的利益会不会有影响，或者自己有没有什么好处等。那么，聪明的女人，要怎么样编织，才能让自己的关系网成为前者而不是后者呢?

为自己寻找节点

在自然界中，蜘蛛结网时会先向空中放出一根长长的“搜索丝”，让其随微风或气流飘荡，找到一个结实的连接点，然后，再放出一根悬垂丝，并在两根丝的中段加上第三根丝，呈Y字状，形成蜘蛛网最基础的部分。然后，在这三根丝的基础之上，蜘蛛会再织五十多根丝，形成蜘蛛网的雏形。

女人要编织自己的关系网也是如此，你要先搜索可以在自己的网中作为自己最初节点的一个或几个人，通过自己的人脉把自己和节点目标联系起来，然后，从这里开始，依次纵向和横向发展，继续找到其他可靠的节点。

在发展自己网络节点的过程中，你要不断付出辛苦，主动与别人交流沟通，通过各种方式与你的节点形成一种更为亲密的关系。即使最后你没有成功地与节点形成比较好的关系，那么，你也会发现，在你不断努力的过程中，自己网中的节点已经越来越多，你自己的网已经越来越结实，越来越牢固了。

发挥节点的作用

关系网建立起来，并不等于牢固了，还需要你不断地去维护。你需要经常和你网中的那些节点进行沟通交流，联络感情。这并不是浪费时间，高质量的沟通交流会使你在未来的日子里节约很多时间。

在与这些“节点”交流的过程中，最重要的就是要学会共享。因为每个人手中都掌握着很多信息，这些信息也许对自己没有什么太大用处，但是，也许对别人价值很大。这个时候，要主动拿出来，让大家一起分享你的信息，也许，就会有某个或某些需要的人能够把你提供的信息利用起来。如果每个人都能这样，那么，大家叠加起来，就会有一个海量的信息资源库。

王芳是个交际达人，无论是在朋友圈里还是同学之间，她都是个热心人。因此，她的朋友都会在她需要帮助的时候，热情地伸手相助。

在一次同学聚会上，她无意间听同学海涛说起，一家新建的大商场正准备设立一个饰品柜台，具体工作由他负责。这个信息被王芳及时捕捉到了，聚会结束后，王芳没回家就直接奔那家商场去了，到那里一看，预计设立柜台的地方在商场的位置极佳，很有商业价值。

王芳立即找到同学海涛，告诉他自己想承租这个饰品柜台。怕海涛不相信自己，她还悄悄地告诉海涛，其实，自己现在是一个饰品厂家的代理人，铺货是免费的，所以资金和货源都没有问题。

王芳在同学圈里的热情和影响力是出了名的，再加上饰品代理人这个保证，海涛很痛快地就答应了王芳的请求。

同学这边搞定了，王芳又立即联系了自己做饰品生意的好朋友爱欣，说自己已经找到了一家很不错的商场柜台，很有商业价值，销售绝对没有问题，条件是需要免费铺货，这样，她能保证大家都有钱赚。

爱欣也曾经和王芳打过交道，对她非常信赖，不但答应给她免费铺货，还给她推荐了几个有经验营业员。柜台开张，生意果然很红火。

王芳因为平时对大家都热心，愿意把自己的资源与别人共享，因此，在她想要分享别人资源的时候，别人也都热心支持。正因为如此，她才能在自己没有多少资金的情况下，很顺利地租到柜台，还得到厂家免费铺货的优惠政策。

其实，在我们的人际关系网中，每个人都是这个网上的一个小小的节点，也正是这些节点联结在一起，网才可以牢固结实，如果其中一个节点出了问题，相邻的节点往往也会松动，整张网就不再结实。所以，无论是你在别人网上担任一个节点，还是你自己的人际网中的所有节点，每个节点都要发挥自己应该发挥的作用。只有每个节点都发挥作用，同心协力把整张网联结起来，整张网才能牢不可破。

女性有着自己先天的优势，所以，女性在经营人脉时会相对轻松一些。但是，任何事物都是相对的，对于女性天生具有的一些优势，如果女性不能够很好地利用和发挥，也有可能会变成劣势，变成缺点，不仅不能很好地为自己累积更多的人脉，还有可能妨碍人脉的经营和发展。所以，女性在利用自己的优势经营人脉时，一定要掌握好一个度，把握其中的技巧。

女人要有几个自己的“圈子”

“圈子”是21世纪女性喜欢的一个名词，所谓“圈子”，是指有着相同的兴趣爱好或者为了某个特定目的而联系在一起的一个群体。“圈子”的形成原因很多：教育程度、审美情趣、感情需要、生活方式……比如，汽车发烧友可以加入“汽车圈子”，数码产品发烧友可以加入“数码圈子”，甚至喜欢喝酒的人都可以加入品酒的“圈子”等。只要能够在一个点上擦出火花，就能联动引爆一大群人，蔓延出“圈子”一派。许多圈子的形成是通过人与人之间的社会行为特征自然形成的，就是所谓的“物以类聚，人以群分”。

“圈子”是交际的开始

21世纪的女性，不再仅仅满足于工作和家庭，虽然她们也会因为工作和家庭忙得不可开交，但是，大多数女性还是会“忙里偷闲”，在工作和家庭之外找一些既能够体现自己价值又愉快的事情去做，找一些有相同兴趣爱好的人一起交流沟通，在这些圈子里，她们活力四射，塑造自我、肯定自我、提升自我；在这里，她们会找到自己工作、家庭以外的价值，并以一个全新的形象体现着自己的价值。

所有的圈子，归根结底都由于两个字——交际。因为你要在这个圈子认识你以前不认识的人，同时，自己作为一个陌生人走入别人的生活中。这就需要人与人之间的交流与沟通。走到同一个圈子里的

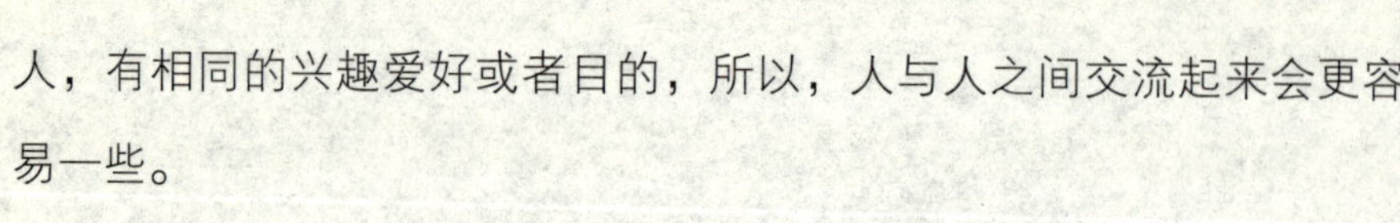

人，有相同的兴趣爱好或者目的，所以，人与人之间交流起来会更容易一些。

21世纪的女性要有几个自己的圈子，在自己的圈子里，女性不仅能找到自我，而且可以接触更多的人，从而让自己走进一个更大范围的人群中，在拥有自己个人空间的同时，还可以让生活更加丰富。

女人的几个圈子

女人生活中往往有“第一圈子”和“第二圈子”，甚至更多。

市场经济环境孕育着现代女性的经济意识，因此，她们的交际活动也围绕着经济利益展开。因此，女人的第一圈子就是“利益圈子”，走入这个圈子里的人，似乎每个人都在寻觅着“商机”，寻找着能够给彼此带来经济合作的可能性。

这个圈子通常与工作有很大关系，这个圈子中的利益成分比较大。因为与各自的工作有联系，所以，在这个圈子里并不一定过得轻松。在这里，你可能要做你不喜欢做的事情，要结交你不喜欢结交的人，因为这里的人可能掌控着你职业生涯的生杀大权，所以，这个圈子里的女人，大多数都有身不由己的体会。但是，规则是大家在一起逐渐形成的，你不情愿，但是却无能为力。只要你还想在这个圈子里继续你的利益，你就得服从这个规则。

筱筱是一家报社的娱乐记者，因为工作关系，她有一个特殊的圈子。这个圈子里大多是与媒体有关系的人，在这里，人们都遵守圈里人默认的游戏规则，大家泡吧、开新闻发布会、搞策划，彼此之间有着心照不宣的默契。每个人的目的都一样，那就是力求巩固和发展自己的利益，稳定自己在圈子里的地位，这样才能让自己在这里站得更稳，才能够获得更大的利益。为此，筱筱小小年纪，就经常把自己打扮得时髦靓丽，出入于各种不同的场馆会所，参加各种各样的聚

会。每天晚上回家后，却要独自咀嚼光艳背后的疲惫。尽管如此，为了维护自己的利益，筱筱还是坚持着，在这个特殊的圈子里奔忙着。

因为第一个圈子让人太疲惫，太不轻松。所以，大多数职业女性会在第一个圈子之外，再为自己找一个圈子，以便游弋其中，放松疲惫的身心。

“第二圈子”是女人放松的地方。你可以找一个让自己能够身心放松愉悦的圈子，这样的圈子没有高低贵贱的差别，只要是自己愿意，自己高兴，你都可以参加。和要好的姐妹逛街购物、做美容护理、一起DIY一些小手工……这些都是女人可以参与的小圈子，这样的圈子很随意，没有什么规则，因为大家的目的取向很明确，就是追求快乐，所以，大家快乐就是规则。在这样的圈子里，你可以得到全身心的放松，可以无所顾忌地参与其中，甚至你可以随时出入，随时决定要不要参与。

放松后的女人还会有其他追求，这就是女人的第三个圈子——一种纯朋友、纯爱好的圈子。比如旅游圈、书画圈、美食圈等，在这样的圈子里，女人会找到自己的另外一种价值，并为了自己的才情和爱好“累并快乐着”。

除了第二个圈子，第一个和第三个或者到第N个圈子，都会有自己的特定标准和要求，这也符合大多数人观念的标准和要求。因此，要进入到这个圈子，就得修正自己的观念和行为，对自己的作为有一个约束。从这个意义上来说，圈子在这个时候，就会变成圈套，套住人们迈出去的步伐。要想不让这个圈子成为圈套套住自己，就要为自己多找几个圈子，让自己以不同的行为方式出现在不同的圈子里，才不会让自己的观念和行为因为固守一个圈子而圈住自己的性格，让自己无法走出去。

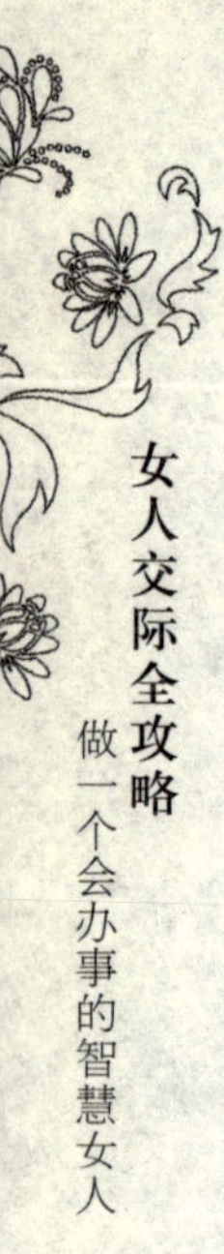

善解人意，让对方感到温暖

善解人意就是善于理解别人的意思、想法。善解人意的人往往能更多地换位思考一些问题，因此，也会更多地体谅别人。善解人意是以自己的“意”去理解别人的“意”，然后在不经意间，帮助对方解决困难和疑惑，让对方感受到一份温暖却又不失面子。

善解人意的女人惹人爱

有这么一则笑话：在某高级餐厅中有一对年轻男女，正浏览着菜单点菜。男孩说：“吃牛排容易胖，吃鸡容易过敏，也不喜欢吃羊肉……”他挑剔着菜单上的菜，然后将菜单从头看到尾，接着抬头告诉侍者“来两杯咖啡”。原来，他的口袋里只有两杯咖啡的钱了，他是用这种方法来掩饰自己无法表达的窘境和苦衷。

在女人面前，无论是情侣还是朋友，男人永远不愿意暴露自己没钱的窘境，而善解人意的女人，往往会在不经意间给男人面子。

善解人意的女人不会给男人出难题，让男人失面子。善解人意的女人在约会时，不会让男人太花钱。但是，她不会明确告诉对方，因为那样会让男人感觉没面子。

在男人心目中，善解人意的女人是最可爱的，因为这样的女人都很善良、很真诚。

善解人意的女人在待人接物时，能表现出自己的风格和个性，她们不会给男人出难题，让男人失面子。因而，男人常常会为这样的女人而感动。善解人意的女人让男人活得轻松，越成熟越成功的男人越会对善解人意的女人有一种依赖和依恋。

善解人意的女人往往很娴静，不张扬。但是，她的娴静并不会被人忽视，就如一幅淡雅的水墨画，在众多喧嚣的人群中，男人往往会更愿意去关注这样一位安静地独坐一隅的善解人意的女人。

善解人意的女人会专注于你的谈话，她会浅浅地笑着给你一个回应，让你感觉到自己被重视被关注，从而更愿意把自己内心的一切都讲给她听。

女人的善解人意来自于女人的细心。女人心细是天性，每个女人都会很细心地观察到男人哪怕只是一丝微小的变化。就如上面笑话中所说到的，看到男人的举动，细心的女人肯定会猜出其中的隐情。这个时候，善解人意的女人往往会主动说出"只要两杯咖啡"的话。这个时候，即使你不说出你的用意，对方也会很感谢你对他的关怀。

善解人意使女人到处受欢迎

善解人意的女人在家里是典型的贤妻良母。女人善解人意，她会耐心地倾听丈夫诉说自己内心的苦闷，耐心地解答儿女的疑惑，善解人意的女人是丈夫和儿女的心理咨询师和加油站。善解人意的女人永远会让丈夫和儿女一年四季总是穿戴得干干净净、整整齐齐，像模像样地出现在人前人后。善解人意的女人会让家庭的每个成员都忘不了她的善解人意。

善解人意的女人在工作中会是好员工、好同事。善解人意的女人会站在别人的角度考虑问题，善解人意的女人能够体谅老板经营的不

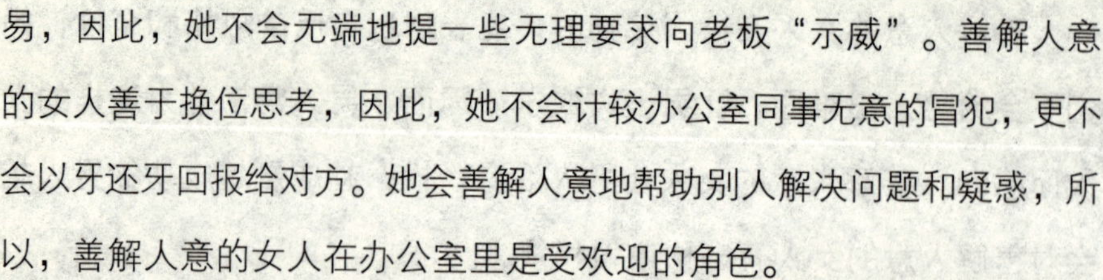

易，因此，她不会无端地提一些无理要求向老板“示威”。善解人意的女人善于换位思考，因此，她不会计较办公室同事无意的冒犯，更不会以牙还牙回报给对方。她会善解人意地帮助别人解决问题和疑惑，所以，善解人意的女人在办公室里是受欢迎的角色。

善解人意的女人在生活中是好朋友、好邻居。因为善良，她会更乐于助人；因为宽容，她不会对别人有意或无心的冒犯斤斤计较。善解人意的女人因为她的善解人意，而处处受到欢迎。

自曝瑕疵，让交流变得更轻松

有心理学研究表明，在一定范围内，人们之间的相互信任、相互接纳程度是和彼此之间的相互暴露程度呈正比的。

对于过于完美、“白璧无瑕”的人，人们更多的是仰视、敬畏和崇拜，遥不可及，而不是喜欢。在这样的人面前，人们往往会敬而远之。要想与周围的人亲近起来，只有适度暴露一些自己的弱点，才能拉近与别人的心理距离，更容易被别人接纳。

自曝自己的软弱之处

每人都有自尊心和好胜心。所以，在与别人交流时，我们更愿意向对方展示自己的优点和长处，更愿意处处胜人一筹。因此，在与陌生人相处时，我们不自觉地想掩饰自己脆弱不堪的一面，这就让我们总是不愿意以弱示人。但是，有研究社会心理的心理学家指出，适度地在别人面前表现你相对脆弱的一面，会让别人更容易相信你的真诚，让别人产生愿意与你接近的感觉，双方的心理距离可以更快地拉近。

擅长交际的人，往往能够很好地利用人们的这一心理，主动把自己的缺点和弱势展示给对方，满足对方的心理需要，让对方与自己亲近起来。一些身份地位比较高的公众人物，常常会利用自曝缺点的方法，主动向别人展示自己的不完美，让与自己交流的人情绪得到进一

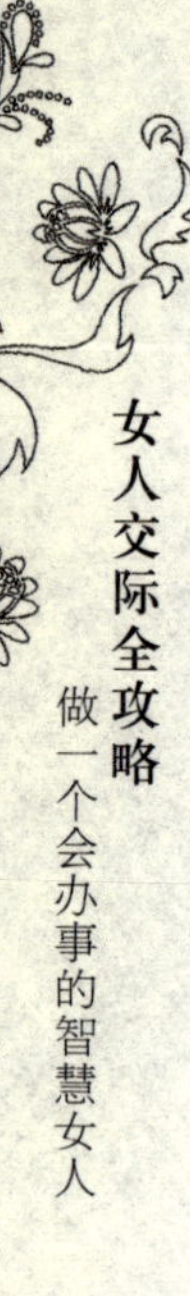

步放松，这样就会使交流更顺畅。同时，主动暴露自己的不完美，还可以引起对方的同情心，减少对方的攻击性。

曾经有一位出色的政治家，在应对一位媒体记者时主动采取了自暴瑕疵的方法，让想尽办法从他这里挖点儿丑闻的记者自动退却了。

当这位记者刚刚来到政治家这里时，这位政治家在记者正要开口时，态度从容地制止他说：“别着急，时间还长着呢，我们慢慢谈。”

就在记者等候的时间里，秘书给政治家端来咖啡，政治家端起咖啡喝了一口，立即大嚷道：“哦！好烫！”咖啡杯随之滚落在地。这让记者大感意外，在公众场合风头出尽的政治家怎么竟会出这样的洋相呢？

而接下来的事情更让记者看到了政治家的尴尬，也许是为了掩饰自己的尴尬，政治家拿起一支香烟，结果却把香烟倒着放进嘴里，试图从香烟的过滤嘴处点火，直到记者提醒，他才慌忙地把香烟倒过来。不料一不小心，把烟灰缸碰落在地上。

平日趾高气扬的政治家出了一连串洋相，开始这位记者还有点儿幸灾乐祸的心理，打算把政治家的这些窘态曝出去。但是，在政治家一连串的洋相之后，这位记者在不自觉中反倒有些同情政治家了，觉得这位风头出尽的公众人物也不容易，原来的挑衅心理消失得无影无踪，一场原来应该针锋相对的谈话就这样不了了之了。

这也正是这位出色的政治家出色之处，他巧妙地利用了人们同情弱者的心理，故意在有敌意的记者面前，主动暴露自己的一些小缺点，引起对方的同情心，拉近了与对方的距离，让对方把敌意放下，跟自己站在了同一立场上。

聪明的女人懂得不完美才更“亲民”

在与人交往的过程中，主动向对方展示自己的弱点，主动暴露自己的一些小缺点和小瑕疵，可以使对方放松原本紧张的情绪，从而创造一种轻松愉快的交流、沟通的气氛。尤其是在你比对方强大的情况下，你主动地向对方展示自己的瑕疵，会拉近你与对方的距离，让对方很快与你亲近起来。

太强大、太出色的人，往往会招来嫉妒的眼光。如果我们没有意识到自己身上争强好胜的性格，就可能会在不经意间为自己设下陷阱。女性在人际交往中，尤其是与男性相处的过程中，不必处处锋芒毕露，适当暴露一些自己无关痛痒的小缺点，出点小洋相，会使别人对你放松警惕，降低攻击性。

如果你是一位有身份有地位的女性，那么，与你交流的人会显得过于拘谨，这时候，巧妙地、不露痕迹地在对方面前暴露自己的不完美之处，其实就是在告诉对方，你同他一样也是个普通人，也有着不完美的地方，这样，对方就会感觉原来你也不是高高在上的“神”，即使是“神”，也很“亲民”，因此便在无形中拉近了你与对方的距离，形成一定的亲近感，使双方沟通交流起来更随意、更轻松。

女性在人际交往的过程中，对于主动暴露的小缺点的内容要有所选择，有所变通。如果你已经成功，那么，在地位比自己低的人面前，不妨展示自己的奋斗过程，表明自己是个平凡的人。对于经济状况比自己差的人，可以适当诉说自己的苦衷，诸如健康、子女学业以及工作中遭遇的一些不尽如人意的地方，让别人感觉到你的不容易；对于自己的特长或者专业方面的成就面前，不必太过谦虚，但是，可以明确自己在其他领域则是一窍不通，甚至可以自暴一些自己曾经在某些方面遭遇的尴尬和窘境。所有这些示弱，目的只有一个，就是主动向对方展示自己的不完美，让对方情绪放轻松。

低头，是交际的智慧

生活中，向别人示威、示强，迎合了大多数人的社会心理的需求，所以，大多数人都会这样做。但是，向别人低头示弱却相对要难得多，尤其是适时、适度地示弱更难。毫不示弱代表只需要一时的勇气，而适时适度的示弱才是真正智慧和勇气的结合。敢于示弱，勇于示弱，是一种大家风范，代表着一种高度、一种态度、一种境界。

低头是生存的智慧

在自然界生物进化的过程中，越是善于低头示弱的动物，越能有效地保护自己。对于人类来说，同样是适者生存，在自己相对弱小、无力还击对方时，适时适度地示弱，可以使自己免受“硬伤”，是保护自己的一种方式。

对于想与自己一争高低的对手，主动向对方示弱，是一种友好的表示，是化解矛盾、维护团结、和睦相处、共同进步的重要手段，这就是人际交往中的示弱定律。另一方面，示弱还是一种获取胜利的战术，在面对骄横强大的对手时，示弱可以迷惑对方，使对方对自己放松警惕，在有必要还击时，更能趁对方放松警惕时还击得更有力。

在生活中，适当的示弱不仅是一种生存的技巧，还是一种坦诚的态度。适度示弱，可以帮助我们赢得别人的信任与好感，使自己的发展之路更平坦。

低头有助于消除不满或嫉妒，低头可以把由嫉妒、怨恨生发出来的各种消极作用降到最低。处处逞强、处处占先拔尖的人虽能得一时之利，但宽容、大度、适时忍让、虚怀若谷的人往往是最终的成功者。

低头可以让你更容易得到朋友。人际交往是一个互动的过程，你给对方什么，对方往往也会以一种对等的情绪还给你。在与人交往的过程中，如果你能在双方相持不下的情况下，主动示弱，给对方一个台阶一个面子，对方必会从心里对你心存感激。而且，会在适当的时候，给你一个加倍的回报。你顾及了对方的心理感受，让对方感到愉快，对方自然愿意把你当做朋友，当做知己。而且，在感激你的同时，会在心里对你充满信任和由衷的佩服。

相反，如果在与别人相处时，总是处处逞强，追求自我优越感。这样往往会伤害别人的自尊心，破坏对方的心理平衡。别人自然会启动自己的心理防御机制，对你充满警惕、厌恶和排斥。

聪明女人会退让

在双方有争执的时候，男人为了显示自己的强大或者怕别人嘲笑自己软弱，往往更不愿意主动退让。女人却不然，虽说女人的名字不是弱者，但是，女人的退让往往不会引起别人的嘲笑，相反，女人在恰当的时候退让，往往会为自己赢来更多的帮助和好人缘。

柔弱本是女人的天性，但现代社会似乎不允许女人柔弱，更多的时候，女人要和男人一样独立坚强，要和男人一样独自撑起一片天。这就使得越来越多的女人变得坚强的同时也变得强硬。

但是，无论现实社会如何，在人们传统观念中，很多时候，女人适当表现出委婉、柔和和弱势，还是会得到一些额外的眷顾，尤其

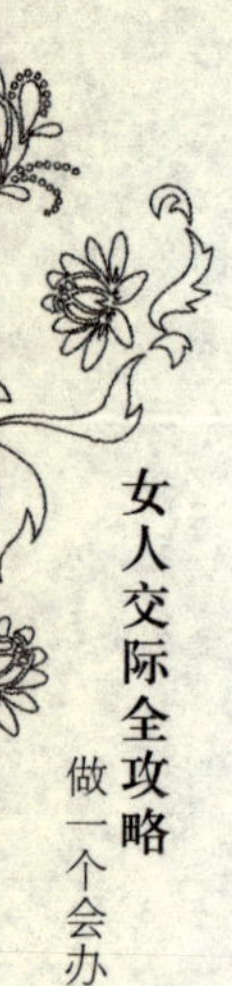

是在男人面前。在生活中，聪明的女人即便不柔弱，也要懂得“示弱”，这是一种生活的艺术，是一种大智慧。

作为女人，在交际中，尤其是在与男人交往的过程中，无论是工作上还是生活中，适当地利用自己性别的优势，在男人面前适时适当地收起锋芒，适当地退让，会让男人不自觉地愿意主动帮助你。

聪明的女人，能够把退让当成一种价值取向和人生态度。女人天生的柔弱气质，能够保护她在家庭和在社会中得到众人的呵护。

需要指出的是，退让并不代表胆怯，相反，它更代表一种素质与涵养，代表一种豁达而宽容的态度。这种豁达和宽容，往往具有四两拨千斤的力量，敢于示弱才是真正强有力的表现。同时，这种豁达和宽容，还会让对方在内心中感受到你的大家风范，从而从心底里折服于你。

女人味，女人用之不竭的资本

虽然现代社会的女人越来越坚强，越来越干练，甚至，在很多时候，女人的能力和魄力比之男人有过之而无不及。但是，女人即使能力再强，魄力再大，在与人交往的过程中，无论是在工作还是生活中，女人终究要以一个女性的角色出现。尤其是在有男人共同存在的环境中，在与男人交往的过程中，女人不可以弄错了自己的性别角色，是女人总是应该有女人味。

最美不过女人味

女人味，是专属于女人的，是女人的魅力之所在。女人味是女人美丽的核心，做一个有女人味的女人，是女人的梦想，也是男人的希望。

做女人一定要有女人味。女人有女人味，三分漂亮可增加到七分；女人无女人味，七分漂亮会降至三分。女人味令女人向往，令男人沉醉。女人征服男人的，不是她的美丽，而是她的女人味。一个有女人味的女人才是一个真正的女人，一个有女人味的女人在哪里都会受到别人的欢迎和喜欢。

“女人味”是一个不可度量的概念，一千个女人就有一千种味道，一千个人对“女人味”有一千种定义。女人味是千姿百态的，我们无法给女人味一个确切的具体的让所有人都满意的答案。

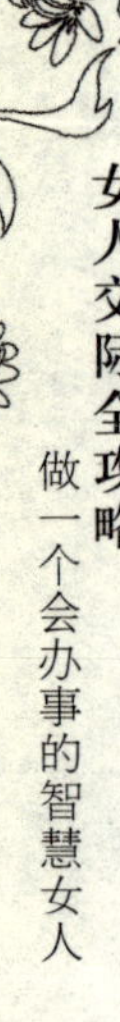

虽然，我们无法给女人味一个具体的定义，但是，女人味还是被定格在一些这样的女人身上：温柔的性格，善良的心地，恬静的微笑，成熟的魅力。

女人味是一种挡不住的芬芳和媚惑，女人味让人体会到一种淡淡的柔柔的感觉，一种卓尔不群的遐思，一种让男人闻到就心跳、让女人闻到就嫉妒的味道。

有女人味的女人，告别了青春的躁动，拥有的是不经意间流露出来的一种高雅，一种安详，一种含而不露的神韵。

有女人味的女人已经成熟，她们的举止中带着一点点的矜持和一点点的诱惑，她们的服饰时尚而不暴露，她们风情万种却又含蓄收敛，她们的一言一行都有品位有情调，有一种醉人心的韵味。

有女人味的女人，和男人一样在职场上拼搏奋斗，谈笑风生。但是，有女人味的女人对自己不苛刻，想玩想吃，随心所欲。有女人味的女人，心态平和乐观，她们对女人的韵味把握得恰如其分。

有女人味的女人，真正地理解了女人味的本质——她们对自己不做过多修饰而任其自然释放，她们张扬得有板有眼，把女人生命中最美好的娇艳展现出来，却又不走火入魔地使自己沦落于卖弄。

有女人味的女人，是女人中的精品，这样的女人参透了生活中的失败和痛苦，更懂得欣赏生活。

女人味是一个概念，也是一种视角，女人味让女人美丽的内涵变得更具体、更深远。女人味是专属于女人的，也是女人的魅力所在。女人味是一种风韵，这种风韵永远让男人回味无穷。

女人味，是女人的交际资本

女人味不是与生俱来的，是要通过后天的修炼，才能使女人韵味丰盈四溢。是女人，就要学会修炼自己的女人味；是女人，就要学会利用自己的女人味。

女人的女人味，在所有的场所都可以表现出她的能量和动力。有女人味的女人，让她周围的人感到轻松，有女人味的女人能使人感到宁静与祥和。

在面对男人时，女人味中的温柔与恬静，会让一个男人疲惫的心灵在顷刻间得到放松，女人温情的呵护和关怀，会让遭遇挫折、陷入绝境的男人得到滋补和疗养，女人味是男人心灵最好的补药。

在面对女人时，女人味中的善良与成熟，能让那些无助的女人们感受到关爱和力量。来自同性的关爱和鼓励，往往会让受到伤害的女人感受到温暖的抚慰和爱护，让遭遇挫折的女人更快地找到一份自信和勇气。

女人味越来越成为一个时髦的词汇，越来越多的女人开始追逐“女人味”。女人的女人味，在男人的眼中，是一种风韵，是一种让男人品之不尽的味道。女人的女人味，是一种风采和气度，是一道美好的风景，让女人百看不厌。

微笑，亲和力的源泉

"一笑倾人城，再笑倾人国。"微笑是女人最强大的魅力，微笑是女人最美的表情。女人的微笑具有挡不住的魅力，蒙娜丽莎的微笑征服了这个世界上的无数人。一项对数百名男性的调查显示，87%的男性最喜欢的女人的面部表情就是微笑。

对于女人而言，微笑是最美的语言，它传递给对方的信息是丰富无比的：忧伤无助时，微笑可以传递一份关爱，驱散心灵的孤寂；冷漠抗拒时，微笑传递一份温情，可以融化心灵的坚冰；紧张时，微笑传递的友善，可以放松戒备的心情；争执时，微笑传递的宽容，可以拉近彼此心与心之间的距离；微笑传递的信任，可以让人感受到你的真诚；微笑传递的温和，可以让人感受到你的温暖……女人的微笑，给人以自信、坚强的感受；女人的微笑，能让人感觉温暖；女人的微笑，能为自己带来良好的人际关系。

"一个微笑"的箴言

微笑的表情，是诚意和善良的象征，是愉悦别人的一种良好形象。

津巴布韦的乔伊夫人在巴克莱银行负责公共关系，在她的办公桌上，有一篇用镜框镶起来的题为"一个微笑"的箴言：

"一个微笑不费分文，但给予甚多，它使获得者富有，但并不使给予者变穷。一个微笑只是瞬间，但有时对它的记忆却是永远。世上没有一个人富有和强悍得不需要微笑，世上也没有一个人贫穷得无法通过微笑变得富有。一个微笑为家庭带来愉悦，在同事中滋生善意。它嫣然地为友谊传递信息，为疲乏者带来休憩，为沮丧者带来振奋，为悲哀者带来阳光，它是大自然中去除烦恼的灵丹妙药。然而，它却买不到，求不得，借不了，偷不去。因为在被赠予之前，它对任何人都毫无价值可言。有人已疲惫得再也无法给你一个微笑，请你将微笑赠予他们吧。因为，没有一个人比无法给予别人微笑的人更需要一个微笑了。”

微笑，可以缩短人与人之间的距离，即使空间离得再远，只要一个友好的微笑，我们彼此心灵的距离也会拉得很近。微笑是经营人脉最好、最有力的武器。

微笑是你接近他人最好的介绍信。一个女人初到一个不熟悉的场合，对陌生人展示一个友好的微笑，对方一下子就会与你亲近起来，相互之间可能就有了沟通的开始。即使没有更多交流，一般对方也会回报你一个友好的微笑，你的心情就会变得自然轻松，仿佛在这个陌生的场合里，已经有了和你关系很近的朋友，你不再感到孤独和紧张。

微笑可以化解对方的敌意。在与陌生人相处或与人发生争执时，对方往往会对你怀有戒备心理，这时，适时地给对方一个友善大度的微笑，让对方感受到心灵的震动，会打破对方的心理防线，也许会在瞬间消除对你的敌意，甚至对方内心紧闭的心灵之门也会在那一瞬间打开，不知不觉地折服于你的人格魅力，从而拉近与你的心理距离。

微笑可以化解朋友间的尴尬。当我们和朋友之间出现了摩擦而出现问题的时候，或者因为误解而感到无法互相面对的时候，一个宽容的或歉意的微笑，往往能够弥补朋友之间的裂痕，让双方的关系变得

更和谐。

微笑是浇灌人脉之树的甘霖。女人的微笑是迷人的，当你用微笑面对别人时，你同样会收获对方回报给你的微笑。微笑的人是受欢迎的人，无论何时何地，只要你面带微笑，走到哪里都会一路畅通。

微笑不需要任何投入，却可以有许多收获。一个迷人的微笑，往往能带来巨大的价值。女推销员的微笑，能给她带来更多的客户；女营业员的微笑，会吸引更多的顾客来购买自己的商品；公关小姐的微笑，可以让她更好地与外界沟通，为自己公司、企业树立形象，从而获取巨大效益。

微笑是最好的沟通语言

微笑是最通用的国际语言，对人微笑是一项高超的社交技巧，也是女人获得幸福的有力保障。女人的笑容背后，往往蕴藏着巨大的力量，这种力量以温柔的方式化解人生际遇的各种坚冰，引导你直接到达光明的境地。

一架客机刚刚起飞，乘客王先生因服药需要向空姐黄依凡要一杯白开水，依凡告诉乘客，等飞机进入平稳飞行状态后会立刻把水送过来。可是，飞机进入平稳飞行状态后很长一段时间里，空姐还是没有把水送来，王先生只得再次按响了服务铃。

听到铃响，黄依凡立刻意识到自己工作的失误，她很快端着一杯开水来到王先生面前，微笑着向他道歉："先生，实在对不起，由于我的疏忽，延误了您吃药的时间，我感到非常抱歉。"

虽然黄依凡已经微笑着道歉了，但是，正在经受病痛折磨的王先生本来已经很难受了，偏赶上公司需要他出差，导致王先生心情很是不爽。没想到祸不单行，在飞机上吃药的水又没有送到。因此，王先生气不打一处来，下定决心要投诉黄依凡。

而做错事儿的黄依凡，为了弥补自己的过失，每次去客舱为乘客服务时，都会面带微笑地询问王先生是否需要水或其他服务，虽然每次王先生都对她不理不睬，但是，黄依凡依然坚持着，用自己的微笑向王先生表示歉意和关心。

终于，在飞机到达目的地之前，王先生要求黄依凡把意见登记簿给他送过去。虽然黄依凡认定王先生要投诉她，但她还是忐忑不安地把意见簿拿给了王先生。然而，让她感到意外的是，当她打开意见簿，却发现王先生的留言是这样的："在整个飞行的过程中，你表现出的真诚的歉意，特别是你的十二次微笑，深深打动了我，使我最终决定将投诉信写成表扬信！你的服务质量很高，下次如果有机会，我还将乘坐你们这次航班。"

微笑常常比语言更有感染力，是放之四海而皆准的人际交往的高招。空姐黄依凡正是用她真诚的微笑，打动了情绪不佳的王先生，最终，让王先生把给她的投诉信变成了表扬信。

微笑是一个女人最温馨、最富有人情味的表情特征，有助于人们之间的交往和友谊。甚至有心理学家认为微笑可以衡量一个人对周围环境适应的尺度。总之，人际交往中，女人要善于用微笑创造令人心情愉悦的环境，这样，不仅可以增强别人对你的好感，还能让对方心悦诚服地接受你的观点，办成你要办的事情。

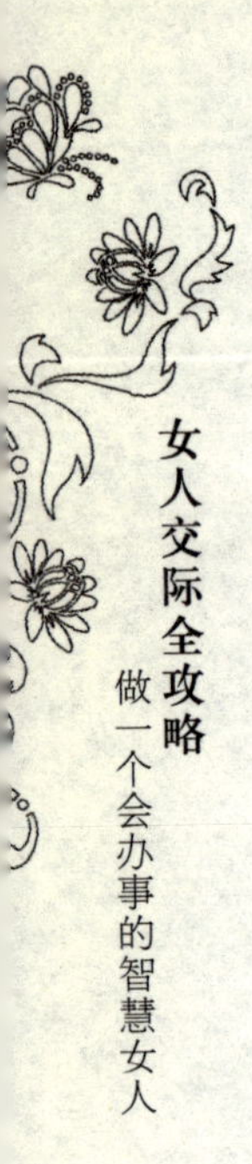

温柔似水，润物无声

温柔是女人最动人的特征之一。女人的温柔，来自于女人的修养，是一种诱人的气质，在男人眼中，女人的这一特点最可爱。温柔的女人走到哪里，都会受到人们的欢迎，博得众人的注目。女人的温柔像绵绵细雨，润物无声，却让人回味无穷。

女人是水做的，女人的温柔似水般温润绵长。但是，女人的温柔也不是柔弱无骨，女人的温柔发挥到极致，就是一种力量，一种男人无法抗拒的力量。

温柔的女人能用她的温柔，以柔克刚、以静制动，取得神奇的效果。女人的温柔像一只具有神奇力量的纤纤细手，只需轻轻一抚摸，伤口就会愈合，痛苦的呻吟就会变成甜蜜幸福的鼾声。

温柔是女人的核心

女人的温柔是一种美德，一种足以让男性一见钟情、忠贞不渝的魅力。男人挑剔的眼光不只是盯着女人的美丽，同时心里还渴求着女人的温柔。但是，当男人真正读懂女人这本书的时候，才惊奇地发现，其实温柔才是这本书的最经典之处。

女人的温柔不是故作姿态的娇嗲，而是一种发自内心的魅力；它不是声色，不是语言，而是女人特有的力量和气质。女人的温柔包含着发自内心的善意：对爱人、对子女、对周围的人、对这个世界的善意的爱。

温柔的女人不是只懂得牺牲的小女人，女人的温柔不是没主见的“乖”，而是一种美好性情，一种智慧，一种女人味。女人的温柔不是做作，而是让男人舒服、让女人羡慕的品性。

温柔的女人不可侵犯，她内心柔软但又充满自信；温柔的女人明白自己的力量所在、魅力所在和快乐所在；温柔的女人优雅的情怀与宽容的气度浑然一体，相互辉映。温柔的女人虽然会不时地考验你，但却不给你压力，目光里写满鼓励与怜爱。

温柔的女人善解人意，会像尊重自己一样尊重别人。温柔的女人聪明，但给人的感觉不是咄咄逼人，而是舒服的微笑，带点书卷气，弥漫着一种味道……

温柔的女人是幸福的，没有哀怨，更不会寂寞。因为爱已经让她的内心变得充盈而有力量。

别失去了你的温柔

上帝给女人的肌体里注入了许多美的因子，这其中最重要、最不可或缺的一个因子，就是女人的温柔。温柔是女人的天性，就如男人的阳刚一样。如果一个女人没有温柔，就不能称其为女人了。温柔是女人特有的，一个女人失去了温柔就失去了女人味。一位名人说过这样一句话：“女人一生所犯的最大错误，就是忘记了自己是女人。”一个女人如果没有女人味，又会有哪个男人愿意来宠你、爱你呢？

时下已经28岁的姗姗是个时尚的单身贵族，除了工作以外，闲暇时，姗姗会经常到网上的聊天室去看一看。一来为了解除寂寞；二来呢，心里也有一点儿小想法，那就是想着或许能在那里碰上自己的真

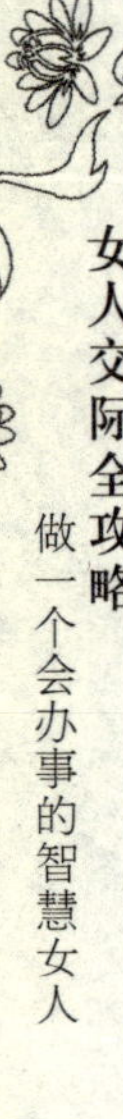

命天子。

有一天，姗姗上网聊天的时候，还真的碰上了一个投缘的异性，两人聊得异常投机，姗姗心下正在暗自高兴之时，对方发过来一句话："今天真的跟你聊得很开心，谢谢你！我是一个结过婚的男人，但我仍喜欢同女性聊天，因为我的另一半也是男人。"

虽然姗姗很时尚，但是这句话，还是把姗姗吓得花容失色，她很快地发过去一句话："不会吧？"

对方也很快回了一个笑脸："对不起，我的话让你误会了。"

接下来，他向姗姗诉说起他的苦衷：原来，他的妻子在单位是一名部门领导，说话办事干脆利索，工作雷厉风行，是个典型的女强人。而且，妻子的这份强势也同时用在家里，他在家里一点儿也感受不到女人的温柔，他在家里的地位不像是丈夫，更像是她手下的职员。

听了这些，姗姗方才如释重负，说："先生，我非常同情你的处境。"

其实，真正让人同情的不只是这个男人，还有这位被丈夫称作"男人"的妻子，在自己丈夫眼里，妻子已经失去了自己的性别，这对于一个女人来说，不能不说是一种悲哀。

有位作家说："女人存在的理由就是因为她具备男人所缺乏的温柔。"温柔是作为母亲和妻子的女人不可缺少的一种基本的资质和品性。

一个女人，只有具有温柔，才能称其为一个真正的女人；一个女人，只有具有温柔，才能在给自己自信的同时，也给别人一份力量；一个女人，只有具有温柔，才能走到哪里都受欢迎。

感恩让女人更美丽

爱是女人的天性，女人有了爱心，这个世界在她眼里便是美好的。有爱心的女人往往会心存感恩，感恩这个世界的美好，感恩这个世界上人性的善和美。所以，女人在与别人交往的时候，也总是愿意以一份爱心和一份感恩之心对待别人。也正是这份对世界、对别人的感恩之心，让她们获得了更多的爱、更多的朋友和更多的机会。

世界需要感恩

有位名人说过这样一句话："当你为失去鞋子哭泣时，请你想想还有人没有脚。"无论你现在过得怎样，生活已经厚待你了。只要你还能看到这些文字，只要你还能思考，你就已经是命运的宠儿了，所以，你就应该感激生活还是给予了你这么多。

我们每个人来到这个世界，就成为这个世界独一无二的风景。因此，我们需要感激我们的父母，是他们赋予了我们生命，让我们有了生存于这个世界的资本。

我们很好地生活在这个世界上，衣食无忧，还在不断创造着奇迹。因此，我们要感激天地给予我们阳光、空气、水和粮食，如果没有这些，我们将无法生存。

我们从小就接受很好的教育，使自己具备了生存在这个世界的能

力。因此，我们要感激我们的老师，他们用青春的代价，换来我们的长大成熟。相信很多人都读过这样一个故事。

一名记者在克里姆林宫遇见一位女清洁工，在这里进进出出的都是一些高官贵族，女清洁工出现在这些人中间显得有些不相称。于是记者问她："你周围都是一些达官贵人，你作为一名清洁工，难道不感到自卑和不安吗？"这名女清洁工微笑着回答："总统的工作是为全国人民服务，我的工作是为总统服务，我为什么要感到自卑和不安呢？相反，我感到很快乐，能在总统身边工作，已经是生活对我的厚爱了，不是每个人都有这个机会的。"

一颗感恩的心，让一位女清洁工感到了快乐和幸福。是的，不是每个人都有这个机会。无论你是什么样子的，你都是这个世界上独一无二的，所以，从这一点来说，已经足够你来感激生活了。

有一位名人曾经说过这么一句话："我们关心的远比我们知道的少，我们知道的远比我们所爱的少，我们所爱的远比我们所能爱的少，就这一点来看，我们表现得远比真正的我们少。"所以，我们需要感恩，感激生活，感激世界，感激周围的一切，包括幸福和困境。

聪明女人懂得感恩

人生不会一帆风顺，种种失败和无奈都需要我们勇敢地面对。这时，学会感恩，你就会发现，种种不如意，也是生活给我们的恩赐，它将教会我们坚强，让我们学会自立，使我们懂得知足。懂得感恩的女人，能够在失败时看到差距，从而激发自己挑战困难的勇气，进而获取前进的动力。

聪明的女人，感谢生命中至密的朋友。他们一起分享快乐，一起分担忧愁。

聪明的女人，懂得感谢至亲的亲人。她们给亲人以关爱和温暖，似一缕阳光，永远留在亲人心中。

聪明的女人，懂得感谢父母的养育之恩、师长的教导之恩、朋友的帮助之恩以及社会的关怀之恩。她们明白，正是有了这些人的帮助和教诲，让自己在困境时得到帮助，在无助时获得力量。

一个懂得感恩的女人，本身就是一种美丽的理由。女人懂得感恩，她们就会变得更体贴，更温柔；女人懂得感恩，就会以宽容之心对待所有人；女人懂得感恩，就能够拒绝灯红酒绿中的各种诱惑，做一个于心于行无愧的人；女人懂得感恩，就会少了些歧视，就会知道以平等的眼光看待每一个生命，知道尊重每一份平凡普通的劳动，也更加尊重自己；女人懂得感恩，就会换一种角度去看待人生的失意与不幸。

女人只有真正懂得感恩，才会洗去内心的浮躁，回归纯净和清醒；女人只有真正懂得感恩，才明白什么才是真正的幸福和快乐。她们会时时对生活怀一份感恩的心情，从而使自己永远保持健康的心态、完美的人格和进取的信念。

感恩不是纯粹的心理安慰，而是一种赞美生活的方式，它来自对生活的爱与希望。

懂得了感恩，女人也就学会了尊重，学会了宽容，学会了与人为善，学会了关心和体恤，学会了温柔和淡泊……懂得了感恩，女人就会以更多的美好品德来完善自己，会以更多的善意去对待周围的人，懂得感恩的女人，会用自己的善意和善行，为自己积累更多的朋友。

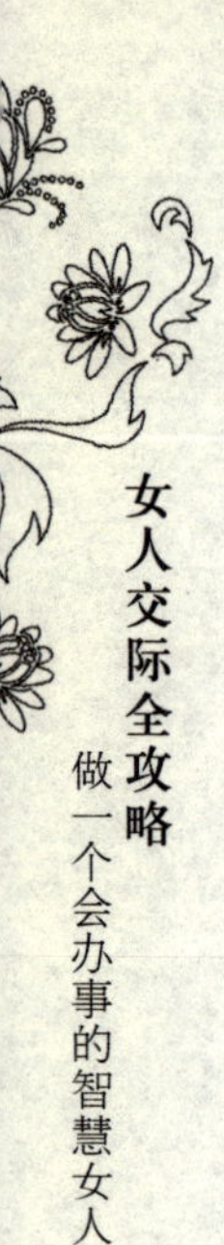

赞美，人人受用的不二之选

美国一位学者曾经这样提醒人们：努力去发现你能对别人加以赞美的极小的事情，寻找与你交往的人的优点和你能够赞美的地方，要养成每天至少五次真诚地赞美别人的习惯，这样，你与别人的关系将会变得更加和睦。的确，赞美是最有效的沟通语言，是协调人际关系的好办法。一句真诚的赞美不仅体现出你对对方的尊重，还代表一份期望和信任。在人际交往中，与人沟通的最好办法就是多说赞美对方的语言，在赞美中，对方能感受到你的善意，从而愿意与你继续沟通交流。

赞美可以使人与人之间的关系更亲近。对于与自己的关系不是太亲密的人，恰到好处的赞美，会使双方更加亲近，有利于建立更进一步的人际关系。对于自己熟悉的人，如果你与对方产生了隔阂，给对方一个适度的赞美，能更好地沟通双方间的情感，是消除隔阂最有效的方法。

人人需要赞美

我们身边的每个人，当然也包括自己，都希望得到周围人的赞美，希望自己的价值得到肯定，这是人的本性。人的需求之一就是期望被赞美、被钦佩、被尊重。我们希望得到尊重和赞美，就如同需要食物和空气一样，这对于每个人都很重要。

马斯洛的需求层次理论指出，人在温饱之后，最希望得到的就是“自我实现”。“自我实现”就是自我价值的体现，而一个人的价值体现，往往需要从别人那里得到肯定。所以，在发现对方哪怕一点点的优点和长处时，你一句适时的赞美，就是对对方的一个肯定，对方从你的赞美中看到了自己的价值，自然会对你心存感激。

一位母亲带着孩子来看心理医生，她告诉心理医生说：“我的孩子几乎没有任何优点，让我伤透了心。”对于母亲的说法，心理医生开始从这个孩子身上寻找某些他能给予赞许的东西。

结果，他发现这个孩子特别喜欢雕刻，而且工艺很精巧。孩子的母亲也承认，这个孩子曾经因为在家里的家具上雕刻而受到过父母的惩罚。

心理医生对这个孩子说：“你知道，你雕刻的东西比我所认识的任何一个小朋友雕刻得都好。”他还让孩子的母亲给他买来雕刻工具，并且告诉孩子怎么使用这些工具。

一周以后，孩子的母亲打电话给心理医生说，这个孩子做了一件令所有人都很吃惊的事情，他把自己的房子打扫得干干净净，而并没有人要求他这样做。

当心理医生问到他这样做的原因时，孩子平静地说：“我想你会喜欢。”

从心理学角度来说，人在被赞美时，心理上会产生一种“行为塑造”，就是我们会试图把自己塑造成具有某种优点的人。而且，这种“行为塑造”具有心理强化作用，会不断鼓励我们向某个好的方向发展，让自己真正拥有人们所赞美的某些优点。正是在这种自我塑造

的过程中，我们产生了一种不断前行的力量。

赞美是不会被人们拒绝的，从人的本性来说，人人都喜欢被赞美。美国著名社会活动家曾推出一条原则叫做“给人一个好名声”，让他们去达到它。这个活动的意思就是说，给别人一个好名声、一个恰当的赞美，对方往往会为此付出惊人的努力去达到你赞美的那样，而不会让你失望。

赞美具有改变人生的力量

赞美是人际交往中最特别的一种东西，它有着打动人心的奇妙力量。因为没有人可以忽视赞美的存在，没有人能够抵制住赞美的“诱惑”，即使内心再冷漠的人，也无法对他人的赞美无动于衷。

赞美具有神奇的力量，也许仅仅是一句真诚的赞美，一个肯定的眼神，在对方看来，都可能是一种信心和鼓励。尤其是在被赞美者处于相对落魄和困境的时候，一句温暖、真诚的赞美，甚至可以拯救一个人的灵魂，改变一个人的命运。

19世纪初，英国伦敦有一个一心渴望成为作家的年轻人。但是，成为作家在年轻人看来似乎只能是一个梦想，因为家境的原因，他只能做一些又脏又累又没有技术含量的工作，而且，收入也少得可怜。不过，尽管生活窘迫，年轻人还是继续坚持着他的梦想，工作的间隙和下班后，他抓紧时间从事他热爱的文学创作。但是，每完成一部作品，他因为担心别人的嘲笑而只能在深夜偷偷地寄给出版社。

就在他的稿子不断被退回、有点心灰意冷的时候，他有一篇描写伦敦市民平凡生活的稿子被一家出版社采用了。尽管那份稿子没有报酬，但是负责审稿的编辑还是夸奖了他：“年轻人，你在写作方面很有天赋，虽然现在的文字还不成熟，但是我们愿意试用你的一篇稿子，也希望你能够继续写下去。”

编辑的一句话，让本来已经心灰意冷的年轻人激动地流下了热泪。他重新鼓起了创作的热情，并且，从此一发不可收拾。1836年，他发表了第一篇作品《鲍兹随笔》，同年又在同一家报社发表了连载小说《匹克威克外传》，并在社会上引起广泛轰动。从此，查尔斯·狄更斯这个名字便开始家喻户晓。

出版社编辑无意的一句赞美，改变了狄更斯的一生，足以看出这句赞美的强大力量。莎士比亚曾经说过：“对我们的赞扬就是给我们的报酬。”马克·吐温也曾幽默地说：“凭一句赞扬的话，我就可以活上两个月。”

心理学研究发现，人们都渴望受到夸奖和赞美，在别人的赞美声中，人们总是会不自觉地用别人的看法和态度来衡量自身的价值，于是，会下意识地按照别人的赞美来规范自己的行为，从而让自己看起来与别人的赞美更符合，而在这个过程中，自己也会变得更杰出、更有成就。

赞美别人不是随意附和、人云亦云，更不是信口开河，说一些毫无意义的赞美之辞，那样的赞美不仅不会让对方感到快乐，而且往往会引起对方的反感情绪。最有效的赞美，应该是发自内心的欣赏和褒奖，或者是溢于言表的热情和鼓励。莎士比亚说过：“赞美是照在人性心灵上的阳光，缺少这种阳光的照耀，我们将无法生长。”

不要认为赞美别人有什么难为情，受到你的赞美的人，会在你的赞美中信心倍增，自尊心得到满足。在这种情况下，任何人都会变得更令人愉快、更通情达理、更乐于协力合作。

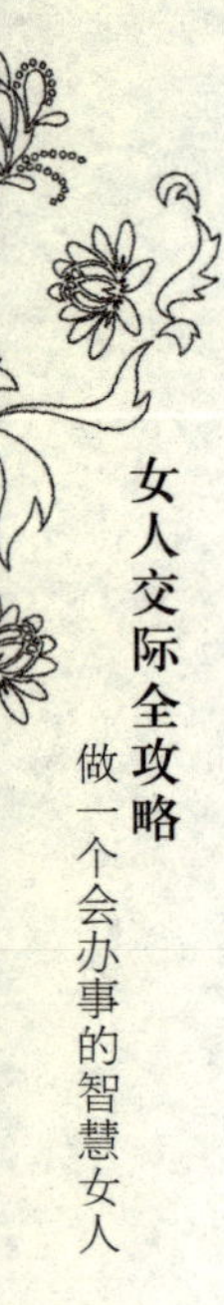

幽默，让女人在交际中更显魅力

列宁说："幽默是一种优美的、健康的品质。"在适当的场合，以幽默的谈吐来增强交际的效果，已被看成是一个人的优点。国外已经把"有幽默感"作为评价人格好坏的标准之一，一个女人风趣幽默的语言往往能产生"四两拨千斤"的力量，达到举重若轻的效果。

懂得幽默的女人更容易与人接近，往往会让别人产生一种亲切感，从而愿意向她靠拢。与懂得幽默的女人在一起交流，能在轻松活泼的气氛中得到一种惬意的满足感和心情的极大放松。

幽默能彰显女人的风度、修养和魅力

幽默是一种高深的艺术，不仅能给周围的人带来欢乐和愉快，同时也可以提高个人的语言魅力，为你的谈话增添另一番风采。英国思想家培根说过："善谈者必善幽默。"懂得幽默的女人的魅力在于：话不用直说，但能够让人通过曲折含蓄的表达方式心领神会。

乔尼娅是一位大学教师，在她50岁那年，她决定要结束她的教学生涯。

这天，乔尼娅在学校大礼堂讲她的最后一课时，一只美丽的知更鸟停在窗台上，不停地欢叫着。乔尼娅出神地打量着小鸟，许久，乔尼娅转向她的学生们，轻轻地说道："对不起，孩子们，从今天开始，我不陪大家了，因为我与春天有个约会。"说毕，她微笑着走出了礼堂。顿时，礼堂里响起了学生们热烈的掌声，掌声很久都没有停下来。

乔尼娅这句充满了诗意的结束语，颇具幽默感，也足以显示出她的魅力所在。

在任何时候、任何场合，幽默都能给平淡无奇的语言添加一番别具风采的韵味。幽默不仅让你的语言更有魅力，让人愿意听你讲话，而且，幽默还会让你拥有打动别人、让别人愿意接近你的人格魅力。

金庸先生有一次在北大演讲时，在开场白中是这样说的："我刚刚从绍兴过来，在绍兴的兰亭，那里的人都要让我写字，我说那可不行，这是大书法家王羲之写字的地方，我怎么敢写？他们不干，非要我写，于是我就写一行'班门弄斧，兰亭挥毫'。今天，北大又让我在此讲学，我想我又该写一行'草堂赋诗，北大讲学'了。"

待学生们笑过之后，金庸先生又乘兴补了一句："我是搞新闻出身的，做新闻的都是杂家，跟术业有专攻的教授不同，如果让我做正式教授的话，那是完全没有资格的。不过幸亏呀，我当的是你们的名誉教授。"这句话又引来了满堂喝彩，让人们越发敬佩金庸先生的风度、修养以及低调谦逊的人格魅力。

女人本身就有被人喜欢的因素，如果再有幽默感，那么，她的魅力更是超乎寻常了。善于运用幽默的女人，能够很快提升自己在人际交往中的地位，让自己更受欢迎。

幽默让人际交往更融洽

女性在与人交往的过程中，时常会遇到一些不好说下去或者说不下去的话题，这个时候，你可以充分利用幽默，幽默能够帮你把话题更顺畅地谈论下去，让沟通更流畅，关系更和谐。

幽默是一种活跃气氛的兴奋剂，在人际交往中，当交流陷入沉闷或者平淡乏味的时候，一句即兴的玩笑、一个出乎意料的适时的小幽默，都会让气氛一下子活跃起来，尴尬或者僵局也会在笑声中化为乌有。

适当的幽默能够帮助女性与别人建立和谐的关系，能帮助女性更好地与别人进行有效的沟通和交往，赢得别人的信任和喜爱，还能帮助她处理一些特殊的人际关系问题。

同时幽默是一种心智成熟、智能发达的标志，是对周围事物从另一种思维上来做一个趣味的理解，并对各种问题采取富有趣味的处理方式。幽默不仅是女人的说话技巧，更是女人的一种智慧，这种智慧蕴涵着一种宽容、谅解以及灵活的人生姿态。

著名作家冯骥才在一次到美国访问时，一位华人朋友携全家到他的住所拜访。就在双方交谈甚欢的时候，冯骥才发现客人的孩子穿着鞋子，跳到他洁白的床单上玩耍。而孩子的父母似乎并没有发现这件事情的不妥。

只见冯骥才轻轻拍拍孩子，用轻松幽默的语言对孩子说："小朋友，请回到地球上来吧。"

华人夫妇一下子如梦方醒，赶忙把孩子抱下来。双方会心一笑，没有再说什么，问题圆满解决。

冯骥才的幽默既很好地解决了问题，让孩子到地上来玩，同时，也表现了他的宽容和谅解，没有给华人夫妇造成尴尬，这不能不说是一种智慧。

美国著名的幽默作家詹姆斯·瑟伯有一句名言："一个国家最古老、最宝贵的财富就是幽默。"幽默是一种智慧语言，它可以轻松化解许多人际交往中的冲突或者尴尬。幽默的语言因为其风趣、轻松的特点，能够给人留下深刻印象。运用幽默，可以把一些不好表达的话题，用一种轻松、容易被人接受的方式表达出来，还可以把一些严肃的话题变得轻松，让双方沟通起来更愉快。著名的CEO杰克·韦尔奇说："在美国，70%的人都认同幽默感有助于决定个人事业的成功。"

一个适时的幽默可以放松紧张的气氛，巧妙地打开与人沟通的大门，让自己获益匪浅，在社交活动中游刃有余。

第三章

注重形象，你的礼仪价值百万

礼仪，就是讲人的一言一行要与礼仪规范相吻合。中国是礼仪之邦，讲究礼仪是中国的传统美德。古语曰：“礼者，敬人也。”讲究礼仪是最基本的礼貌，是对别人的尊重。在现代社会，人们交往的范围越来越广。女人在交际场合的礼仪是否规范，行为举止是否受到别人的欢迎，显得越来越重要。一个女人在礼仪方面的表现，甚至直接关系到事业发展的前景以及生活中的和谐与幸福。

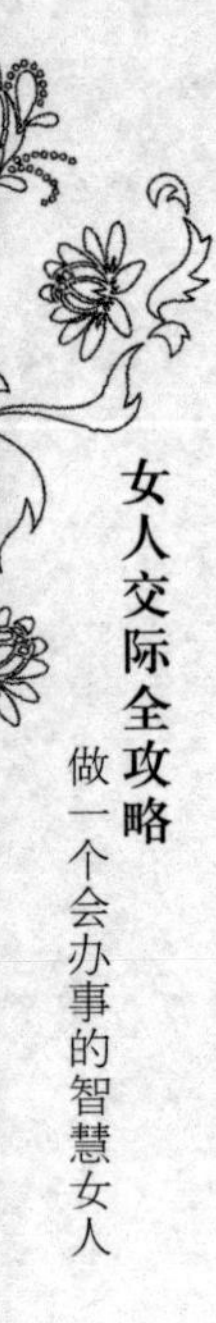

形象，决定女人受欢迎的程度

一个人的仪表和外在形象在人际交往中起着非常重要的作用。你的衣着装扮是一种“无声的语言”，它在人们看到你第一眼的时候，就把你的品位、地位、性格、习惯、修养等个人信息传递给了对方。对于女人来说，形象更是直接关系到自己在工作和生活中会以一个什么样的状态存在的大事。一个女人，如果不关心自己的外在形象，无异于是不关心自己在生活和工作中的表现。一个有着良好形象的女人，无论是在她的工作中还是在生活中，她都是受欢迎的。

美丽，是女人的资本

美丽是一个女人的资本，女人天生与美丽是联系在一起的，女人以她合理的方式承载着人类的文明与美丽。女人是这个世界的一道美丽的风景，世界因为有女人而美丽。

美丽是一个女人外在形象与内在气质的完美结合。美丽与漂亮不同，你可能不是天生丽质，但是，你一定要让自己美丽。一个女人的良好形象，并不是要求一个女人如何漂亮，毕竟天生的美女并不多，我们大多数还是平凡人，无论是脸蛋还是身材，大多数女人都会存在这样或那样的不完美。一个女人的良好形象，是一种内在气质与外在装扮相结合的状态，一个有着大方得体的穿着和无穷智慧的女人无疑是备受人们推崇的。

爱美之心人皆有之，美丽是一个女人的资本，美女总给人们一种赏心悦目的感觉。在今天这个注重形象的社会中，美女的价值日益看涨，且不说一些为广告商、出版商、影视投资人创造了无数财富的美女，就是在日常生活中，美女的价值也日渐彰显。

如今是“美女经济”的时代，对于女人来说，当今社会的竞争不只是智慧、能力的竞争，还有你的气质风度和外貌形象。这个世界总是给美女更多的机会，很多时候，美女确实享有特权。

衣着装扮也是投资的一部分

一个女人的衣着是个人仪表形象的延伸和扩展。你的着装往往能表现出你的个性，对方会知道你是哪一类型的人，甚至会根据你的外表决定是否和你交往。如果你的衣着时尚而且花样翻新，别人眼中的你可能就是一个思想开放的时尚达人；如果你的衣着比较传统端庄，别人会认为你是一个保守而拘谨的人；如果你的穿着过于随便，甚至看起来有些邋遢，对于女人来说，这样的形象无论在哪里都不会受到欢迎。

除了衣着以外，得体而大方的妆容也是必不可少的。我们不提倡浓妆艳抹，那样既不健康也没必要。但是，作为一名职业女性，太过朴实的素面朝天也是不可取的。尤其是要面对客户时，一个得体的淡妆是一种最基本的礼貌。

月丽是一家电器公司销售部经理，也是部门里业绩最好的，每次出差或有客户上门来谈生意，月丽从来就没有谈不成的。面对同部门同事的困惑，她总是半开玩笑地说：“要是你们像我一样喜欢照镜子，也会和我一样走运的。”

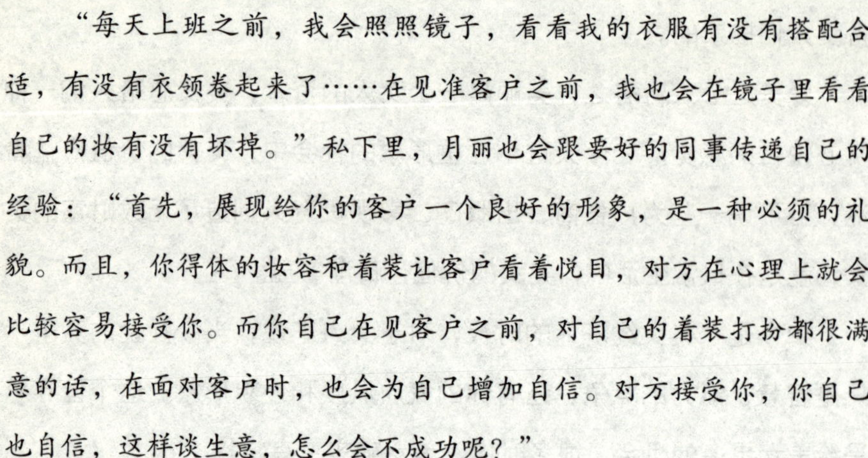

“每天上班之前，我会照照镜子，看看我的衣服有没有搭配合适，有没有衣领卷起来了……在见准客户之前，我也会在镜子里看看自己的妆有没有坏掉。”私下里，月丽也会跟要好的同事传递自己的经验：“首先，展现给你的客户一个良好的形象，是一种必须的礼貌。而且，你得体的妆容和着装让客户看着悦目，对方在心理上就会比较容易接受你。而你自己在见客户之前，对自己的着装打扮都很满意的话，在面对客户时，也会为自己增加自信。对方接受你，你自己也自信，这样谈生意，怎么会不成功呢？”

会不会打扮和一个女人的职业发展密切相关，尤其是面对客户的时候。得体的装扮能够让人感觉你重视自己的职业，从而对方也不会小看你。

对于女人而言，合适的装扮显示出你的品位，得体的行为举止体现了你的修养。所以，无论什么时候，女人都不要放松对自己形象的要求，对形象的投资也是你需要投资的一部分。

记住别人的名字

卡耐基说过：“无法记住别人名字的人，就等于无法记住自己的一项极重要的工作。”的确，名字，是一个人展现给别人的最基本的信息，每个人都将自己的名字看得很重要。如果你能够在一些公共场合记住并叫出对方的名字，往往会赢得对方的好感，甚至会产生意想不到的效果。记住别人的名字并不意味着最终能取得成功，但至少能使你在尊重别人的同时也得到了对方的尊重，并能在短时间内赢得对方的友谊。

记住对方名字是对对方的尊重

一个曾与自己有一面之缘的人，当你能够再次见到他的时候，准确地叫出他的名字，对方肯定会表现出惊讶接着是惊喜的表情，然后，对方也许会给你热烈的握手甚至是一个热情的拥抱，因为对方在你这里感到了被尊重和被重视。

每个人都希望得到对方的重视，希望自己在对方心里的位置更重要一些。能够在与对方一见面就马上叫出对方的名字，不仅表示你对于对方的尊重，而且会让对方有一种被重视的感觉，对方马上就会有一种心理的满足感，就会在一瞬间拉近与你的心理距离，甚至会把你当做知己。

俪文在一家杂志社广告部做广告约版业务，俪文本不是学营销出

身，对于杂志的广告也不是太内行。但是，工作两年以来，经俪文联系的客户无论是广告版面的约定量还是回款额度，都是部门内其他同事所不及的，以至于仅仅两年时间，在业内就已经小有名气。

说到经验，性格腼腆的俪文非常谦虚，她说："我真的没有什么窍门可谈，如果一定要说经验的话，除了我的勤奋之外，也许就是我的记忆力比较好吧。对于我见过或者只是有过联系的客户，在第二次联系时，我一定能准确无误地叫出对方的名字。很多客户对此很惊讶，认为自己是我最在意、最关注的客户。"

对于客户的惊讶，俪文每次都会这样告诉客户："您是我最重要的客户了，我怎么能不记得您的名字呢？"对方往往在听到这句话的时候，都非常感动，很多当场就跟俪文签下订单。

俪文的办法虽然很简单，但是很实用。每个人都愿意得到别人的尊重和重视，在你叫出对方名字的同时，等于在不露声色地告诉对方，他在你心中占有很重要的位置。无形之中，对方也会对你有了一份敬意，所以，与你之间的距离会在短时间内拉得很近，而且，对方往往也会很快记住你的名字。

对于你的客户，尤其是并不熟悉的客户，当你准确地叫出对方的名字时，对方会感受到你的诚意，认为你很重视与他的合作，就会提高与你合作的可能性。

俪文取得这样的业绩，并没有什么高超的技巧，只是靠着她的勤奋和好的记忆力，为自己赢得了很多的客户。但是，俪文的技巧又确实很高超，她能够在众多的客户中，准确地叫出每个人的名字，这并不单单是勤奋或记忆力好就能做到的，而是需要花费很多心思把每一位客户的情况整理清楚，记在自己脑子里才能做到的。

如何记住别人的名字

据说拿破仑三世除了他的军事才能出众以外，还以其记忆力好而闻名于世，据说他能够记得每一个见过面的人。

拿破仑的方法其实非常简单：如果没有听清楚对方的名字，他就会直言不讳地再问一遍；如果碰到比较难记的名字，他就会问对方名字的具体拼写方法。在与人交谈的过程中，他会把对方的名字重复说几遍，并暗自寻找对方独特的外部特征，然后把这些特征与这个人的名字联系在一起。如果对方是重要人物，他还会悄悄把他的名字写在纸上，以便牢牢记住。通过这些方法，拿破仑三世记住了每一个与他见过面的人的名字。

这个方法并不麻烦，但是要做到也不容易。你必须在这方面花一些心思，在你接触每个人时，把对方的名字及特征都要在自己的大脑中进行登记，并在必要的时候重复这个过程，这样你才能记住所有你见过的人的名字。

当然，我们也许没有必要把所有我们见过的人的名全部记住，只要把工作中的客户或是生活中对自己有影响、有帮助的人的名字记住就可以了。即使这样，做起来也许并不太容易，但是，能够做到这些，给你带来的收益却是无法估量的。

一个人的名字不仅是一种代号，在很大程度上是一个人的个人象征，每个人对自己的名字都是很敏感的。在与熟悉的人之间交流时，能够随时称呼别人的名字可以增进彼此的亲密感。对于并不熟悉的人甚至只有一面之交的人，当你再次见到这个人时，能够准确叫出对方的名字，往往会给对方一个大大的惊喜。

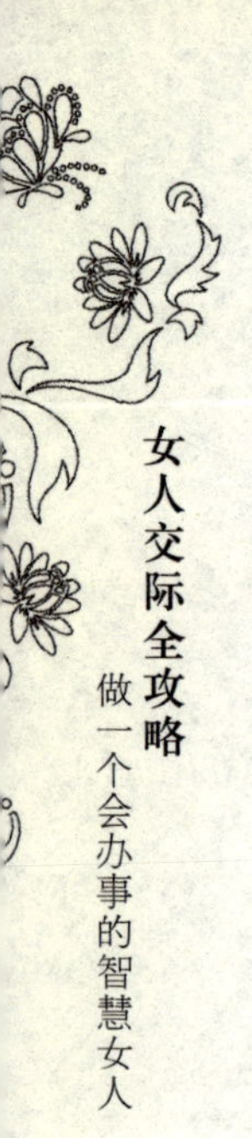

礼仪让你留下良好的第一印象

礼仪能够显示出你的教养和风度。中国是礼仪之邦，讲究礼仪是中国的传统美德。古语曰：礼者，敬人也。讲究礼仪是最基本的礼貌，是对别人的尊重。

在与陌生人初次接触时，给人的第一印象，除了你的外貌形象以外，就是你的言谈举止是否符合礼仪的规范。人们往往会通过第一印象，决定是否与一个人继续交往下去。外貌形象不是我们能够改变的，但是，言谈举止间的礼仪，却是可以修炼的。

讲究礼貌、仪表整洁、尊老敬贤、助人为乐……这些都是女人礼仪的一部分，能够做到这些的女人，人们会称赞她的教养，欣赏她的品位。

握手的礼仪

一般来说，与陌生人见面的第一件事就是握手寒暄，握手是国际上通用的交际礼仪。但是，握手时的一些需要注意的细节却不是每个人都知道的，尤其是女性，如果握手的细节上做得不到位，不仅会让人产生不礼貌的印象，甚至会让人造成误会。

一般比较通用的正确的握手方式是：身体直立，用右手握住对方的右手，然后身体稍微前倾，目视对方，以表达你对对方的关注和尊重。

握手要讲究先后顺序。一般是主方、身份或辈分高的人先伸手，而另一方要待对方伸出手后再握手，握手的时候还要面带笑容，身体前倾，或用双手握对方的手，以表示尊重。异性之间握手，一般会由女性先伸出手来，男性才可以与之相握，如果女性只是点头示意，男性也应以点头来回应。女性在交际中，如果想向对方表示自己的友好，可以主动伸出手与对方握手，以显示你的真诚和友好。对于长辈或比自己身份地位高的人，要视与对方的亲密程度决定自己是否先伸手与对方相握。

在与人握手时，无论是哪方先伸出手，你都要保持真诚的态度和微笑的表情。一个自然的微笑，可以表达你的真诚，从而拉近你与对方之间的距离。如果面无表情或者表情冷漠地与别人握手，就会引起对方的不快，最终会影响相互之间的交流。

与人握手的力度往往传递着你的感情信息，大多数情况下，关系亲密的人握手的力度会更大一些。双方在手接触的一瞬间，有力地一握，表示对对方的信任和尊重，还可以表达你们之间关系的亲密程度非同一般。但是，在面对陌生人时，握手的力度不可过大，力度过大，对方往往会感觉你有些热情过度，甚至会怀疑你可能另有目的，这样往往会引起对方反感。相反，握手的力度过小，则会让人有敷衍的感觉，认为你对对方不够尊重和重视，同样也会给别人留下不好的印象。

对于女性而言，如果双方不是特别亲密的人，要注意握手时不要力度太大，只要表达出自己的诚意就可以了；但也不要力度太小，让对方认为你在敷衍。

双方握手，时间不宜太长，也不宜太短，一般为3～6秒，根据具体情况随机应变。女性在和异性握手时，时间要短，1～3秒为宜，一

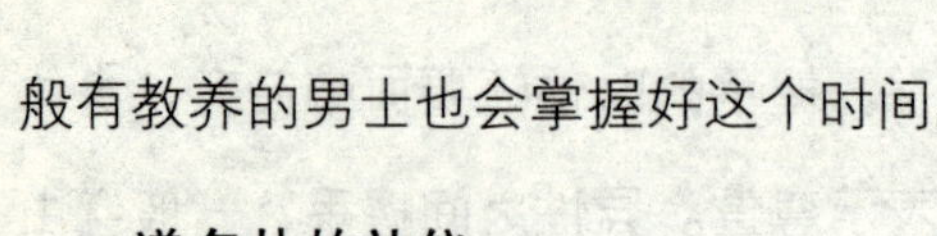

般有教养的男士也会掌握好这个时间。

递名片的礼仪

在交际场所，在与陌生人接触时，作为自我介绍，彼此要向对方递上自己的名片。在递给对方名片时要用双手，以示对对方的尊重。同样，接对方的名片也要用双手，而且，在接过对方名片时，要用至少30秒的时间从头到尾地看一遍，然后客气地向对方道一声“谢谢”，这样会让对方在内心里感受到你的重视，从而愿意和你继续交流下去。

女性在交际场所同样要遵循这些规律，即使对方的身份、地位不一定比自己高，你也需要这样做，这样更能显示出你的大家风范，让对方在与你交流之前，先从内心里对你充满尊敬。

握手和递接名片是交际中最基本的礼仪，往往会给别人留下第一印象。第一印象在与人交际的过程中，是非常关键的，所以，女性的交际礼仪，要从第一印象做起。如果你在这方面的知识有些欠缺，那么，可以报一个礼仪培训班，补充一些礼仪方面的知识。

仪态美，女人重要的资本

一个女人在交际中，需要高雅的谈吐和优美的体态，这两者是互相映衬、相辅相成的。女人的体态是一种无声的语言，也是一个人内心世界的外在表现。控制自己的体态语言，是一个女人在交际中不可忽视的条件。

坐出你的风姿

在公众场合，女人要坐得端正、稳重、温文尔雅，这是女人坐姿的最基本要求。如果需要与人交谈，坐姿就不必太刻板，取一个自然优美的姿势就可以了。

一个女人优美的坐姿从走近椅子的那一刻就已经开始了。入座时一定轻、缓、稳，动作要协调柔和。如果穿裙子，在坐好后要注意将裙摆放好。坐下后，身体重心应平稳地落在椅子上，坐的时候不要双脚交叉，而是要并拢，向左或向右一方稍倾斜。如果坐的时间比较长，身体可以略微倾斜，但头一定要面向他人。

就座后，应该抬头，双目平视，不要出现仰头、低头、扭头等动作。要注意双手位置的摆放。可以将双手放在双腿上，但一定要注意，不要将手插进双腿内侧或者放在腿下面。穿裙装的女士可以将公文包或携带的文件放在并拢的大腿上。

如果座位较高，上身应该保持正而直。不是十分严肃的场合，可

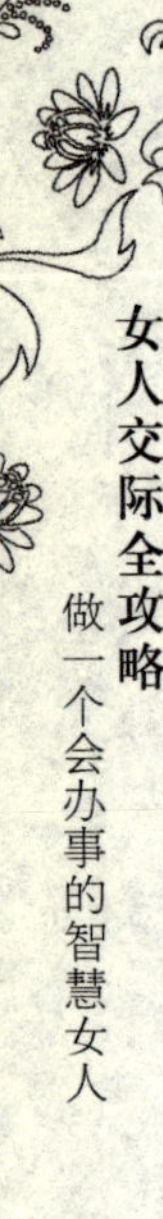

以将一条腿跷起来，交叉叠放在另一条腿上。如果女性穿着短裙，一定要小心盖住自己的大腿。

如果座位偏低，轻轻坐下后，要让臀部距坐椅靠背2厘米左右，背部靠椅背。穿着高跟鞋的女性，膝盖必会高出腰部，这时应当并拢双膝，使膝盖平行靠紧。如果是穿着裙子，要用手把裙子向前拢一下。坐下后，上身要直，手自然放在双膝上，两脚平行落地或前后稍稍分开。如果实在不舒服，两腿并拢摆向一侧、轻靠椅背也是可以的。

与人交谈时，保持身体正直、眼睛平视的姿势，谈话时如果需要侧坐，上体与腿应同时转向一侧，双膝和双脚并拢。

不论何种坐姿，记住你的双膝都不能分开，双脚不能呈八字形。双手可以自然地放在大腿上。

站出你的优雅

优美的站姿可以表现出女人的优雅和品位。一个优美的站姿，应该是身体正直、挺胸收腹的姿态。女性在站立着与人交谈时，要挺胸收腹，双脚自然地呈“丁”字形，稍微分开。在交谈的过程中，不要用脚捻地或者抖动双腿，双手自然合拢放于腹部或者插在口袋里。

站立时，如果想让自己看起来更窈窕一些，可以稍侧身体，前脚脚尖向前，后脚与前脚呈45度角，挺胸抬头，双手自然垂放，腹部和臀部都要尽量向内收缩，这样的姿势既美观又能让你看起来精神饱满。

如果你已经站立一段时间，身体感觉有些疲倦时，你可以双脚间歇地交替变换站立姿势，肩部要稍微向后，这样会使你看起来精神更饱满。

对于有些“O”型腿的女性，在站立时，两脚可以稍微错开，这样就可以掩饰“O”型腿的不美观了。

走出你的风景

每一个女人都想拥有流云般优雅的步态，款款轻盈的步态是女人气质高雅、温柔端庄的一种风韵。

女性在走路时一定要挺胸抬头，目光平视前方，神态平和。双脚脚尖向前，重心放在脚尖上，双腿有节奏地向前迈进，双臂自然前后摆动，身体的重心随着移动的脚步不断向前移动。

穿着不同的服装走路时，步态也要随之改变。当你身穿旗袍或窄裙时，步幅以小为宜，但是膝部和脚腕不要过于僵硬。穿高跟鞋时，身体会稍微前倾，重心落在前脚掌上。所以，穿着高跟鞋走路时，要让脚尖儿先着地，这样脚步更轻盈、优雅。

女性走路的步幅以中度为隹，尤其是穿高跟鞋的职业女性，步幅不可太大，也不必太小。优美的走姿应该是步履轻捷、飘逸，展示出温柔、娇巧的阴柔之美。但是，也不需要小碎步式的小跑。女性在走路时，尽量踩一条线，如果踩两条平行线走路，腰部会显得僵硬，失去步态的优美。

仪态举止是一门艺术，女人的仪态举止，反映出她的精神状况。在商务和社交以及休闲娱乐等场合，女人的仪态举止不仅体现着其自身的文化修养，还可以反映她的审美情趣。

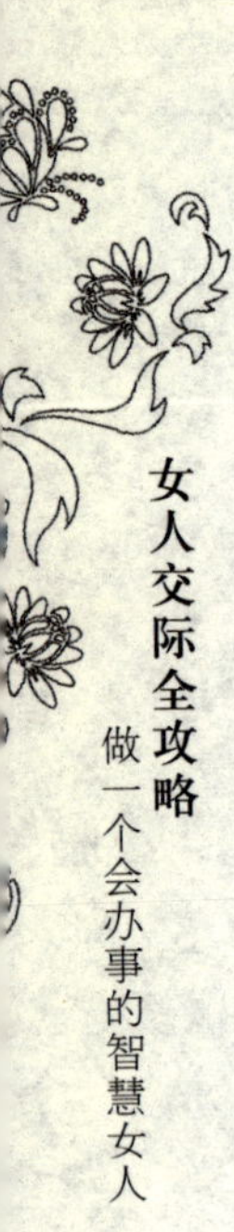

知性美，女人的魅力之源

知性是指具备知识和理性等特质。知性并不单纯指知识，知识只是知性的一个基础，并不是每个受过高等教育的女人都具有知性美。女人的知性除了标志一个女人所受的教育以外，还有一层更深刻的意义，那就是女人特有的一种气质。它源于女人所受的教育和环境，但又并非任何一个受过一些教育、看上去文文静静的女人就都可以被称为知性。

知性是女人的一种韵味

知性是一种积累，知识的积累，生活的积累，品位和修养的积累，气质和涵养的积累。有人说，女人就像一本书，有的有着深刻的内涵，让人百读不厌，越读越有味道；而有的只能算作是儿童读物，读来很有趣，但读一遍也就足够了。知性女人就是一本让人百读不厌、而且越读越有味道的书。

知性女人有着相对平静但余味更久远的魅力，和这样的人在一起，你可以享受到如冬日阳光般的温暖、轻松、雅致、舒畅，和这样的女人在一起，你能获得一种灵动的希望和力量。

知性女人可能没有羞花闭月、沉鱼落雁的容貌，但她一定有优雅的举止和精致的生活。知性女人不一定拥有魔鬼般的身材，但是她们更重视健康、珍爱生命。

知性女人一般都兴趣广泛，精力充沛。她们会保留着好奇的童心，在瞬息万变的现代社会中，出现在时尚的最前沿。

知性女人有很多浪漫气质，但是，她们同时也不缺少理性。知性女人在有了一定的人生阅历之后，往往会更懂得包容与理解。

知性女人有知识，有品位，有属于女性的情怀和美丽。女人的知性美是她们身上内敛着的一轮光华，不眩目，不耀眼。

知性女人拥有一种大家风范，她们身上不仅有着女人的灵性和柔美，还有着男人的力量和弹性。一个真正的知性女人，不仅能征服男人，也能征服女人。因为她身上既有人格魅力，又有女人的吸引力，更有感知的影响力。

知性女人有灵性，她们天生慧质，善解人意，能领悟事物的真谛。弹性是性格的张力，知性女人有弹性，她们性格柔韧，收放自如，善于妥协，也善于在妥协中巧妙地坚持。她们不会固执己见，但有自己的主见。她们既温柔，又洒脱，使人感到轻松和愉悦。

知性女人散发着一种由内而外的吸引力，让人在与她接触后就不能再拒绝。做一个知性女人，是一种涵养、一种学识、一种魅力的象征，一种由内而外散发出来的可爱。

知性从读书做起

女人具有知性美的基础就是知识，而知识的来源有很大一部分就是读书，所以，女人想要具有知性美，首先要做的就是读书。

阅读对于女人来说是一种好习惯。一个读书的女人，本身就是一道隽永的风景；一个喜欢读书的女人，本身就是一本耐读的书。

喜欢阅读的女人，我们称为书香女人。曾经有人做过这样的话题

调查："什么样的女人最美丽？"结果有很多人选择了"读书的女人最美丽"这一选项。喜欢读书的女人，她的美丽和普通的女人一定是有着不同的。

读书，让女人变得明智，懂道理，有内涵。读书使女人在世事中学会自尊、自立和自爱；读书让女人在面对问题和事情时，能够透过表面看到它的本质；读书让女人知道宽容和礼让，明白什么是真正的美丑善恶，懂得人生的真谛。

读书让女人多一份宁静，多一份从容。无论是工作的繁忙还是生活的劳累，闲暇之余，静静地坐下来，捧一本耐读的好书，细细品味，心中便会充满安宁和适意，纷繁复杂的世事纷争、尔虞我诈便会在读书的过程中被抛到脑后。

自古以来，女人便和书有着不解的渊源，琴棋书画在属于古代女子的同时，也为现代女人所喜爱。读书，可以净化女人的灵魂，在阅读的过程中，会自觉或不自觉地寻求那一种读书精神——心灵和生命的和谐，享受一种率性的乐趣。

女人读书多了，自然而然就会有一种翰墨的味道，这种香是名贵的香水所无法比拟的，她的优雅和散发的书香味会随着年龄的增长而日见浓郁。

"腹有诗书气自华"，读书让女人变得聪慧，变得坚忍，变得成熟，变得更有魅力。

读书的女人是敦厚的，也是雅致的。浸在书香氤氲的气息里，女人会变得脱俗，读书的女人有一种谦逊随和的娴静之气。

读书的女人会真心地对待自己，也会诚意地对待别人，她们懂得让生活的每一天都充满激情和欢乐。

读书是女人的立身之本。喜欢读书的女人，学历不一定很高，但一定有文化修养。喜欢读书的女人大都知书达理，处事冷静，善解人意。

经常读书的女人，她们做事会思考，知道如何解决棘手的问题，她们能把无序而纷乱的世界理出头头是道的头绪，而让自己生活得悠然自得。

书中有太多的世态炎凉，太多的人情世故，因此，女人在阅读的时候，能体味不一样的人生，从而领悟什么是生活中值得尊重和珍惜的东西。

每一本书都是作者用心灵谱写的乐章，女人在读书的同时，还可以读懂另外一个高贵的灵魂。

一个读书的女人是一所好学校，她教会人用宽容和仁慈面对世间的一切，远离庸俗。她们宁静淡泊，不和人攀比，不和人计较，生活得单纯而安然。

读书的女人本身就是一本耐人寻味的好书，要成为知性女人，多读书读好书是不二的选择。

提高阅读品位

阅读不只是读的问题，重要的是要丰富自己的内涵，提高阅读的品位，让自己具有更高的修养水平，我国古人提倡“修身养德”，说的就是要提高自己的修养和品德。

要想提高自己的修养和品德，在读书时就要有所选择。一定要读好书，“读一本好书就是与一个高尚的人交谈”。反之，如果不小心读了一些不健康的书，不仅不会对自己有帮助，还会对自己的思想观点有所影响，“读一本坏书就是跟一个思想下流的人交谈”，长期受他的影响，正所谓“近墨者黑”。所以，女人在读书前要有所选

择，选择一本好书，同时也提高了自己的阅读品位。

提高阅读品位，并不是要你读一些晦涩难懂的书，读书一定要读自己读得懂、读得开心、读得轻松的书。如果你自己真的无法选择，就从流传甚广的名著读起，许多名著都是非常通俗易懂的好书。如老舍先生的作品就是非常易懂、非常平民化的书，可是又有谁敢说他的作品品位不高呢？在读好书的过程中，自己的阅读品位会在不知不觉中提高，慢慢的，再选择需要阅读的书籍时，自己也就有了明辨是非的能力。

做知性女人，读书是必须的，但是，只读书未必能成为知性女人，还需要加强自己在其他方面的修养，提升自己的文化品位。去图书馆，听音乐会，参观名画展，进行一些民间文艺考察，甚至参与一些文化活动……这些都能在不知不觉中提高你的文化品位，使你浑身上下散发出柔和淡雅的知性美。

女人，要美丽更要有魅力

魅力是女人的必修课，美丽可能是与生俱来的，但是魅力必须依靠后天的修养凝聚而成。女性的魅力不是玩心机的小把戏，也不是参加几堂培训课就可以。女人的魅力有很多因素，从外表的容貌到内在的性格、知识、修养等。女人的魅力来源于丰富的内涵，除了要具备优秀的人格以外，还要有不俗的谈吐和良好的应变能力。女人的魅力体现在她的一投足一举手之间，含蓄、深沉、温柔、善良，有魅力的女人给人一种亲切、怡人的愉悦和韵味。有魅力的女人不但自己对生活充满热情，而且还唤起别人对生活的热情。

女人的魅力体现

上天是非常公平的，当它为一个女人关上天生丽质的大门时，会同时为她打开魅力的窗，让人们看到一个女人比美貌更楚楚动人的风景。女人的魅力不是一个具体的概念，它可以从很多方面体现出来，一颦一笑，一举手一投足之间，都是体现女人魅力之处。

温柔是女人的魅力之一。女人恰到好处的温柔是治愈男人伤痛最好的药品。对男人而言，生命中所有的痛苦和伤痕，都可以在女人温柔的抚慰下烟消云散。女人的美貌可以吸引男人一时，但是女人的温柔却可以征服男人一世。

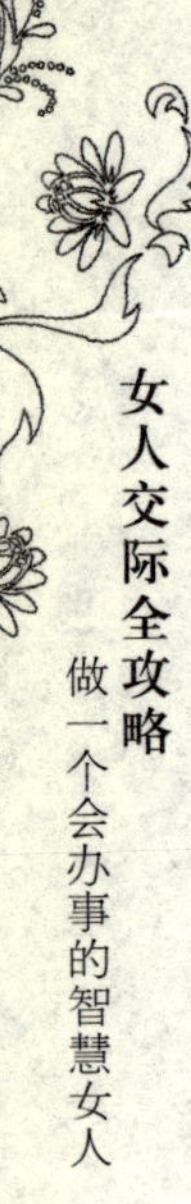

优雅是女人的魅力之二。优雅是一种从容不迫、雍容华贵的气度。女人的一个举动，一颦一笑，一件简单的衣饰，都可以展现其优雅的气息。

脱俗也是女人的魅力的一部分。脱俗的女人是最有魅力的，也是最惹人爱的。脱俗的女人有内涵，她们有渊博的知识，睿智的语言，在事业上进取，她们在举手投足间会充满自信乐观和智慧的神态，这样的魅力是任何美容师都无法造出来的。

善良是女人的另外一种魅力。善良在女人所有的品质中是最基本的，所有的气质与魅力，都来源于善良的本性。心地善良的女人，天生就有一种无可比拟的美丽。善良让女人从内到外都散发着美，能够让女人的美永不凋谢。善良是女人必不可少的美德，善良蕴涵着宽容大度，深藏着理解与尊重，包含着仁爱和友善……

魅力给女人罩上一层美丽光环，无论她是靓丽动人还是姿色平平，都能够活出自己特有的风采。女人后天修炼的魅力，是一种只可意会、无法言传的天然神韵。女人拥有了属于自己的独特魅力，即便人世间有着万紫千红，但心爱的人也只会永远爱你这一种。

释放自己的魅力

女性可以拥有这么多美好的魅力特征，那么，在与人交往的过程中，在适合的场合，女人要学会释放自己的魅力，来征服你周围的人。

女性释放魅力要慢慢来，不要把自己的“魅力花样”一股脑儿地倒出去，要结合特定的场合，不断展现自己独特的魅力。

一个有魅力的女人，是外在形象与内在素质的完美结合。一个魅力四射的女人，拥有善意的眼神、高雅的气质、独特的品位、智慧的头脑，还有一颗柔软的、感恩的、欣赏的、包容的、安静的心灵。

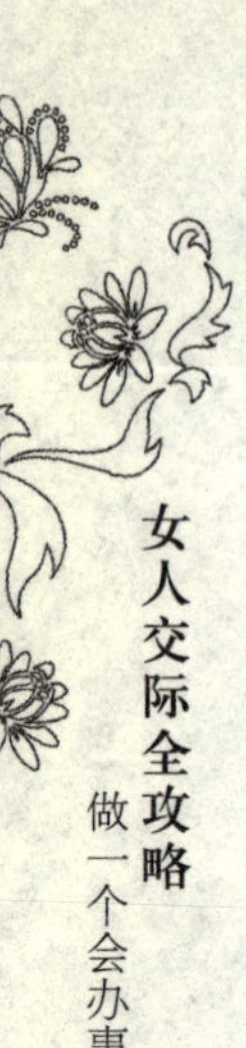

魅力女人，因为有智慧，她会永远跟得上社会的步伐，不会被社会抛弃，所以，她永远有话题、有资本把自己融于社会和周围环境。

魅力女人，因为其独特的品位，她会永远走在时代的最前沿，她会引领时尚，成为别人追逐的对象。

魅力女人，因为有包容心，所以，她能给予别人更多的宽容和空间，让和她在一起的人感觉轻松。

魅力女人，因为懂得欣赏，所以，她会以赞赏的眼光去看周围的人，别人自然也会给予相应的回报。

魅力女人用自己的温柔、善良、优雅、脱俗，温暖着别人，吸引着别人。一个有魅力的女人，无论走到什么地方，都会让她周围的人为她折服。

每个人都愿意与有魅力的女人相处。与有魅力的女人相处，你会感到愉悦、收获快乐，还能在不知不觉中被她的品位和修养所感染。

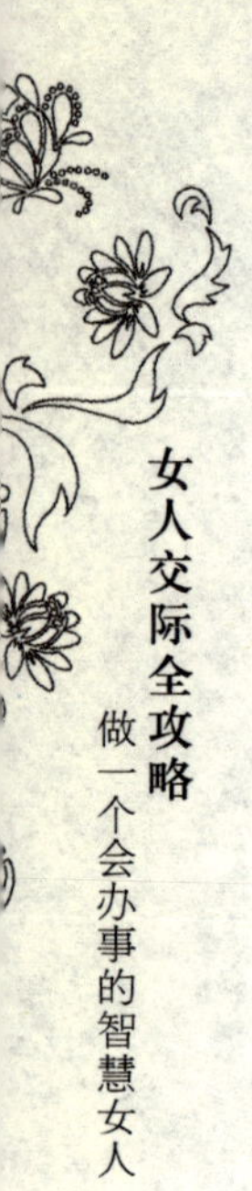

女人，打造你优雅的气质

气质是指人相对稳定的个性特征、风格及气度。性格开朗、潇洒大方的人，往往表现出一种聪慧的气质；性格内向、温文尔雅的人，会表现出高洁的气质；性格爽直、风格豪放的人，会表现出粗犷的气质；性格温和、秀丽端庄的人，则表现出恬静的气质。无论聪慧、高洁，还是粗犷、恬静，都是一种气质美。气质看似无形，实则有形。它是通过一个人对待生活的态度、个性特征、言谈举止等表现出来的。一个人走路的步态，待人接物的风度，皆属于气质。那么，作为女人，如何打造自己的气质呢？

气质是征服一切的魅力

女性的气质是个谜，它的谜底就是个性。不同的个性也具备不同的风度和气质，气质是综合了德、行、才、貌、能的个性修养。

一个女人的气质绝不仅仅指容貌上的修饰，更应包括知识修养层面。台湾名人李敖曾把女人爱美归纳为三个境界：第一个境界是化出来的美，这类人常跑美容院，让自己看起来更漂亮；第二个境界是吃睡出来的美，这类人注意养生，她们会改善自己的饮食，保证充足的睡眠；第三个境界就是学出来的美，女人要保持长久不衰的气质，只有多读书，读好书，不断完善自己，提高自己的综合素养。

一个女人优雅的气质，是从她骨子里透出来的，是女人内心独有的风景。气质把女人生命中最美好的娇艳释放出来，让女人在变化中流露出动人的妩媚。气质让女人生动有灵性，让她成为人群中的亮点，会让她走到哪里都会受人欢迎，为她赢得人气。一个聪明的女人，懂得气质的地位与作用，并着力修炼和展示自己的气质。虽然这需要付出艰苦的努力，但是非常值得。

高贵、有品位、浪漫……都是一个女人优雅气质的一部分。打造这样的优雅气质，不需要女人花费太多的金钱，也无须花费太多的时间，但是，却一定需要花费一些心思。

靳羽西曾经说过："气质与修养不是名人的专利，它是属于每一个人的。气质与修养也不是和金钱、权势联系在一起的，无论你从事何种职业、任何年龄，哪怕你是这个社会中最普通的一员，你也可以拥有你独特的气质与修养。"

女人要让自己高贵

高贵是一种气质，女人的高贵并非一定要地位显赫或出身豪门，女人的高贵是指心态上的高贵。一个女人，无论美丑穷富，都要看得起自己，要善待自己，让自己内心高贵起来。要想让自己高贵，首要的任务就是不要贬低自己，要把自己当做贵族一样看待，并朝着这个方向努力。

也许你会说，我可以把自己想象成贵族，我可以把自己当贵族一样看待，但是，我没有贵族的条件呀。其实也没有关系，我们大多数人都没有贵族的条件，否则，所谓的贵族也就不是贵族了。

经济条件达不到，我们没有条件进美容院，但是我们可以把自己打扮得清清爽爽，干干净净。女人高贵，并不一定非要富有，但一定

不能看低自己，要有自信。一个女人，只有拥有了自信，才可以有能力、有魄力去追逐自己想要的生活。

（1）提升自己的品位：热爱艺术的女人是有品位的女人。女人热爱艺术，就会让人感觉浪漫，这种浪漫是艺术的启迪。

女人学书法，并不是想成为书法家，只为了在横平竖直中感受一种文化氛围；女人学画画，并不是想成为画家，只为了让自己的思想在水墨山水之间感受那一份灵气。女人热爱艺术是为感受艺术之美，接受艺术中灵气的熏陶。

说到艺术，就离不开音乐。音乐在女人的生活中，犹如阳光和空气一样，是女人生命中不可缺少的一部分。没有音乐的陶冶和滋润，女人就没有了灵气，就会变得干涩而乏味。

萧萧是个自由职业者，平素总是与文字打交道。有时间就让自己在美文与音乐之中放松，在阳光灿烂的日子里，泡一杯清茶，在流淌的音乐中，细细品味清新隽永的美文，很舒服、很惬意。萧萧说，她的灵感大多数来自于这种伴随着音乐徜徉于文字中的时候。

（2）培养浪漫情调：有气质的女人有吸引力，而这份气质中，少不了女人的浪漫情怀。女人的浪漫是一种丰富的想象力，一种美好的情调，一种内在的温柔，一种对美好生活的向往和追求。

现代人的生活压力越来越大，使越来越多的人陷入郁闷中无法自拔，而一个喜欢浪漫并善于制造浪漫的女人，不仅会使自己的性情开朗，而且也给她周围的人带来温馨和愉快，让周围的人在她的感染下，也充满浪漫情调。

拥有浪漫情调的女人通常胸怀豁达，不会和别人斤斤计较鸡毛蒜皮的小事，而是把自己的眼光放在远处，对未来生活充满良好的憧憬和期待。一个喜欢浪漫并善于制造浪漫氛围的女人，她的人缘也会非常好。

浪漫，不是指钻石、玫瑰，浪漫与金钱没有必然的联系。女人可以在任何情况下，营造各种各样的情调，制造种种不同的浪漫。只要有心，女人随时都可以制造一份温馨、一份舒心。

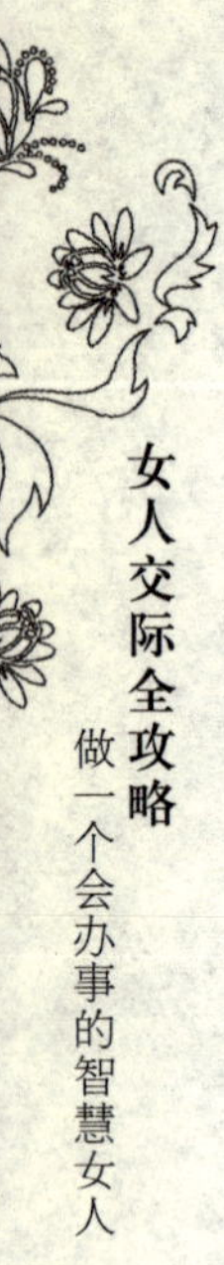

“妆”出自己的美丽气质

女人在与人交际时，一个得体的妆容，不仅能够给自己增加几分自信，也是尊重对方的表现。有人说女人的漂亮是“三分靠长相，七分靠打扮”。虽然，天然的清水芙蓉自然让人看起来神清气爽，但是，在更多的时候，浓妆淡抹的西子，却有着摄人魂魄的力量。一个女人，在与人交往过程中，能够把自己打扮得漂漂亮亮，内心也就有了充足的自信，别人看着赏心悦目，自然愿意和你交往。

一些对自己的外貌没有自信的女人，也许因为外貌问题，一直无法拓展人际关系。那么，试着改变一下自己的形象，装扮一下自己，你会发现，只有在电影中才能看到的一些美女享有的特权，原来你也可以享用。

职业女性的装扮境界：“妆成有却无”

女人化妆，以自然为宜，如果不是特殊需要，切忌浓妆艳抹，清新、雅致、恰到好处的妆容才能真正体现出女人的魅力所在。女人适当化妆，既是对自己的尊重，同时也是对他人的尊重。

如果是职业女性，无论是办公场合，还是与客户进行商务洽谈，都要特别注意妆容。职业女性在工作时化妆要自然，讲究“妆成有却无”，这是一种很高的境界，也就是说，化妆之后没有明显的痕迹，给别人一种天然去雕饰的感觉。职业女性化妆的一个基本原则就是端庄自然，尤其是在一些重要场合，职业女性不可表现得过分前卫和时尚。

对于大多数的白领、金领女性来说，她们每天的工作都很紧张，而且要忙于应酬，化妆是她们的必须要做的事，但是，她们又没有太多的时间来对自己的妆容“精雕细琢”，于是，大多数职场女性的妆容都是以简约为主。一般来说，一支口红、一盒眼影、一支睫毛膏差不多就够了，她们一般两三分钟就可以搞定一个得体的妆容。这三样东西女性要随身携带，有需要时随时化妆或补妆。职业女性化妆时，妆面以自然干净为主，色彩饱满而不突兀。这样既符合自己的身份，也不会因为化妆花费太多时间。

职业女性化妆，是职场美的一种体现，也是对交往对象的尊重，同时还是企业形象的一个重要因素。职业女性的妆容往往代表一个企业的形象，在商务洽谈中，女性妆容是否恰当，甚至会关系到商务合作的成功与否。

当然，如果你需要穿着礼服出席晚宴，可以根据需要化浓妆，来突出自己的妩媚；如果你要参加一些娱乐性的Party，你也尽可以大胆地把自己化得时尚、个性。

靓丽女人是“妆”出来的

女人应该如何化妆要根据具体情况而定，有时候需要浓妆，有时候适合淡抹。有人可以把妆化得夸张而大胆，可以充分显出自己的个性；但有人只适合浅浅的、淡淡的、简单的几笔勾勒。虽然每个女人的情况都不同，但女人化妆都有相同的框架。

（1）眉毛：眼睛是心灵的窗口，眉毛作为眼睛的重要修饰，是千万不可掉以轻心的。眉形没有好坏之分，只要适合你的脸型与气质

就是最好的，合适的眉形能够衬托出眼睛的光彩，使你更具神韵。眉毛应该经常进行适当的修饰，不要看起来太杂乱。

首先要根据脸型选择适合自己的眉形，然后用眉刷沿着眉毛生长的方向刷好眉毛，再用眉笔淡淡画出与眉骨相对应的眉形线，用眉钳沿着眉形线修整，拔去眉形外杂乱的眉毛。画好的眉毛应该在你审视整个妆容时，不被注意到，自然、淡雅即可。

（2）嘴唇：嘴唇与眼睛一样，是增添脸部神韵的灵魂之处，艳艳红唇更是性感的象征。一颦一笑，在不经意中总能流露出独特的个人气质，女性的魅力在唇角间轻轻泻曳而出。这就需要你能够运用正确的方法对唇部进行修饰。只要掌握好唇妆的几个简单要诀，你也能拥有靓丽迷人的完美嘴唇。

①重视唇部保养。注意保持唇部美好的外观，除了每星期一次去除干燥的表皮，养成使唇部终日湿润的习惯外，最好使用具有保湿滋润作用的唇膏。

②选择适合自己的唇膏。皮肤白皙者对任何颜色的唇膏都适用，不过最好选择柔和的明亮色系，否则会因为唇膏的颜色与肤色反差较大而过于抢眼。肤色偏黑的人应选择暗红、棕红等明亮度较低的颜色，色泽也要稍深一些，否则不足以醒目。肤色发黄的人最宜选用红色系或粉红色系唇膏，可以增加唇部及脸部的明亮度，要尽量避免使用黄色系唇膏。

③学会为唇打底。把粉底霜或遮瑕膏搽在唇的四周及脸的下半部，使变色部位被完全遮盖。唇上扑粉以固定色彩，避免唇膏渗色。

④要学会描唇。描唇时可用一种颜色涂满唇部，也可在唇的外围使用较浓重的颜色，而使中间部位的颜色逐渐变淡。不用描唇笔，只

要用中指快速简练地在唇上着色即可，如此一来，稍稍参差不齐的唇边会让人感觉更加自然。

（3）肤色：人的肤色有差别，化妆时也应该区别对待。根据自己的肤色，选择最适合自己的化妆方法，才能“妆”出俏丽的容颜。

如果脸上有雀斑，则可首先用浅色液体遮瑕膏遮掩阴影及瑕点；然后将白色修护粉底液混合浅米色粉底调成遮瑕膏，轻轻点在眼睛周围。如果遮瑕膏并不能将雀斑完全遮去，那么你可以用一支柔软黑笔描画眼线，把眼睛描画得突出，将他人的注意力吸引到明眸上，要注意的是眼线要贴近眼睫毛；接着你可以以软毛刷子刷眉毛，并将之涂成浅褐色，这样会让突出的眼睛看来自然柔和；唇部细节你可以用玫瑰色唇膏来妆点；最后，在面颊上涂上一抹锈色胭脂，会让你看起来艳光四射。

如果肤色白皙，则与较黑的肤色相比会更易显出瑕点，因此应选用较浅色的遮瑕膏及粉底，在涂抹的过程中，首先将遮瑕膏分别点上眼底、鼻周围部位及颧骨，然后轻轻地用指抹匀涂散，如果你的皮肤非常敏感或者有红色斑块，那么你可以改用有修改色调作用的修护粉底；然后在颧及前额点上再扑上透明的干粉，这样可以增加脸部的立体感；眼影颜色可以选择亚褐色，再配以柔和的古铜色胭脂扫擦颧部。

如果肤色较深，则比较容易掩饰脸上的斑点，不过你选用遮瑕膏比你的肤色浅两度为宜；粉底涂好以后轻轻扑上透明干粉，而有色干粉比如紫丁香或粉红干粉会增加暖和的感觉；然后以灰色或深紫色眼影美化明眸；抹上黄褐色或古铜色胭脂。

如果肤色为橄榄色，则往往看起来有些灰黄，给人疲乏的感觉，因

此你可以采用带粉红色的粉底，这样可以令你看起来振作些；当然用遮瑕膏遮蔽瑕点也是必不可少的环节；然后以紫丁香色干粉遍扫面部和颈部；用黑褐色或紫红色眼影装饰眼部；用玫瑰红色唇膏妆点唇部，这样会使脸部明艳照人。

（4）发型：发型是一个女人最关键的装饰部分，女人梳不同的发型，会给人不同的印象。一般来说，在办公室不要梳太流行的发型，要符合自己的工作环境，无论头发的长短曲直，都一定要梳理整齐。如果办公环境要求不太严格，你又想让自己更有女人味，那么，飘逸卷曲的长发会给你增添不少妩媚之气。

（5）手指：多数女人都比较重视化妆，但是，并不是每个女人都知道，一双纤纤玉手同样也影响自己的形象，手是女人的第二张脸。与陌生人或熟悉的人见面时，握手是第一件事，因此，女人伸出的纤纤玉手在对方与你相握的同时，就把自己的信息传递给了对方。

女人要想让自己的手看起来细嫩柔软，使用护手霜自然是不可或缺的。而且，你的指甲也需要精心呵护。如果不是特殊需要，指甲最好不要留得太长，指甲油的颜色也应以浅淡为主。另外，最好能定期到专业的美甲店，为指甲补充一下营养，指甲也有“口渴”和“饥饿”的时候。

恰到好处的妆容掌握起来并不是很难。无论选择什么样的化妆方法，只要适合你的性格和职业特点，与你的气质相匹配，你的妆容就能起到最佳的装饰效果。

女人一旦化了妆、穿上漂亮的衣服，看起来会更美丽。这不仅是因为打扮，而且是女人会从中得到自信。无论多么繁忙，女人一定要舍得花一点儿时间，化好漂亮的妆容。化妆不是负担，而是一种让自己变得更美丽、更自信的享受。

女人的打扮，不是简单的涂脂抹粉，而是对自身形象的整体构思和协调，是一种人格的外表化，和本身漂亮与否没有根本的关系。

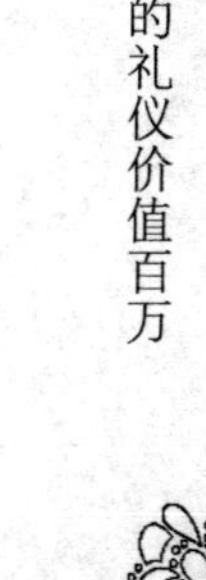

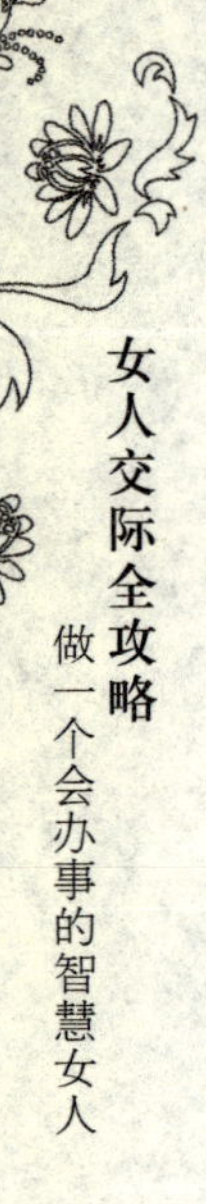

你的衣服穿对了吗

一个女人的着装，直接反映出你的修养、气质与情操，让别人在了解你之前，先把你的信息透露给了对方。如果你能在穿衣细节方面注意一下，讲究一些，那么，在人群中你就会看起来与众不同，就会有更多的人愿意与你交流。

是该注意自己形象的时候了

曾经有心理学家做过这样的实验：把10张女孩的照片给受试者看。其中有8名女孩容貌漂亮又穿着讲究，另外两名女孩容貌要稍微逊色一些，尤其是两个人的衣着，看起来甚至有些寒酸。心理学家告诉受试者：这10个人中，有一个是小偷，请受试者判断，谁最有可能是“少年犯”。

实验的结果完全在心理学家预想之内：有80％的受试者把小偷的形象定位在了那两个长相一般、衣着寒酸的女孩身上。这个实验就是有名的“心理定式”实验。这种定式效应表明大多数人还是会以貌取人的。了解了人们这样的一种心理定式，女人们就要知道，是该注意自己形象的时候了。

说到女人的形象，就不能不说到女人的衣着。一个女人的形象，可以通过妆容和衣着来改变，或者通过合理的服饰搭配，可以弥补自身的一些缺点。上面的例子中，被认为是小偷的两个女孩，就是因为衣饰过于寒酸，才造成了人们对她们的误解。

穿衣细节

作为一个女人，衣着一定要讲究，衣着讲究，并不意味着你一定要穿名牌，而是要根据自身的特点，穿出自己的风格，穿出自己的个性。那么，在穿衣方面有哪些细节需要注意呢？

（1）款式上的细节：在选择服装款式时，要根据自身情况综合考虑，既要适合自己的体型，又要符合自己的身份，最好还能体现出自己的个性和特点。

首先，体型是选择服装款式的首要条件，女人要针对自己的体型特征，分析优势和劣势，扬长避短。如果身材玲珑一些，高开叉的裙子和高跟鞋是必不可缺的，超短裤和七分裤也是不错的选择，身材玲珑的女性还要注意，上衣一定要选择短款，这样会让你的腿看起来更加修长。如果你身材高挑，最酷的选择是穿款式简单的紧身衣，它能完美地体现模特儿般美好的身材。身材苗条的女性可以穿稍微性感一些的服装，这类服装可以把身材衬托得非常优雅，吊带装、露背装都很合适。如果你的身材稍微丰满一些，可以穿宽松的裙子配紧身的上衣，也可以穿合体的长外套或者休闲风格的长上衣。

其次，要根据不同的场景选择不同款式的服装。女性的服饰应与社交的场景、氛围、交往对象相协调，并能体现出自己的个人魅力、性格特征和职业特点。在不同的场合要穿不同的服装：居家时宜着家居服；健身则需要穿运动服；如果是上班，就必须穿职业装了；女人在逛街时，则可以穿得更休闲一些。另外，不同的职业特点也决定了可以穿不同的服装，比如一般的上班族大多会穿着职业套装；而自由职

业者就可以穿比较随意的服装了；如果你从事的是媒体或娱乐性的工作，就可以穿得稍微时尚一些。选择服装款式的时候，除了考虑自己的体型，还要照顾自己的身份。如果你在单位是领导，要适当穿得稳重一些，以显示出你的威严。

（2）色彩上的细节：对于服装色彩的选择，能反映出一个人的性格特点。但是，选择服装色彩，不能只根据自己的好恶来选，如果你不注意服装的色彩搭配，就会显得不伦不类。

色彩搭配的总体原则是视觉上给人匀称感，通常情况下，冷色调容易使人产生形体变小的错觉，白色和藕荷色可以提亮肤色，上浅下深、上轻下重、上薄下厚的搭配也是符合着装要求的。

另外，如果你的肤色偏黑，就不要穿颜色深暗的丝绸或平纹细布的服装，而且黑色永远不应在考虑之列。如果你的肤色白皙，可选择的服装色彩就比较多了。

由于每个人的性格习惯不同，对色彩的感受也不同，因而对色彩的运用并没有一个共同的标准。但是，对于服装色彩的选择，总的要求就是要协调。

职业女性的着装

除了款式和色彩搭配以外，女性着装的另一个要求，就是根据场合而变化。在现代社会，职业女性着装的重要性日益彰显，尤其是在竞争激烈、职业市场不景气的时候，在面对众多求职者或员工时，管理者没有太多时间仔细观察每个人的能力，这个时候，一个人的衣着形象所展现出来的整体的个人魅力就成为重要因素。也许，仅凭这一点儿，管理者就会决定一个人的去留或者晋升。所以，女人要记住，不论多么疲倦，也要搭配好第二天出门要穿的衣服。

虽然职业女性并不一定总是着职业装，但是，着装也不可过于随意。职业女性需要通过着装，树立一种干练、值得信赖的形象。

职业女性在工作时穿的服装最好是以基本样式为主，颜色也以单色为主，偶尔可以配一件亮色外套。如果你搭配不好，最好的办法就是穿套装。套装一般以白色、黑色、褐色、蓝色、灰色等基本色为主。如果你嫌色彩过于单调，不妨配一条色彩鲜艳的丝巾，或在套装内穿一件暖色调的上衣，最好有几件丝质上衣，套装内丝质上衣透露出的高贵气质是其他服饰无法比拟的。

虽然职业装的色彩变化比较单调沉闷，黑、灰、白等颜色占了主导地位，如果能在色彩中找到细微的变化，黑、灰、白也能灵动起来。大胆地在职业装中加入亮丽的丝巾或小配饰，不仅不会抢了基本色的风头，还能让单调的色彩变得活泼起来。

大多数的白领女性，在着装上是很讲究的。她们上班穿职业套装；聚会穿晚装礼服；周末休息或在家中，她们又有着休闲惬意的休闲装和家居服。拥有各式各样的套装，是白领女性的标志之一。

当然，职业女性的鞋子不能太随意，除了外观整洁大方以外，也不能忽视了鞋子的舒适感。一般来说，包头、中低跟的鞋子都很适合在办公室里穿。另外，鞋子一定要与裙子或裤子搭配，而袜子也必须与鞋子和服装不冲突。有一点尤其要注意，女性大多数时间穿丝袜，丝袜往往容易在不经意间就被划破，给你造成不必要的尴尬。所以，女性平时包里要备有丝袜，以备不时之需。

加拿大著名形象设计师凯伦曾说过：“穿着成功不一定保证你成功，但是不成功的穿着保证你失败！”得体的服饰搭配对一位想要有所成就的女性是非常重要的，如果你能把自己的服装搭配得协调完美，相信这份协调会为你在社交场合增添不少光彩。

提升口才，谈吐决定社交成败

台湾著名成功学家林道安曾经说过：“一个人不会说话，那是因为他不知道对方需要听什么样的话。假如你能像侦察兵一样看透对方的心理活动，你就知道说话的力量有多么巨大了！”

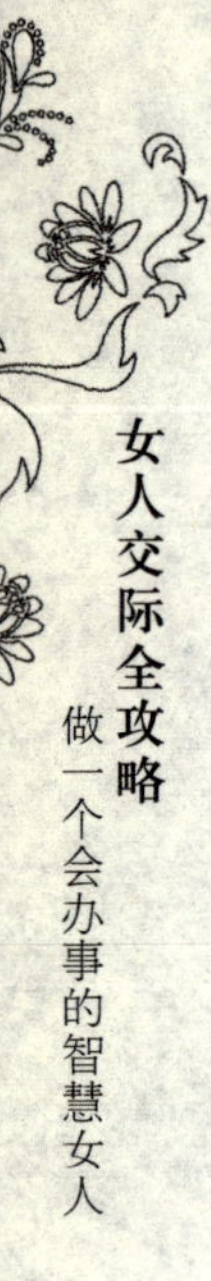

让你的声音充满魅力

女性在与别人交流出现障碍时，并不都是因为谈话的内容出了问题，很多时候，是因为我们没有注意到一些说话的细节。女性与人交流时，谈话内容是一个方面，但除此之外，你的声音魅力在交流的过程中也有着不可低估的作用。所以，女人在与人交流的时候，不要只关注谈话的内容，而忽略了自己声音的魅力。很多时候，你的声音魅力对一个人的吸引甚至超过真正的谈话内容。要想让自己的声音更具魅力，应该从以下一些细节入手。

语调

语调能反映出一个人的性格特点以及说话时的内心世界，表露出个人的情感和态度。

开朗、风趣的人，或者当一个人的心情比较愉快时，说话时的语调是幽默的；而比较传统保守的人，或者是说话者当时情绪比较低落时，那么，他说话时语调就会趋于平缓甚至有些呆板；对于好斗者，说话时语调中往往会带有挑衅的味道；而如果一个想要讨好别人的人，在和别人说话时，语调中往往就会有奉承的因子。无论谈论什么样的话题，有一点需要注意，那就是说话的语调与所谈的内容要合适，这样才能恰当地表明你对某一话题的态度。

另外，说话最好不要有“官腔”，否则会让对方感到极不自然，产生抵触情绪，还会在无形之中影响你的形象。

音量

女性在与人交流时，一定要控制自己的音量。一般来说，女性的声音相对要尖细一些，如果音量过大，就会形成尖锐、刺耳的声音，让人无法接受。这样的女性往往会被认为太敏感、缺乏自控力。如果女性在说话时嗓门很高、很尖，说明她正处于紧张不安或激动兴奋之中。

当然，音量的控制要有一个度，声音太过微弱，就会给人太柔弱、没有底气的感觉，会让人觉得你缺乏热情，没有生机。这样的人容易被人认为没有主见、缺乏工作能力。

女性控制适中的音量，让声音平稳有度，听起来就会让人感觉温婉柔美，亲切可人，很舒适。

语速

说话时的语速可以反映一个人的性格特点，也影响着别人对你所传达信息的接受程度。说话语速快的人，一般性格急躁，做事比较果断，但也往往容易情绪波动，给人固执己见、思想偏激的感觉；说话速度太快，还容易造成个别词语模糊不清，让人无法听懂所说的内容。说话语速慢的人，一般性格比较沉稳，但语速过慢，容易给人造成性格犹豫不决、不够果断的印象；说话速度太慢，会让人感觉你语言表达比较迟钝，跟你沟通起来有困难。

一个人的声音是可以自我控制和驾驭的，声音源自体内，是由发音器官来决定的，不是每个人都天生就有一副好嗓子。但是，如果你的声音先天条件不太好，你也不必着急，完全可以通过发音训练得到

完美的声音。专业的节目主持人一般都要经过长时间的发音训练，对自己声音的音质和音色做一些改善，才能发出准确、清晰、有磁性、有魅力的声音。

最有魅力的声音是自然、诚恳、充满自信和富有活力的声音。具体到女性来说，在这些基础上加上柔美、温婉和甜美、圆润，这样的声音会形成一道迷人的风景，悦耳动听，让别人听起来感觉很舒服。

要想让自己拥有迷人的声音，除了需要进行训练以外，还要注意对声带的保护。声带是非常娇嫩和脆弱的发声体，它决定了一个人音质的好坏。一旦声带受损，任凭你如何训练，也无法得到迷人的声音。

保护声带，首先要注意，在任何时候说话都不要用力过度，更不可以大喊大叫，而是要柔和地发声。其次，就是要保持身体健康，不要过度熬夜，一旦身体不舒服，要尽量少用嗓子。日常饮食中，要尽量少吃刺激性强食物，尽量少吃太冷或太热的食物，多喝开水。

找准话题很重要

人际交往中，在初次与别人见面时，找到沟通双方感情的共鸣点，就能消除对方的心理障碍，让对方感觉你是可以信赖的人，从而放松对你的戒备心理，打消对你的怀疑态度，从而拉近彼此的距离。怎样才能找到自己同陌生人之间的感情共鸣点呢?

感情的触发点可以是共同的兴趣、爱好，也可以是某人珍藏的某些收藏品，甚至可能只是对方家里一些小物件。找到彼此之间的共鸣点，不仅能瞬间拉近和对方的距离，是让交流顺利进行的一种技巧，更是一种交际心理策略。那么，怎样找到双方的感情共鸣点来打开话题呢?

从了解对方开始

仔细观察那些人际关系处理得很好的人，你就会发现，他们都有一个共同的特点：他们可以和不同的人谈论不同的话题，而且谈论的都是对方感兴趣的话题。那么，这些人是不是对所有别人感兴趣的话题都感兴趣呢?

其实不然，每个人的性格特点不同，感兴趣的话题也不一样，没有哪个人会对所有的话题都感兴趣。能够和所有的人谈论对方感兴趣的话题，只能说明，这些人在与对方谈话以前，先了解了

对方的兴趣，然后，从对方感兴趣的地方引开话题。

美国前总统罗斯福就是一个善于谈论别人兴趣话题的人，罗斯福在与别人交流时，不管对方的身份怎样，他总能和对方侃侃而谈。

罗斯福这样说："只有谈论他们所喜欢的事情，才能抓住他们的心，让对方先高兴起来，然后再接近他就比较容易了。"而他找到对方兴趣话题的方法，就是在谈话之前，通过各种途径，获取对方的资料，了解对方的兴趣所在，然后，自己再根据对方的兴趣来引导对方感兴趣的话题。

其实，我们每个人都是这样的，如果不是抱着某种目的有意识去做的话，通常情况下，人们只愿意与和自己有共同话题的人交往，没有人会喜欢一个谈话时只谈论自己，而不关心别人的人。所以，如果想要得到别人的关注，最好主动了解别人，寻找别人感兴趣的话题，为自己制造结识别人、接触别人的机会。

从别人的谈话中找到兴趣点

刚刚和一个陌生人接触的时候，双方不一定能很快找到一个共同的话题。一般在这样的情况下，双方可能只是进行泛泛的闲聊，比如天气、交通、股市以及一些最近新出的影视作品、名人逸事等。在闲聊的过程中，你就需要用心去听，对方的话中话、话外话，然后，再从这些话中，找到对方的一些兴趣点，在其中选择一个自己比较喜欢的话题，然后展开话题，和对方进行更深一步的交流。

在寻找话题时有一点需要自己心里清楚，如果你不是有意识地去接触某个人，没有事前的准备工作，只是在偶然的机会里与陌生人相识并寻找话题，那么，你要展开的话题必须是自己比较熟悉的，这样更有利于沟通顺畅。即使对于某方面你不够了解，至少这个话题也应该是你感兴趣的。这样，你才可以跟得上对方的思路，对于不懂的地方，你应该适时地发问，这样还可以满足对方的倾诉欲望，满足对方的表现心理。

通过现场媒介找到共同话题

两个陌生人在一个陌生的场景见面，如果实在找不到你熟悉的话题，你可以巧妙地引导，在现场找一些可以引起你们共同兴趣的人、事、物作为一个媒介，来引起你们共同的话题。

运用媒介是一个不错的选择，因为双方处在同一个环境、同一个场景下，总能找到一些双方都能关注的事物。比如，看到窗外马路上堵车，可以聊一聊交通问题、节能问题；发现外面有献血车，就可以从献血、防病和为社会献爱心谈起；看到电视里正在播放的节目，也可以从电视节目聊起；甚至可以从双方在喝的茶引起话题，聊一聊茶的问题、水的问题，聊一聊世界气候变化问题，进而还可以聊到能源节约问题；如果是有朋友介绍，那就更好说了，至少可以聊一聊大家共同的朋友……

现场找话题是一个即兴之举，既方便又快捷，尤其对方是没有什么准备而接触的陌生人时，这样的确是一个不错的选择。但是，既然是即兴，就需要你有细致的观察力和敏捷的思维。仔细观察周围的一切，不断提出新的话题，直至找到对方的兴趣点，然后再展开话题，进行深一步的沟通。同时，还需要你有日常生活中知识的积累和沉淀，不一定对什么话题都能深入了解，但至少要对一些社会性的、公益性的、大众相对敏感的话题要有一些了解，以免提到一个话题后，自己三言两语后就没有话说了。

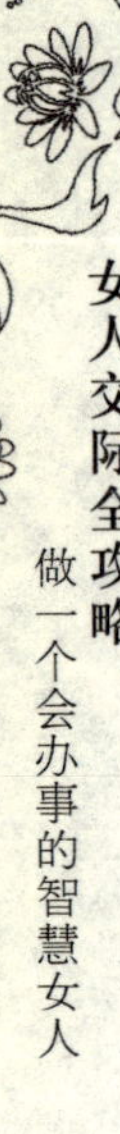

自我介绍，主动融入新的群体

当你新走入一个群体，需要和别人进行交流时，如果你一直等着别人和你开口说话，而不主动去和别人攀谈，你就会给别人留下一种傲慢、冷漠的感觉。相反，如果你能够主动地把自己介绍给别人，别人自然也会回报给你一份热情。如果你的自我介绍能够增加一些幽默的成分，如果你能把自己的开场白说得更精彩一些，相信你一定会给人留下非常深刻的印象，甚至你会因此而成了群体的中心。

1990年春节，台湾影视艺术家凌峰先生接受中央电视台的邀请，到北京参加春节联欢晚会。当时，内地的许多观众对凌峰先生还不熟悉。但是，凌峰先生精彩的开场白，在瞬间就得到了观众的认同，观众也及时回赠了他一份极大的热情。

凌峰的开场白是这样的："在下凌峰，虽然我获得过'金钟奖'和最佳男歌手称号，但更让我出名的是我长得比较难看……一般女观众们对我的印象都不太好，她们认为我是人比黄花瘦，脸比煤炭黑。"这一番嬉而不谑、妙趣横生的开场白，逗得观众捧腹大笑。笑声结束的时候，一个坦诚、风趣、幽默的凌峰已经深深地印在了观众的脑子里。

时隔不久，在"金话筒之夜"的文艺晚会上，凌峰再次到来。只见他满脸含笑，对观众说："很高兴又见到了你们，很不幸你们又见到了我。"这次，观众更是以热烈的掌声回报了这位幽默的朋友。从那以后，凌峰的名字很快就传遍了全国，凌峰也因此结交了很多朋友。

在公众场合，你并不是对于别人来说不可缺少的谈话对象，如果你不能主动热情地跟别人打招呼，或者你根本就是态度冷漠，一副拒人于千里之外的模样，那么人家完全可以找其他人进行交流，那样，在人群中，你将是一个孤立的个体，永远无法融入群体。所以，只有主动地打开双方的话题，和对方有一个可以交流的基础，别人才能留下来与你交谈，你才能成为一个受欢迎的人。

当然，需要注意的一点是，选择话题也要因人而异。在提出话题的时候，观察一下对方的反应，如果对方没兴趣或对某些话题比较敏感甚至比较反感，你一定要及时刹车，避免引起对方的误会，使双方的交流陷入僵局。

女人，这些话你不该说

女性在社会交往中，在与别人沟通交流的时候，有时会因为自己对一些说话细节的疏忽，在无意间冒犯了别人，甚至会对别人造成一定的伤害。这样往往会引起对方的反感，从而会让自己走到哪里都不受欢迎。所以，我们一定要注意，在与别人交流沟通的时候，以下这些话你不该说。

揭人短处的话

俗话说："打人不打脸，骂人不揭短。"这就说明了人们对自己短处的避讳和禁忌，被人揭了短处，就如同被打了脸一样难受。但是，我们在社交场合，在与人交往的过程中，如果不了解对方的一些禁忌，不注意说话方式，不注意观察对方的情绪变化，往往会在无意中犯了对方的忌讳，碰到对方的痛处。这样，不仅会给对方造成痛苦，也会让自己变得不受欢迎。

李可冉在上卫校毕业前，到当地一家医院实习。实习期间，因为她嘴甜、腿勤，在医院里很受护士们的喜欢，尤其是护士长赵姐，对她更是像自己的亲妹妹一样关心照顾，有意向医院领导请示，让李可冉毕业后到自己这里来当护士。

实习期马上就要结束了，李可冉想和一直关心照顾自己的赵姐再套套近乎，让赵姐在医院领导面前为自己美言几句，如果能够到这里来工作，那是最好不过的事了。

在一天的午休时间，几个当班护士聚在一起闲聊，李可冉突然冒失地问了赵姐一句："赵姐，你家孩子几岁了？怎么从来没见你提起过你的孩子呢？"只见赵姐一愣，脸色一下子涨得通红，她勉强笑了笑说："哦，我没有孩子。"

李可冉于是自作聪明地说："哟，赵姐，那你可要抓紧了，女人年龄太大了生孩子不好。"

没想到话音刚落，赵姐就脸色就变得很难看："把精力多放到工作上，把自己的工作做好就是了，不要管别人那么多闲事儿。"说完转身离开了。

李可冉看着赵姐离去的身影，不知道自己说错了什么。直到旁边一位老护士告诉她："赵姐是个单身女人，根本就没有结婚，怎么能有孩子呢？"大家怕影响她的情绪，在她面前根本连关于孩子的话题都不敢提起的。

李可冉怎么也没有想到，她套近乎愿望却让她犯了一个致命的错误，不仅伤害了赵姐，最终自己也没能留在这家医院。

李可冉本不是恶意的，她甚至有想讨好赵姐的想法，但是，事与愿违，她不仅伤害了别人，也给自己造成了一个非常不好的后果。

人无完人，每个人都有自己的弱点和短处，当众暴露自己的短处，对任何人来说都不是一件愉快的事。没有一个人愿意别人揭到自己的短处，有些短处就像自己心里的伤疤一样，碰到就会痛。因此，人们一般都会对自己的短处有着很深的忌讳。

作为一个女人，在与人交往的时候，一定要注意，多了解对方的情况，避免在无意中揭了对方的短处，给对方造成伤害。当然，如果

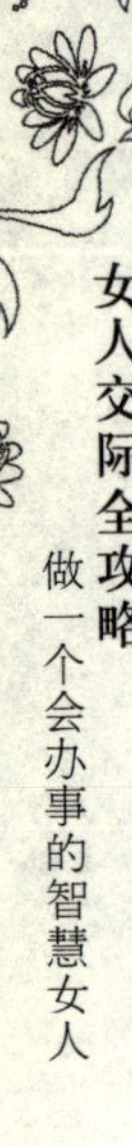

明知对方的短处而无所顾忌地去触碰对方的痛处，那应该就是一种无礼甚至可以说是不道德的事情了。

不合时宜的话

很多时候，我们说的话不一定是错的，但是，说的时间、地点不对，往往也会让听者心里不愉快。

做保险业务员的谭可茵是个能说会道的女孩，在保险圈里也因为“死缠烂打”而“磨”下过不少的客户而出名。

这天，她听说邻居的一位老人正在过七十大寿，于是兴冲冲地买好了礼物前去祝寿，想趁机把自己的保险推销给老人。

酒席上，谭可茵找了个机会，把老寿星好好地恭维了一番，然后拿出自己的保险资料，向老人介绍。

老人家和这个邻居女孩并没有什么太多交往，对方来给自己祝寿也是老人意料之外的事情，现在，女孩拿出了保险资料，老人也不好驳她的面子，只好耐着性子听她讲下去。

谭可茵见老人听得认真，就越讲越起劲，从当前的经济形势谈到了养儿难防老，接下来谈到了老年人易患的多种致命性疾病，要老人早做防备，以防不测。开始老人还耐着性子听，后来，老人的脸色就越来越难看。

这时，老人的儿子发现了问题，他客气地把谭可茵拉到一边说：“今天是我父亲的七十大寿，保险的事情改天再说吧。”没想到谭可茵竟然没有意识到对方的拒绝，而是拿出了她以往死缠烂打的杀手锏，接着给老人的儿子讲。直到老人的儿子口气严厉地对她说：“今天就到这里吧，我不想让老人好好的寿宴被刹了风景。你走吧，以后再跟别人讲保险时先看看时候再说。”

谭可茵错就错在不该在老人的寿宴上大讲保险，老人七十大寿，本是一件很高兴的事情，在这样的情况下，跟一位古稀老人大讲老年人的若干种致命疾病，实在是一件很不合时宜的事情。老人的儿子能这样客客气气地把她请出，已经是给足了她面子。

在与人交往时，有些话是必须要说的，有些话是一定不能说的。究竟哪些话该说、哪些话不该说，要根据具体的场合、具体的人来定。在有些地方，针对有些人来说是可以说甚至是必须说的话，到了另外一个场合，针对另外一个人的时候，也许就是一定不能说的了。在实际交往的过程中，需要女性朋友仔细观察，仔细体会，你才能最终赢得一个好人缘。

网上曾经流行一篇名为《说话的温度》的短文，文字不多，内涵却极为丰富，对我们交际时如何说话会有一些启示，摘录下来和大家共勉：

“急事，慢慢地说；大事，清楚地说；小事，幽默地说；没把握的事，谨慎地说；没发生的事，不要胡说；做不到的事，别乱说；伤害人的事，不能说；讨厌的事，对事不对人地说；开心的事，看场合说；伤心的事，不要见人就说；别人的事，小心地说；自己的事，听听自己的心怎么说；现在的事，做了再说；未来的事，未来再说……”

以情动人，请你接受我的劝告

日常生活中，女性在人际交往中，往往是温柔体贴的化身，因此，女性为此也就需要担负另一项任务，那就是安慰和劝说别人。所谓劝说，就是让别人听从你的意见和建议，从心理学的角度来说，劝说就是使被劝者的态度改变和重新形成的过程。劝说别人是一种说话的艺术，也是一种思维的智慧，是现代女性不可缺少的交际策略。

女人要利用自身的说服优势

在大多数情况下，说服别人的过程，也就是打动人心、征服别人感情的过程。对方在感情上接受了你，自然对你的观点、看法接受起来就比较容易了。而相对于男人来说，女人的感情更丰富，运用感情的能力也更强，所以，女人在说服别人的时候，可以充分利用自己这一优势，必能达到事半功倍的效果。

今年26岁的小兰，是个从外地到北京打工的女孩。经过几年的打拼，小兰有了些积蓄，自己在五环外城乡接合处租了个门面，开了个小花店，同时买了辆面包车供自己进货用。

这天，小兰又是天还不亮就开着车去郊区进货，车开出一段距离后，小兰看到马路边蹲着一个人，看起来好像很痛苦，小兰以为是有人病了，没多想就停车下来，想帮助对方。没想到对方竟然是个歹徒，见小兰下来，对方趁势抓住小兰的衣领，胁迫她一起上了车，并掏出刀逼迫小兰掏出钱。

本想好心帮人，却落得如此下场，小兰有些生气。但是，毕竟一个人在北京也闯荡了这么多年，小兰很快就镇静下来，她并没有做太多的反抗，就把自己进货的钱全拿了出来交给歹徒。

趁对方接钱的时候，小兰仔细看了一眼这个人。原来，做出如此行为的竟然是个孩子，看起来也不过十六七岁的样子，而且还穿着校服，显然还是个学生。

看到对方这个样子，小兰提着的心放了下来。她明白，对方并不是个穷凶极恶的歹徒，只不过是个一时失足的孩子。

看到小兰如此痛快地把钱交了出来，这个孩子竟然也不再把刀架在小兰脖子上，而只是拿在手里，盯着小兰开车。

小兰一边开着车，一边与这个男孩说话："小兄弟，还在上学吧，怎么大晚上跑到这荒郊野外来了，是不是和家里人闹别扭了？"

听小兰这样说，男孩愤愤地说："闹别扭又怎么样？我就不信，没有他们我就不能活了。"

见小兰没有吭声，男孩接着说："天天逼着学习学习，我就是不学，看他们能怎么样？"接下来，这个小小的"歹徒"竟然把刀子收起来，没事人儿似的跟小兰聊起了他离家出走的原因。

原来，男孩因为不好好学习，成绩不好，被父母责骂，并扣除了零花钱，这引起了他的逆反心理，与父母发生了正面冲突而离家出走。结果走着走着竟然迷了路，在这里碰上了小兰。本来他确实是因为肚子有些疼蹲在路边休息的，可是看到是一个女孩单独下了车，饥寒交迫的他出于一种报复心理，上演了刚才的一出抢劫戏。而他手里

的刀，也是当天削水果时顺手放在口袋里的一把水果刀。

听了这个男孩的话，小兰是又好气又好笑。她就势开导男孩说：“你的事儿姐完全理解，姐在上学的时候也是这样，天天被父母逼迫着看书学习，听他们的唠叨我都要烦死了！”

“是吗？你也这样？女孩也会这样烦吗？”男孩有些惊讶。

“是啊，不过我父母没有责骂过我，只是天天唠叨，不让我有一点儿娱乐的时间。后来我也跟你一样，离家出走过一次，结果父母后来就很少再唠叨了。但是，姐最后也没有考上大学。”说着说着，小兰竟然也有些动情。

“姐是外地来北京的，直到工作以后才发现，自己懂得的知识太少了，因为文化水平不高，来北京一直也没有找到什么好工作，自己一个人靠给别人打工挣钱，辛苦不说，还得不到尊重。现在想起来都后悔，悔自己当初为什么不好好学习。现在，我倒想着有父母唠叨我呢，可是……”说着说着，小兰竟有些哽咽。

男孩显然是被小兰的话触动了，他赶紧安慰小兰说：“姐，你别难受，我把钱还给你，你把我送回家吧，我爸是搞房地产的，回家我让我爸帮帮你！”

听男孩这样说，小兰也赶紧收回话题说：“谢谢你！不用了。我现在自己开了一家小花店，效益还不错。只是，你要听姐一句话，以后可不要再做离家出走的傻事儿了。你想想，你离家出走，你的父母会多着急啊？还有，刚才这样的事儿更不能做，你知道吗？这种情况是犯罪啊，如果真给你报到公安局，你一辈子就毁了，以后千万不可再这么鲁莽了啊！”

男孩连连点头，并一再向小兰保证，回家后一定要好好学习，不再做这样的傻事儿。

女性是温柔的化身，以情动人，以情感人，是女人最擅长的，也是最容易成功的。小兰用自己的真实经历，将心比心，先对男孩表示理解，动之以情，然后再晓之以理，让男孩认识到了自己的错误之处，并对小兰心悦诚服。

用真情沟通，就能收获真情

感情是沟通的桥梁，沟通的时候，先把感情联络好了，就等于桥梁搭建好了，那么，双方沟通起来也就会畅通无阻了。女性本来就感情丰富，更擅长以情动人，所以，在劝说别人时，女性一定要把握好自己的这一优势，在面对被劝说对象时，启动自己丰富的感情，来煽起对方内心的情感，让对方在不知不觉中被你的话触动，从而最终听从你的观点。

拥有感情并能够把自己的感情恰当地表达出来，正是人与其他动物的最大区别。人最怕也是最软弱的地方，就是内心的感情。对女性来说，说出来的话不一定多么漂亮，但一定不能没有感情。饱含温情的话语，就像是一缕春风，温暖别人，同时也映衬出女性善良的美德。

“情”字是最能够深入到人内心最深处、最能打动人的。每个人，无论其性别、年龄、身份、地位如何，都有丰富的情感。所以，要说服一个人，最根本的办法就是让对方在内心先认可你，在感情上与你距离拉近了，对方自然愿意接受你的观点和建议。

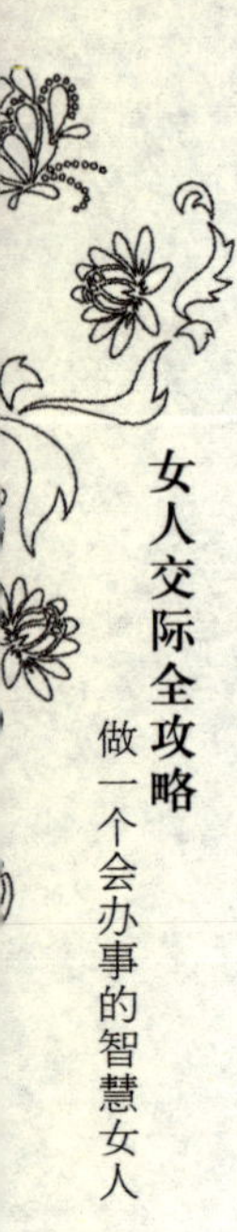

如何说，对方才肯听

对于一个问题或一件事物，每个人都有自己的观点和看法，也愿意坚持自己的观点和看法，希望自己的观点被别人认同，而不是自己被别人的观点说服。

对于来自别人想要说服自己的意见和想法，每个人在内心深处都会产生一种本能的抗拒和排斥。这种抗拒和排斥的力量有时是相当强大的，处理不好，会给双方带来直接或间接的伤害，所以，想要说服别人接受自己的观点和意见，就需要女性朋友掌握一定的方法技巧和足够的应变能力。那么，到底用什么样的方法说服别人才能更快、更有效呢？说服别人的方法有很多，具体怎么使用要因人而异，这里列举几种以供参考。

细心观察，摸透对方的性格特点

一千个人有一千种性格，就有一千种说服的方法。说服别人是需要一定技巧的，说服别人之前，你一定要对需要劝说的对象有所了解，如性格、性别、学历等，尤其是了解一个人的性格，是能否成功劝说别人的关键。

有人曾经对个性与说服力之间的关系做过调查，结果是：缺乏交际能力、社交活动受限制的人更容易被说服。一般而言，缺乏自信心、对别人的看法比较在意的人更容易被说服；而自信心强、老练成熟、独立意识和自主能力比较强的人不容易被说服。

在劝说别人之前，先要对被劝说对象进行认真观察和分析。摸清对方的性格特点以及习惯爱好，然后对症下药，找到有针对性的办法。

心理学家认为，女性在观察力方面的能力胜过男性。女性能够在对方默默无语时，从对方的姿态、眼神和动作中了解到他的真实的内心活动。因此，女性在劝说别人的过程中，往往能够得心应手而不至于陷入窘境。女性通过细微的观察，从对方的衣着打扮、言谈举止中判断对方的性格，捕捉真实的信息，再根据对方的真实情境，采取相应的对策。

以退为进，维护对方自尊

人人都有自尊心，没有人愿意被别人摆布。很多时候，被说服者并不是不认可对方的观点和建议，而是为了维护自己的自尊和虚荣，对于明知道正确的事情，也要予以反驳。

女性朋友如果能够清楚人们的这一心理，在说服别人的时候，换一种方式和口气，让对方的自尊和虚荣心得到满足。一般情况下，作为想要说服对方的女性朋友，可以自己先退一步，给对方一个台阶，对方在自尊心得到满足的时候，也会接受说服者的正确的观点。

“退”是为了更好地“进”，妥协并不意味着要放弃。给对方一个台阶，是为了让对方下来。以退为进是一种有效的交谈策略，它表面是退缩，实质上是进攻，退的目的是为了更好地前进。这好比是拉弓射箭，把弓弦向后拉的目的是为了把箭射得更远。

但是，运用以退为进的说话策略，有几点需要注意：

（1）在退以前，要知道对方需要什么，抓住对方的软肋，有针对性地退。

（2）退的时候要适度，退是为了进，而不是真正的退让，别把自己真正的目的忘记了，退到一定程度，就要进了，否则，会让对方感觉你软弱可欺。

（3）在说服别人时，要懂得顺应对方的话题和心态，让对方在不知不觉中接受你的邀请，下到你的台阶上来，如此，你要的目的就达到了。

用表情增强说服效果

女性较之男性来说，感情更加细腻敏感，肢体语言和表情也要丰富得多。因此，女性在说服别人时，如果能够恰当地运用面部表情和肢体语言，来表达自己内心的情感，让对方充分理解你的意图对增强你的说服力会有很大帮助。

在人与人的沟通中，有声语言信息的比例只占不到20％，80％以上都是非有声语言信息。善于运用你的表情和肢体语言等非有声语言传递信息，不仅能增强有声语言的效果，还能达到有声语言无法达到的效果。

比如，在听对方诉说自己的观点时，你肯定地点头；对于对方强硬、坚持的观点，你可以先给予表示理解的眼神；对方抵触情绪激烈时，善意地拍拍对方的肩膀；对方无法接受你的建议时，给对方一个具有亲和力的微笑……如此种种，既是对对方的理解和首肯，给对方心理一个缓冲的余地。一个擅长运用表情语言的女性，善于通过自己的表情来向对方传达自己的感情，来赢得对方的同理心，增强说服力。

同时，在说服别人时，女人还可以充分发挥自己敏锐细致的观察力，在交流沟通的过程中，通过观察对方细微的表情变化，准确把握对方心理的变化，从而找到一个最简捷、最关键的突破口去说服对方。

国外有社会学家研究：说服别人的时候语言要简单明了，不可有太多的废话，语言所表达的意思要明确清晰，不可模糊。另外，无论你性格多么开朗风趣，说服别人时要慎用幽默，否则将失去说服的严肃性，也就达不到应有的效果。

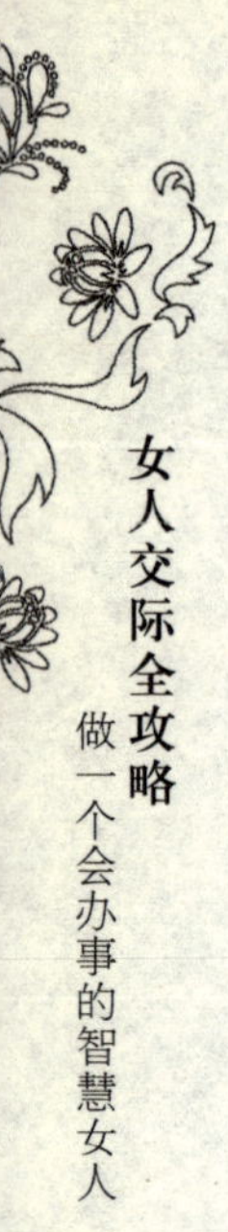

柔和的语言更能打动人心

说话，是一个人内心活动的外在反映，但是，并不是你心里想什么就要说出来，并不是你内心怎么想就怎么说。说话时要看时间、看地点，看场合、看对象。一句话就可能让人得到一个机会，也可能让人失去一个机会，甚至于一句关键的话，可能会影响到一个人一生的命运。会说话的女人在说话时会考虑多方面的因素，不会在不合时宜的时候说话；会说话的女人会察言观色，她在说话的时候会特别注意对方的反应，尽量不说让对方听了“脸色一沉”的话；会说话的女人，会把话说到别人的心坎上。

用更委婉的语言

在职场上，在生活中，很多时候我们需要给别人提意见和建议，需要拒绝别人的请求，需要指出别人的缺点和不足。这种时候，最简单的方法是直截了当地告诉对方。但这种方式往往不容易被对方所接受，甚至会引起对方的反感。如果我们能在说话的时候换一种方式，用更委婉的方式而不是用刻板生硬的语言表达自己的意愿，效果往往比直截了当会更好。

1923，年登上美国总统宝座的卡尔文·柯立芝以少言寡语出名，被人们称作“沉默的卡尔”，而这个沉默的人却是一个很会说话的人。

柯立芝有一位漂亮的女秘书，但是在工作中却常常粗心出错，为此，柯立芝很是烦恼。

一天早晨，柯立芝看见女秘书走进办公室，便对她说："今天你穿的这身衣服真漂亮，正适合你这样年轻漂亮的小姐。"

漂亮的女秘书受宠若惊，她没有想到一向不苟言笑的柯立芝会说出这样的话。就在女秘书发愣的瞬间，柯立芝接着说："但是你也不要骄傲，我相信你的公文也能处理得和你一样漂亮。"从那天起，女秘书在公文上的错误少了很多。

一位朋友知道后问柯立芝："你是怎么想出来这种办法的？"柯立芝得意洋洋地说："这很简单，你看见过理发师给人刮胡子吗？他要先给人涂肥皂水，就是为了刮起来让人不痛。"

柯立芝用委婉的语言和赞美的方法，指出了女秘书工作中存在的缺点，让女秘书在惭愧之余还会感激他的良苦用心，又怎么能不改掉自己的小毛病呢？

其实，我们也能做到像柯立芝这样，只要我们在跟别人说话的时候，考虑一下对方的感受。换位思考一下，如果自己处于对方的位置上，希望别人怎么样来对自己说话，自己以同样的方式跟别人说话，就会让对方更容易接受。

用更温和的方式

我们与别人沟通的目的不是"战胜"别人，而是与对方进行交流。"战胜"往往不能征服对方，相反，相对温和的沟通，反而会让对方更愿意接受你。

风与太阳打赌，看谁能让那个穿着大衣的人先把衣服脱下来。比赛开始了，风使劲地吹啊吹，然而它吹得越起劲，那个人把大衣裹得

越紧。不管风刮得多么猛烈，它只能让那个人把大衣裹得越来越紧。最后，疲惫的北风只好放弃了。

轮到太阳了，太阳微笑着慢慢地把温暖的阳光洒在那个人身上。几分钟后，那个人慢慢地松开了大衣；太阳继续温暖地照着，那个人把大衣脱掉了；一会儿，那个人又把毛衣也脱掉了，一边脱还一边擦着脸上的汗水……

太阳用她温和的笑脸，用她温暖的怀抱，让行人把大衣脱掉了，而风的威力却没有达到这一目的，因为，人是需要温暖的。

温和是女性的本色。女性一个温和的眼神，是最能够赢得别人肯定的。女性用温和的眼神注视对方，既可以表达自己对对方的关注，还可以表现出自己的心地坦然、和蔼可亲。

温和的语调永远都是女人最动人的语调，说话时最好是既透露了自己的观点，又流露了自己的温柔，这样的女性，最容易与人沟通。女性相对于男性，感情要细腻、柔和得多，在表达方式上，也比较含蓄委婉，这些都足以显示出女性温和的情调。

没有一个人愿意主动臣服于别人的威严之下，相反，人们更愿意与对方以平等、温和的方式交流，女性天生温和的性情正符和了人们的这种心理。所以，女性朋友在与人交流的时候，不一定用太多华丽的语言去打动别人，只要合理用好你天性中的温和，大多数人都愿意主动和你交流。

不论是委婉含蓄还是语气温和，总之都体现了女性的“柔”。女性说话时，不要太过强势和强硬，用自己柔柔的、暖暖的声音和语气，像一缕春风一样。无论和什么人交流，这缕温暖的春风，都能吹进对方的心窝里去，让对方温暖、舒服。

不可不注意的说话细节

对于现代女性而言，会说话的重要性无须多讲，每个人都知道，每个人都有体会。从讲话的内容，到讲话的方式，都在有意识地训练自己。但是，尽管这样，我们往往还是会在不经意间忽视一些小细节，如一些下意识的动作或者因为急于表达自己而去打断别人等，这些被疏忽的小细节，让我们说出的话听起来不是那么漂亮、中听了，而我们也因此不再受人欢迎了。这对于女人来说，是一个语言交际的失败之处。这里列举一些容易被人忽略的小细节，给女人们提个醒，避免你也犯同样的错误。

女人开口说话时的注意事项

（1）说话声音不要太高。女性的声音较细，如果说话声音太高，就会有尖细刺耳的感觉。这种尖细刺耳的声音，不仅不受欢迎，往往还会引起对方的反感。尖细的声音对人的神经是一种刺激，声音太细太高，会让人精神紧张，神经疲惫，有一种想逃离的感觉。如果再严重一些，甚至听者都来不及关注你讲话的内容而直接逃掉。

所以，女性在说话时要控制声音，语调要尽量沉稳和亲切一些，这样会使对方感觉你待人真诚，也容易收到较好的效果。降低音调，你的话就会引起更多的关注。

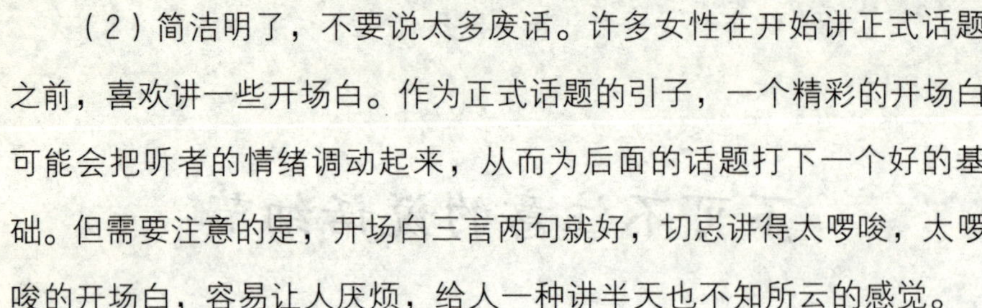

（2）简洁明了，不要说太多废话。许多女性在开始讲正式话题之前，喜欢讲一些开场白。作为正式话题的引子，一个精彩的开场白可能会把听者的情绪调动起来，从而为后面的话题打下一个好的基础。但需要注意的是，开场白三言两句就好，切忌讲得太啰唆，太啰唆的开场白，容易让人厌烦，给人一种讲半天也不知所云的感觉。

对于重要的话题，可以事先考虑清楚自己要讲的内容，组织好自己的思路，在讲述的时候一定要简洁明了，不要拖泥带水。在每句话之间，更是需要注意，不要用一些毫无意义的语言来填补，比如“嗯嗯啊啊”之类的话，这些毫无意义的话如果放到你讲话的内容中间，你所讲的内容听起来就会显得不连贯，听者自然也就不会对你的话有趣。

（3）牢记对方说过的话。每个人对于自己讲过的话都是很在意的，如果你在与对方交流的过程中，忘记了对方刚刚讲过的话而重复提问或贸然接话，往往会让讲话者有一种被忽视、不被尊重的感觉。

某位心理学家应邀至地方上演讲时，不料主办者之一却问他：“请问先生的专长是什么？”他颇为不高兴地回答：“你请我来演讲，还问我的专长是什么？”

这位主办人就是犯了语言交际中的一个大忌，心理学家被请来做演讲，想来应该是有一定名望地位的人，对方的专长肯定在演讲之前已然告诉过主办者，作为主办者应该是不能忘记的。如果忘记了，说明他根本没有重视心理学家，也难怪心理学家会不高兴。

不要贸然打断别人的话

无论是熟悉的人还是陌生人，无论是两个人对话还是处于一个群体中，一个会说话的女人，在与别人交流的过程中，都能够认真听别人讲话，并能在适当的时机做出恰当的反应。但是，很多人都会犯这样的错误，就是在对方说话中途插话。

你是否遇到过这样的场景：某人在讲一个笑话，刚一开始，听者接着说："哦，我知道，我个笑话我早听说过了……"或者在别人讲述一件事情一个问题时，听者自以为是地接着对方的观点说："你说的是不是……"或者"我知道了，你的意思是……"

相信这样的情景你一定遇到过，或者看见别人遇到过，可能在这样的事情中，你担当过被打断的角色，也担当过打断别人的角色。如果你经常被别人打断，那么就宽容对方，然后婉转地告诉他，打断别人讲话有些不礼貌；如果你也曾经打断过别人讲话，想想自己被别人打断的时候是不是很不爽，注意改正一下，下次听人讲话的时候别再打断了。这样将会有更多的人愿意向你倾诉，与你交流，接下来，你也就会交到更多的新朋友。

如果想要在谈话过程中回应对方，那么，要在对方说话停顿的间隙，附和一些话，以便让对方知道你在听他说。比如，你可以说"哦，真是件好事情"或者"我非常理解你现在的心情"。

如果是在群体中，当别人谈兴正浓时，你想加入别人的谈话当中，不要突兀地打断别人，比如："你们正在谈什么呢？"这样很容易引起别人的不快。最好能找个适当机会，礼貌地说："对不起，我可以加入你们吗？"

倾听别人说话时，作为对对方话题的回应，中途适当地插入自己的看法和观点，这本无可厚非，也是必需的。否则，只让对方一个人说话，而你一言不发也是不礼貌的。但是，我们需要注意的是，一定要把握好插话的时机和分寸，别人正在说话时，不要中途打断。

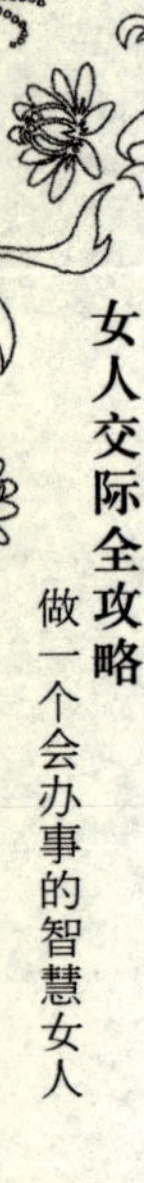

插话要讲究时机和分寸，打断别人的话要合时宜，这样，别人才不会因为被你打断谈话而影响心情，别人才会愿意与你交往交流。

我们不能保证自己所说的话别人都爱听，但是，我们一定要力图做到自己所说的话不让别人不爱听。让人听了厌烦的废话、打断别人的话、揭人短处、触人痛处的话，都是别人不爱听的话。女性朋友在与人交往时，一定提前给自己一个提示，注意一些说话的细节，不要说一些不合时宜的话，让自己成为一个“人见人躲”的人。

赞美得法，轻松赢取人心

赞美别人要讲究方法，如果赞美的方法不恰当，不但达不到聚积人气的目的，反而会引起别人的反感。一个真正懂得赞美技巧的女人，能将赞美的分寸拿捏得很得当，张弛有度，收放自如。

赞美要真诚得体

赞美别人，首先要做到真诚和真实。真诚的赞美不是恭维奉承，而是一种发自内心的，是真诚的欣赏，并把这种欣赏及时地传递给对方。赞美的话不一定要说得多么好听，也无须吹捧得天花乱坠。抓住对方最闪光的地方，或者是对方最在意的地方，实实在在地夸赞几句，对方从你真诚的赞美中不仅会感受到一份真诚，还会感受一份感动。

而所谓得体，就是在赞美别人时，说中对方的长处。赞之有理才能打动别人，说到对方的心坎里。发自内心深处的赞美最能打动人心，对方同时也会感受到你的诚意。

1987年4月底，在《红楼梦》中饰演贾宝玉的欧阳奋强到香港参加电视剧《红楼梦》首映式。一踏进机场休息室，亚洲电视台名演员方国姗就挤到他身边，热情地说："你是欧阳奋强吗？我叫方国姗。他们都说我长得像你……"

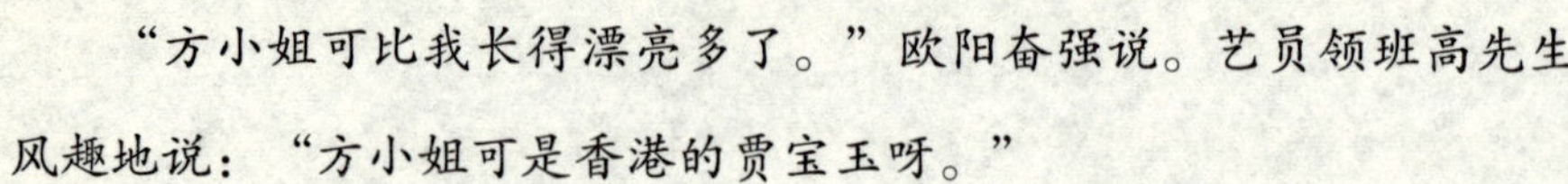

“方小姐可比我长得漂亮多了。”欧阳奋强说。艺员领班高先生风趣地说：“方小姐可是香港的贾宝玉呀。”

这番相互赞美的话真诚而自然贴切，使迎接的气氛热情而和谐，两个人的关系也一下子融洽了许多。

赞美是向对方表示一种肯定、理解、欣赏和羡慕，态度诚恳是赞美的关键。诚恳的态度，是我们内心诚意的表示。态度诚恳，对方才能感受到你的诚意。

赞美不要太离谱，不要把一些公关语言笼统地用在所有人身上。如果赞美别人而不提到对方的优点，会让对方认为你虚伪。如果你赞美的恰恰是对方的短处，那就不只是虚伪的问题了，对方会认为你是有意嘲笑，会引起对方的反感甚至敌意，就不用提与你接近和交往了。

赞美要翔实具体

现实生活中，有显著成绩的人并不多，即使对方有，也早已经被不知道多少人赞美过了，再听到你千篇一律的赞美，在对方的心里已经引不起任何波澜。倒不如从对方一些小的闪光点，哪怕是很微小的长处进行赞美。这样，一方面表示你对对方的了解，另一方面表示你对对方的关注和重视。而且，赞美越具体，越说明你对他越了解，对他的长处越看重；赞美越具体，对方越能感到你的真挚、亲切和可信，你们之间的距离就会越来越近。

夏青传媒大学毕业后，进入当地一家电视台做记者。这天，夏青乘坐单位陈师傅开的车去进行一起交通事故的现场采访，当时正赶上下班高峰时间，再加上出了交通事故，交通很是拥挤。

而开车的陈师傅车知道夏青是要赶现场，所以把车开得稳而不慢。夏青称赞道："陈师傅，您车开得真好，这样的路况你能开出这样的速度，真是不简单！"

听了这话，陈师傅竟然一下子兴奋起来，他连忙说："我给咱们台里开了三年车了，你还是第一个这么夸我的人呢。夏记者，谢谢你！"夏青从陈师傅的回应竟然听出了些感动。

夏青本来也确实欣赏陈师傅的开车技术，在那样的路况下，能把车开得又快又稳，确实不简单。但是，她没有想到，她的一句赞美话对陈师傅触动这么大。而且，从那以后，只要夏青需要出去采访，不论远近，陈师傅总会有叫必应，给夏青省去了很多麻烦。

夏青的赞美很简单，但是很实在、很具体，因此很中听，甚至让开车的陈师傅有了些感动。其实，我们生活中的赞美就是这样，哪怕是对方一点点的小长处，只要一两句具体而真诚的赞美，就会让对方开心，甚至感动，这是大篇的空泛的外交辞令远远无法达到的效果。因为空泛的赞美总是让人听起来感到苍白无力，泛泛的赞美会让人有不真实的感觉，对方感觉不到你是在赞美他，至多只能当做一种外交辞令，而不会在心里留下什么深刻的印象。

赞美要因人而异

由于人的性别、年龄不同，性格特点及习惯爱好也存在着很大的差异。所以，女人在赞美对方时，要根据对方的具体情况，在赞美的内容上有所区别。有针对性的赞美，比一般化的泛泛的赞美往往能收到更好的效果。

对于外貌非常漂亮的女性，不必对她的容貌进行赞美，因为她对这一点已经有绝对的自信；你可以转而赞美她的智慧和能力，赞美她的善良慈爱。而对于事业有成的男士，如果你赞美他有能力、有才

干、有魄力，他顶多也就礼貌地笑笑，因为他听见类似的赞美太多了；你可以转而赞美他的责任感，赞美他对孩子的爱心，赞美他的书法，赞美他的厨艺，都会让他很开心。

如果你对对方不甚了解，一般来说，对于同事或同辈的朋友之间，可以把赞美的侧重点放在能力、学识、思想、工作和修养上；而对于长辈或年纪稍长的人，应把赞美的侧重点放到其经验、成就和健康上，尤其是健康，对于一个上了点儿年纪的人，无论对方的身份、地位、生活状况，听到别人赞美自己的健康，都是一件非常开心的事情。

无论以哪种方式赞美别人，赞美应当适时而发。发现对方不易被人发现的优点时，一个及时的赞美会让对方心花怒放。但是，在人人都在对某个人吹捧赞美的时候，你的赞美最多也只能算是锦上添花。如果对方已经被一片吹捧声弄得不胜其烦了，你就不必再去赞美了。

另外，赞美别人的话不宜拖沓冗长。赞美别人贵在真实和真诚，一两句具体中肯的赞美，就足以打动对方的心了，如果再重复赞美，反而会让别人误会你的用意。而且翻来覆去、拖沓冗长的赞美，往往令人不胜其烦，赞美本是一番好意，最后反而让对方对你产生反感，岂不是得不偿失。

用好语言的“幽默效应”

语言是人与人之间沟通的桥梁，而幽默是桥上行驶最快的列车。它穿梭在此岸与彼岸之间，以最快捷的方式直抵对方的心灵，提升你在对方心中的地位和分量。女人幽默的语言不仅能使谈话气氛和谐融洽，还常常能在双方出现僵局时化干戈为玉帛，让双方的交流重新变得畅通起来。那么，女人要怎么样让自己的语言更具有幽默效果，让自己说出来的话更精彩呢?

让幽默帮你解除尴尬

生活中，每个人都难免会遇到让自己尴尬的情形，比如你衣冠楚楚地参加单位举办的同事聚会，却不小心把红酒洒到了自己身上；或者你穿着长裙去参加一个朋友举办的生日Party，却不小心当众摔了一跤；再或者，年终时公司老总请大家吃饭，不小心你和同事把筷子同时按在了盘子里最后一块排骨上面了……如此种种，这样的尴尬，每个人在生活中都会有遭遇。遇到这种情况，女士往往会感觉很窘迫，很难为情，不知道怎么办才好。其实，在这样的情况下，适时地运用一下你的幽默，是最好的办法了。

一位著名的女钢琴家，有一次在美国迈阿密州的福林特市演出时，现场气氛有些冷清，上座率还不到四成，这让她很尴尬。

面对如此尴尬的情景，她告诉自己不要慌，因为既然来了，就已经没有了退路，自己紧张反而会让事情变得更糟糕。她很快镇静下来，决定运用自己的幽默打破僵局。

只见她抖擞精神走上舞台，微笑着用幽默的语言对场下的观众说了这样一段开场白："我初次到这个城市来演出，这个城市的富有是我从来没有见过的，这里人民给予我的热情也让我受宠若惊。我发现你们每个人都买了三个人的票，足见大家对我演出的关注，谢谢大家的厚爱！我一定会尽最大努力让今天的演出成功。"

话音未落，大厅里就充满了热烈的掌声和欢快的笑声，现场局面一下子活跃了起来了，这位钢琴家的表演最终也大获成功。

女钢琴家在如此冷场的情况下，先摆脱了自己的慌乱，巧妙地运用了幽默技巧，把卖座率很低这件事情用近似荒诞的理由解释成为人们的热情，足见她的智慧和大家风范。也正因为如此，她的演出才会如此之成功。

当你自己孤独地陷入尴尬时，当你与别人的交流陷入僵局时，能很快让自己摆脱尴尬的最好办法就是幽默。幽自己一默，或者幽别人一默，都是一个不错的方法。

用幽默的语言反击对方

在日常生活中，我们难免会在不经意间冒犯别人，或者对方有意冒犯我们，我们往往会受到别人的攻击，有些语言会很尖刻，甚至会伤害到我们的尊严。这时候，我们并不能"以暴抗暴"，那样只会让事情变得越来越糟糕，甚至最后会到一个无可挽回的僵局。我们可以采取另外一种比较明智的办法，那就是用自己幽默的语言，来反击对方的冒犯。用一种风趣的语言把对方打个"灰头土脸"，而让对方无力还击。

俄国著名的马戏丑角杜罗夫不仅演技高超，而且还以语言幽默犀利见长。有一次，在演出期间休息时，一位很傲慢的观众来到后台，带着讥讽地语气问杜罗夫："丑角先生，观众对您非常欢迎吧？"

"还好。"杜罗夫回答道。

"是不是想在马戏班中受欢迎，丑角就必须具有一张愚蠢而丑怪的脸蛋呢？"对方一脸讪笑地看着杜罗夫问。

"的确如此，"杜罗夫直视着对方傲慢的眼神平静地说，"我想，假如我能生一张先生您这样的脸蛋儿的话，我准能拿到双薪！"

那位傲慢的观众顿时无言以对，红着脸、带着尴尬的表情灰溜溜地走了出去。

幽默的语言，不只是能给人带来笑声，还能给人予力量。杜罗夫用他的幽默和智慧，成功地打败了那位傲慢观众不怀好意的进攻。

幽默的语言有着智慧的力量，它能在悄无声息间熄灭来自对方的暴风骤雨，却让对方无力还击。

幽默的语言在人际交往中有着不可低估的作用，美国一位心理学家说过："幽默是一种最有趣、最有感染力、最具有普遍意义的传递艺术。"因此，女性朋友要让自己的语言变得更幽默、更风趣一些。

打造你的幽默语言

在日常生活中，幽默的男人很多，而具有幽默感的女人却并不是很常见。一个人是否具有幽默感，与他先天的性格有一定关系，但是，大多数情况下，一个人的幽默感都是后天培养的。那么，我们用什么方法来培养自己语言的幽默感呢？

幽默是一种智慧的表现，它必须建立在丰富知识的基础上。高超

的幽默艺术是以丰富的内涵为基础的，要想让自己具有幽默感，首先要加强自己的文化修养，要不断地从书籍中收集幽默的浪花，从名人趣事的精华中撷取幽默的宝石。一个人有了更丰富的内涵之后，自然在语言的运用上就能更加自如，让自己的语言变得风趣幽默也不是什么太难的事了。具体来说，需要注意以下几个方面。

从生活中寻找幽默素材

精彩的语言都是来源于生活的，提高观察事物的能力，经常观察生活，在生活中寻找喜剧素材，变换一种思维方式，去发掘和使用这些素材，让这些素材帮自己提升语言的幽默感。

掌握一些幽默的技巧

学习任何本领都是有技巧而言的，幽默也不例外。市场上关于幽默的书籍和前人的经验，都是我们可以学习的范例，即使我们暂时还不具备幽默的能力，我们也可以在合适的时候去模仿一下别人的幽默。然后，在模仿别人的基础上，把别人的东西重新整合成我们自己的东西。

利用一切机会大胆表达

幽默的语言能力，是在表达的过程中得到提高的。只要不是太严肃、太正式的场合，我们都可以大胆地表现自己的幽默，用得多了，幽默感自然会有所提高，而且，习惯成自然，时间长了，就能形成幽默的语言风格了。

幽默的语言，能使社交氛围轻松、融洽，利于交流。在人际交往中，幽默风趣的人远比刻板冷峻的人受欢迎，幽默的语言可以使人放松心情，获得愉悦。所以，女性朋友要想获得良好的人际关系，就要学会培养自己语言的幽默感，同时，还要把这种幽默感很好地用到你的交际过程中，让幽默最终成为你人际交往中的工具。

让别人折服于你优雅的谈吐

谈吐优雅，举止大方，是女性在社交场合应该具备的良好形象，一般来说，在精英荟萃的人群中，一个谈吐优雅、举止大方的女性是受到大众欢迎的，人们更愿意与有着优雅的谈吐和高贵的气质的女性成为朋友。在与别人交流时，对方也往往会为女性优雅的谈吐和高贵的气质所征服。

优雅女人，高雅谈吐

人与人之间在交往的过程中，能否有一个更好的交流，是不是沟通起来能畅通无阻，关键取决于交际者的谈吐，取决于交往双方以什么样的语言方式进行交流。

美国前哈佛大学校长伊立特曾经说过："在造就一个有教养的人的教育中，有一种训练必不可少。那就是优美、高雅的谈吐。"谈吐高雅不仅表现了一个人良好的教养，还在一定程度上代表着一个人的文化修养。高雅的谈吐，是一种文明的表现，是一种语言的智慧和修养。

一般来说，受过一定教育的女性，都是很注意自己的谈吐的。而且，社会地位和教育程度越高的女性，对自己的谈吐越注意，因为她们不想在交际场合给人不文明没修养的印象。而且，在大多数的交际

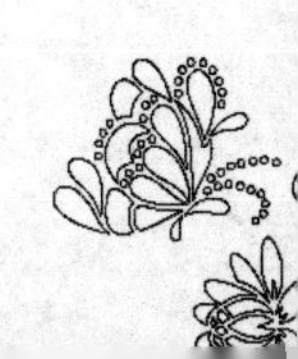

场合，女性的语言是否文明，谈吐是否高雅，几乎可以决定一个女性在那里受欢迎的程度。女性高雅的谈吐主要表现在以下几个方面。

（1）敬语：敬语是构成高雅谈吐的重要组成部分，是展示谈话者风度和魅力必不可少的基本要素之一。说话时使用敬语是最基本的礼貌，“请”、“谢谢”、“您好”等总是能够给人留下一个好印象。在谈话过程中，适当使用敬语，是对人尊重的表示，同时，也体现着谈话者自身的文明程度和个人修养，是谈话者自身能否赢得对方尊重的前提条件。

（2）文雅的词语：除了敬语，女性在与人交谈时，如果能多使用一些较为文雅的词语，往往更能赢得对方的尊重和喜爱。文雅的词语，除了礼貌上的必需之外，也是个人文化修养的表现。言谈中经常使用一些较为文雅的词语，往往能显示出一个人的文化修养，在较为正式的场合与人打交道，言谈之间多一些文雅的词汇，可以让对方感受到你良好的教养和学识，一方面会对你更加尊重，另一方面也会对你更加重视和关注，自然也会给予你极大的热情。

文雅的词语不一定是书面语言，更不是机械刻板的程式化的“之乎者也”，而是一种寓文雅于随意中的一种具有大家风范的语言。如果是单纯的卖弄华丽的辞藻，只会显示出你的浅薄；而过度的咬文嚼字，则会让人感觉酸味十足。

使用文雅词语也要根据场合，如果在很随意的时候，大家都在用乡俗俚语开玩笑，你也不一定非要正儿八经地用太规矩的语言，表现得太过彬彬有礼，那样，反而会让大家不轻松。

谈吐的高雅不仅仅是使用敬语、雅语就能做到的，它更多取决于谈话者的知识和修养。所以，要想做到谈吐高雅，首先要做的是博览群书，充实自己，让自己有内涵、有修养，你的高雅气质自然就显示出来了。

如果说美妙的声音是语言魅力的容器，那么高雅的谈吐就是语言魅力的内容，只有两者完美结合，才能充分展露女性的优雅魅力。

语气要委婉含蓄

优雅的谈吐还表现在女性在与人交流的过程中，讲话不要太尖酸刻薄，而是温婉含蓄。无论处于什么情况下，女性都要能控制自己的情绪，讲话的时候把语气放平缓，尽量委婉和含蓄。

语气的委婉含蓄也是女性口才的魅力所在。女性在与人交谈时，语言的委婉含蓄大有讲究，是一种语言的艺术，讲话者并不正面直指矛盾或问题的焦点，不去触碰对方话题中最敏感、最尖锐的地方，而是从侧面切入，暗中点明自己要说话的主要含义，将话说在明处，而含义却藏在话的暗处，正所谓曲径通幽。

从某种意义上讲，女性委婉含蓄的言谈往往比滔滔不绝、口若悬河效果更好。女性用委婉含蓄的语言与对方交流，既让对方接受起来更容易，还显示了你的教养和修养。

一般来说，女性在与人交谈时，最好多用肯定和积极的口气回应对方。肯定的语气和积极的语态代表一个人的自信与开朗、豁达与宽容。聪明的女人会在别人发表意见后立刻给对方一个肯定的回应，来表达对对方的尊重。如果对方的观点自己并不赞同或者有必要提出一些不同意见的时候，女性也会用委婉谦和的态度提出，不会使人感到难堪。

提升语言的品位

女性在与人交谈时，如果能够接二连三地说出闪烁着智慧火花的、精彩的名言佳句，那是最让人羡慕的了。于是，更多的女性希望通过各种方式加强自己的修养，提升自己的内涵，来提高自己语言的品位。

确实，女性优雅的谈吐、高雅的语言品位大多来源于后天的修养，用各种后天的培训来提升自己的语言品位也确实不错。但是，不少现代女性在培养自己优雅的语言品位时，却往往因为过分急于求成，而把精力花在一些外在的修饰上，却忽视了灵魂深处的滋养。

其实，优雅的谈吐是一种长期沉浸在艺术氛围中的情操和品位，是一种积存于灵魂深处的修养和品性。女性只要长时间地徜徉于文化和艺术的氛围中，持续不间断地吸收其中的精华与灵气，让文化与艺术的气息把自己浸透，你的语言和行为举止就都会变得优雅起来。

优雅的谈吐并不是让女人时时刻刻去做谈话的主角，女性在公众场合滔滔不绝地发表自己的观点，可能会引人注目，但不会惹人喜爱。要想赢得别人的尊重和喜爱，还需要你学会适时的沉默和倾听。有时候，沉默也是一种美，带着甜甜的微笑倾听别人的诉说，你专注而理解的目光往往会给人留下良好的印象。女性如果能在倾听别人讲话的同时，在关键时刻插上几句点睛之语，既能把话题引向自己关心的范围，也不会让对方感觉唐突和不自然。

怎样听，对方才肯说

每个人都有向他人倾诉自己内心世界的愿望，通过倾诉，可以减轻自己的心理压力，使自己的内心的情绪得以释放，从而让自己的心灵得到极大的安慰。

倾听是探知他人内心世界的一把钥匙，是获取信任、拓展人脉的一种手段。现实生活中，有倾诉欲望的人很多，但是真正能够静下心来倾听别人倾诉的人却并不多。因而，也就导致了很多原本可以成为知心朋友的人最终成为陌生人。

谈话中倾听比倾诉更重要

大多数时候，人们更愿意听到自己的声音，于是，善于倾听者走到哪里都会受到别人欢迎。善于倾听别人谈话的人，在倾听别人的同时，还为自己赢得了更多的人脉。

如果说沟通是听与说的艺术，那么倾听则是居于说之前的首位的艺术。只有很好地倾听别人的心声，才能更好地说出自己的想法。那么，怎样才算是很好地倾听别人呢？倾听也有技巧而言？是的，倾听确实是一门艺术，也是有一定的技巧和方法的。

女性学会倾听别人的谈话，能使你了解对方的习惯和好恶，有利于把握谈话的主动权。尤其是在营销行业，客户短时间的沉默，只代

表他在思考，这个时候，不要贸然插话，一定要给对方留出足够的思考时间来做决定。大凡成功人士，都是善于倾听他人想法的人，他们借助倾听来促进沟通，同时获取更多信息，让自己掌握主动权。

与人交流的过程中，倾听别人讲话是一种基本的礼貌。倾听不是简单地竖起耳朵听，倾听是要用心去听。倾听的意义远不只是给别人一个表达的机会，更是对对方的尊重、理解和接纳。

善于倾听是一种美德，倾听者用温暖的笑脸去面对说话者，认真倾听对方的倾诉，以此加强彼此的沟通和交流，获得对方的喜欢与信任，从而走进对方的内心。

倾听是一种与人为善、心平气和、谦虚谨慎的姿态。一个好的倾听者的姿态应该是这个样子的：安静地坐在那里，眼睛注视着你的面庞，表情随着你的情绪快乐或者难过。她可能很少说话，但每说一句话，都会说到你的心坎上，从而激发起你更多的倾诉愿望。

倾听他人说话时的注意事项

（1）保持专注认真的态度：每个人都希望获得别人的尊重，受到别人的重视。而我们在倾听时保持一种专注认真的态度，既是一种基本的礼貌，又表现了对讲话者的尊重，是对讲话者最好的恭维方式。

倾听是以一种相对谦恭的姿态听别人表达。当我们专心致志地听对方讲话时，对方会有一种被尊重和被重视的感觉，这就大大满足了对方的表现欲望，自然愿意与你拉近距离。

全神贯注地倾听别人讲话，意味着你对对方的话保持着一种浓厚的兴趣，对方会因为你的兴趣而表达得更彻底，你也自然会从对方的表达中得到更多的信息。

让对方认为你在专注倾听的最好方式就是适时地给对方回应，向对方发问或者要求阐明他正在讨论的一些观点，至少也要给出肯定的点头或者表示同意的简单回复，如“对”、“没错”、“是吗？你真聪明”、“你能再说具体一点儿吗”等，表示你在认真听对方讲话，并且你完全理解了他所说的话。

（2）注意自己的身体语言：身体语言也是你态度的一种表现，你以一种什么样的姿势在听对方讲话，是否听得专心、是否有兴趣，都能通过身体语言表达出来。而且，身体语言很多时候只是一种下意识的动作，往往最能表达人们内心真实的想法，所以，如果你对对方的话题不感兴趣，你也要注意了，对方往往会从你无意识的身体语言中看到你真实的态度。如玩弄手中的笔、打呵欠、揉眼睛、频繁地看表或者频繁地踮脚等，这些无意识的动作，都会透露出你的真实想法，让讲话者感觉到你已经没有兴趣、没有耐心听他讲话了。

所以，我们在倾听别人讲话时，身体语言要力求积极，面部表情要表现出热情，并尽力表现出对讲话者的话题有兴趣的样子，这样才可以激发对方讲话的兴趣。

（3）要有足够的耐心：戴尔·卡耐基说：“耐心地倾听，对于和你说话的人是非常重要的，再也没有比这么做更具恭维的效果了。”

保持足够的耐心，让对方把自己想表达的意思表达完整，不要随意插话打断人家的叙述，这是在倾听别人说话时最基本的礼貌。

保持足够的耐心还表现在对于对方的观点不宜过早下结论，如果对对方的话存在异议，也要听对方说完以后再予以反驳。一方面，中途打断对方不礼貌；另一方面，被你打断时，对方的观点可能还没有论述完整，你得到的结论也往往只是把对方的观点断章取义，很可能对对方造成误解。

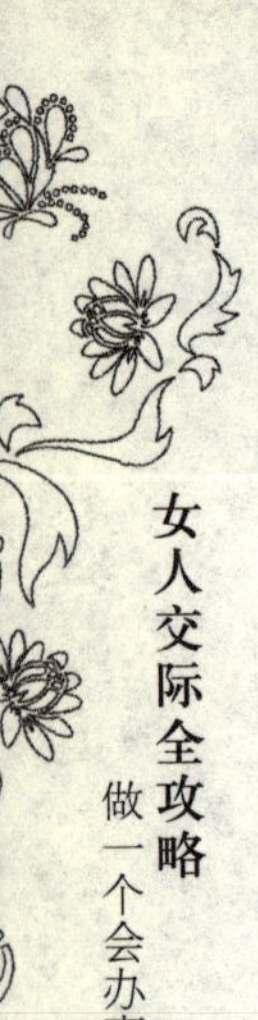

美国著名主持人林克莱特有一天访问一个小朋友，问他长大了想做什么工作。小朋友天真地回答要当飞行员。林克莱特接着设置了这样一个场景：

“如果有一天，你的飞机飞到太平洋上空，飞机的引擎因为没有燃料而熄火了，你该怎么办？”

小朋友想了想说：“我先让飞机上的所有人都系好安全带，然后我挂上降落伞，先跳下去。”

小朋友的话引得现场的观众哄堂大笑，在观众的笑声中，林克莱特发现孩子在大家的笑声中两行热泪夺眶而出。

林克莱特凭着主持人特有的敏感，知道孩子还有话没有说完。于是他继续问那小朋友：“你为什么这样做？”

孩子接下来的回答却使大家内心一震：“我下去拿燃料，然后回来把飞机开走，我要让我的飞机上的人全部获救！”

现场顿时响起了热烈的掌声。

原来，在孩子的思维里，飞机是可以没有燃料而停在那里的，这个未来的小飞行员要跳伞并不是想要逃避，而是为了救大家。

如果大家没有耐心倾听下去，如果主持人因为孩子的“自私”而终止了询问，那么孩子小小的心灵也许会因此而受到伤害。

第五章

结交优秀，让“有用”之人助你成功

女性在社会交往中，要结识很多人。这些人都需要我们去维护，而我们在维护这些关系的同时，还要注意搜索那些对我们“有用”的人。这并不是教你势利，而是一种拓展自己人脉的技巧和手段。

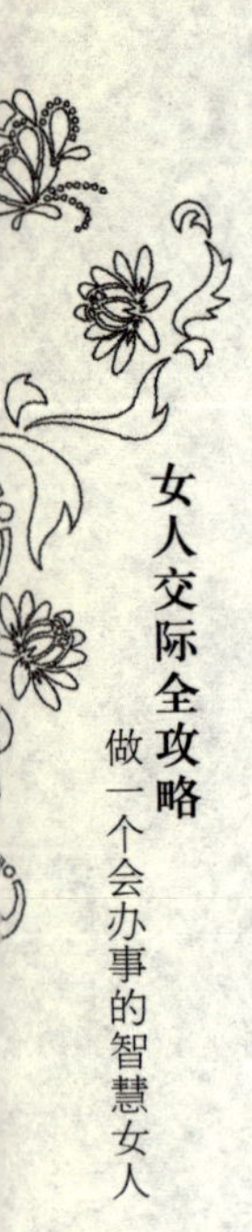

推销自己，抓住机会

机会人人都有，但是，机会是自己找的，在机会面前你得会抓敢抓。而抓住机会的一个重要条件，就是敢于并善于大胆地表现自己。怯懦的人永远没有机会与成功结缘，只有敢于把自己推到舞台的人，聚光灯才会照到你的身上。

大胆提出自己的想法

如果想让自己的想法得到别人的重视，首先你得敢于大胆地把自己的意见和看法表达出来。如果只把想法埋藏在心里，那么，这些想法永远都只能是你自己的，放在心里没有任何意义，更不用说得到别人的重视了。

学习中文专业的何丽颖大学毕业后，到一家时尚杂志社做编辑，工作了一段时间以后，她发现了一个问题：那就是每周一例会讨论问题的时候，基本上都是主编一个人在发言，主编说完后其他编辑发言时，只不过“应声虫”一样，重复着主编的意思，根本没有什么真正新的想法。也就是说，讨论其实没有什么真实的意义，只不过是主编把自己的想法告诉大家罢了。

何丽颖发现这一现象后，在私底下也问过其他同事，同事们都说主编是个做事非常有主见的人，他拿定的意见基本上没有人能改变，讨论什么事情，基本上都是他一人拍板。所以，大家也就不提自己的看法了，提了反而会惹主编不高兴，何必给自己找麻烦呢？

何丽颖却有着不同的看法，虽然她也认为在这样的体制下给有些专制的主编提建议，也许会惹主编不高兴，但是，自己没提怎么会知道呢？而且，何丽颖坚持认为，作为一个时尚类的杂志，需要她这样的年轻人参与进来，主编既使再有才华，一个人能力也是有限的，别人不提建议，对自己未必不是一个机会。

想到就做，何丽颖在业余时间浏览了许多与时尚有关的书籍和网站，观察了更多最新的流行元素，准备了一些资料。在又一次周一例会的时候，她大胆提出了自己的想法。

在主编又一次重审杂志这期的内容时，何丽颖提出了一些改进：她从国际最新流行元素切入话题，结合中国读者的阅读心理和接受品位，对杂志的内容选择上提出了一些新的想法。她认为，时尚类杂志以年轻读者为主，但也不排除一些有品位、追逐时尚的中年女性，她们有着更成熟的品位和审美观，她们是引领时尚的一个很大的群体，也是一个不小的读者群。因此，何丽颖建议在内容的选择上，不一定都选择年轻人追逐的时尚，可以加一些更成熟、更唯美的元素在里面。

本来已经准备宣布结果的主编，听完何丽颖的话后半天没说话，然后面无表情地说："容我再考虑考虑吧，散会！"

同事们都为何丽颖捏了把汗，担心她触怒了主编。

第二天，主编把何丽颖叫去谈话，告诉何丽颖："我对你的建议重新进行了分析，认为你说的话还是有一定道理的，我们准备采纳一部分。另外，如果以后在版面或内容方面有什么新的想法，可以随时

找我沟通。”

主编告诉何丽颖可以随时与他沟通，就等于给了她一个别人没有的权利，这对于何丽颖来说，不能不说是一个绝好的机会。虽然主编暂时没有给何丽颖明确一个什么职位，但何丽颖未来的发展前景肯定是不会错的。

何丽颖的做法并没有什么特别之处，只在于她敢于大胆地把自己的真实想法说出来。何丽颖的同事们也并不是没有自己的想法，但是，他们没有说出来，或者是不敢说出来，所以，他们的想法最终也只是停留在自己的大脑里，永远都只是自己的想法。所以，他们也就一直没有机会得到何丽颖那样的权利。

像何丽颖这样的事情并不少见，当年打工皇帝唐骏就是因为在微软工作时大胆提出了适合中国人使用的Windows中文操作系统，而让数以亿计的中国人在很短的时间内接受了微软的Windows操作软件，为微软创下的财富那是有目共睹的。同样，唐骏一个大胆的建议，也为自己提供了一个在微软站稳脚跟、实现自己价值的机会。

其实，我们每个人在工作中都会有自己对问题的一些看法和建议，只不过没有说出来，所以，我们最终也只是像何丽颖的那些同事一样，只把想法停留在自己的想法的阶段。

敢于表现自己

不论是说话还是处世，你都要训练自己的胆量和魄力，该说的大胆说出来，该做的事果断地做到位。关键时刻的一句话，对你来说也许就是别人一生无法企及的机会。

1998年的某一天，在河北省一个偏僻的小山村里，突然开进来一辆漂亮的轿车，对于这个偏僻的小山村可是一件新鲜事。村里人奔走相告，大家都想知道究竟发生了什么事儿。

就在大家围着轿车想看个究竟的时候，车上下来一位中年男子，大声询问大家：“你们有谁想去拍电影？想拍电影的，就站出来报个名！”

拍电影？对于生活在偏僻山村的村民们来说，拍电影是城里人的事儿，是大明星的事儿，怎么会跟自己有关系？人们茫然地互相注视着，却没有人敢站出来报名。

就在这时，一个十几岁的小女孩向前迈出了一步，大胆地站了出来：“我想去拍。”

中年男子看了看女孩，问道：“你会唱歌吗？”

“会！”女孩儿毫无惧色，我现在就唱。她边唱边跳：“我们的祖国是花园，花园里的花朵真鲜艳……”

中年男子皱了皱眉头，女孩儿唱歌水平确实不高，不仅跑了调，唱到一半还忘了词儿，惹得村民们哄堂大笑。

不过，中年男子略沉了一沉，就用手指着她说：“好，就是你了！”

这个中年男子，就是国内大名鼎鼎的电影导演张艺谋，而那个唱歌跑调的小女孩，就是在电影《一个都不能少》中出任女主角的魏敏芝。

因为出演张艺谋的《一个都不能少》，使得魏敏芝一夜成名，个人命运也发生了巨大变化，受到了社会的广泛关注。之后，魏敏芝考入了西安外国语学院，成为西影影视传媒学院编导系的大学生，后去美国留学深造。

魏敏芝这个唱歌跑调的农家孩子，走出了偏僻的小山村，就因为她在关键时刻大胆地唱了一首跑调的歌，为自己赢得了一个走上演艺道路的机会。

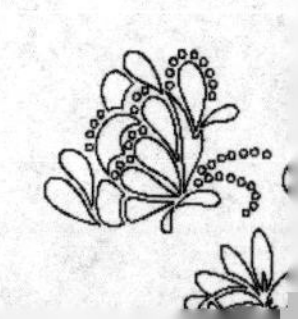

魏敏芝走上影视道路，当然与自己后来的努力有很大关系。但是，就在当年她那大胆的一步，却是她整个人生道路改变的基础和根本。如果没有当年她大胆地表现自己，也许，她后来的机会和命运都会是另外的样子。

正如张艺谋导演对魏敏芝说过的一句话那样："实际上，每个人都是上帝的宠儿，关键就看你有没有胆量把握机会。"能否抓住机会，能否为自己赢得成功，很多时候在于你敢不敢说出来。

现代社会，如果你不能表现自己的优势和长处，不能大胆地把自己推销出去，即使你再聪明、再有才，也可能永远难以获得成功。

慎重选择，提高交朋友的品位

“近朱者赤，近墨者黑。”交友对一个人的思想、品德、学识会产生深刻的影响。《孔子家语》中说：“与善人居，如入芝兰之室，久而不闻其香，即与之化矣；与不善人居，如入鲍鱼之肆，久而不闻其臭，亦与之化矣。”这就告诉初涉社会的年轻女子，交友一定要慎终选择：多交益友，少交损友。

选择态度积极的人做朋友

小佳刚和交往两年的男朋友分手，又因为工作的问题与上司起了摩擦，工作和生活都让她十分痛苦。难过之余，她想得到朋友们的安慰。于是，她邀了几个境况相似的朋友，大家在一起抱怨公司的不平等待遇，抱怨被不良风气污染的企业文化，抱怨落后的男性优越主义，为自己出生在这样一个“不幸的时代”而感到伤心。但是，这并没有让小佳的情绪好转，相反，她变得更悲观了。

一天，小佳出差到某地，突然想起了在附近工作的同学婷婷，于是约她见面。婷婷一见小佳就说：“你瘦了，比以前更漂亮了。”原本担心自己因为压力而变丑的小佳，听到这句话心情有所好转。

“你应该很辛苦吧？我们的一个同事，也遭遇了人事问题的折磨，不过，她现在过得很好。那时候……”

对小佳的近况有所耳闻的婷婷告诉小佳，也有其他人和小佳的经历相似，但他们最终都一一克服了。听完这些，小佳感到自己并不是那么时运不济，一股无形的勇气和力量升腾起来。

此后，小佳总会主动联系婷婷，偶尔还要小聚一下。一段时间后，周围人都说小佳变得开朗了。

显然，故事中的婷婷是一个心态很好的人，不管她是否是个成功人士，但至少在对生活的态度上，她是一个优秀者。和这样的人做朋友，你也会变得积极乐观。相反，倘若和一个整日感叹人生凄凉的人做朋友，时间长了，你也会变得忧郁悲观，而这样的情绪显然不利于你寻找幸福和成功。因此，我们要有意识地远离这些人，就算他们也有其他优点，但毫无疑问，他们还是会成为你人生经历中的“毒药”。而那些持有积极人生态度的人，总能把你抑郁的心情带到有阳光的地方去。时间长了，你会发现，所有的成功者都是积极者。

交有品位的朋友，首先要提升自身的品味

能精通一样本领的人，往往是样样都精通的。而且，本领多的人和什么人都可以畅谈一番，因此容易和各阶层的人打交道。没有人会否认，会打高尔夫的人更有机会接触“能打高尔夫的人”。本领愈多的人，更有机会遇到各阶层的人，从而接触更广阔的世界。如果一个女人，除了工作，其他什么都不会做，那么她的命运也不会太好。

为了不让人生处处碰壁，为了让自己能够进入一个更高的圈子，该学的东西应该早一点学会。在学习的过程中，也可以培养你的征服欲和自信心，给你的生活带来活力。时间是想挤出来就能挤得出来的，“没有时间”终究只是个借口。年龄越大，你会更加忙碌而没有时间，而且接受新东西也会越来越迟钝。如果时间是你的借口，那你什么都会学不好。

对于家境富裕的女孩来说，会拉小提琴或者会弹钢琴，都不是什么稀奇的事情。但是，对于在经济条件不好的家庭成长的孩子来说，父母从生活费中挤出钱来买一台电子琴，已经是一件非常值得高兴的事情了。不输给任何人的自信，也是生活的本钱。如果你不是天生的贵族，那就更应该学习别人所会的东西。

要想成为什么样的人，你就要选择跟什么样的人在一起。你要变得积极，就要找比你更积极的人在一起。无论你是飞黄腾达，还是穷困潦倒，都要选择与比你优秀的人在一起。当你失败时，他会帮你检讨总结，为你加油助威；当你成功时，他会提醒你，重新给自己定位。人生的意义不仅在于超越别人，最重要的是要超越自己。

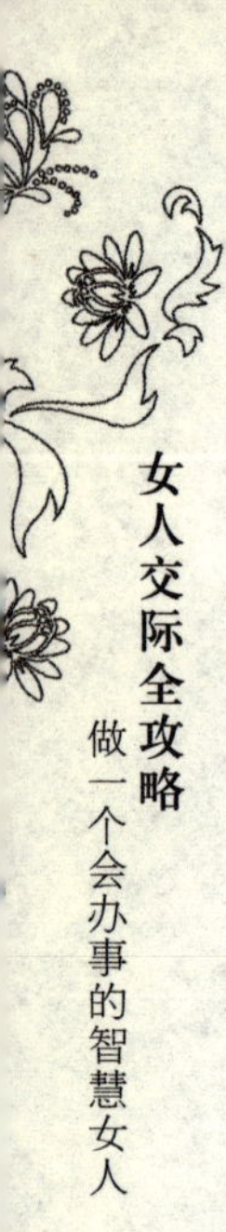

学会借助别人的力量

在我们的社会中，每个人都有自己的个性特点、脾气秉性，都有这样或那样的缺点和长处。女性在与人交往的过程中，要学会正视每个人的个性特点，学会挖掘每个人的特长，而忽略和宽容别人的缺点和不足之处，学会借助别人的力量。

“怪人”也可以成为朋友

在日常生活中，我们周围可能会存在这样一些人，他们性格有些古怪，但往往是在某些方面有特殊才能的“怪才”，对于这样的人，我们与之相处起来可能有些困难，但是，他们的才能又让我们羡慕，从而想要走近他们。

其实，每个人都有自己的个性。在与这些人交往的时候，你无须苛刻对方什么，只要对你没有什么妨碍，他们一样可以成为你的朋友，可能会成为很好的朋友。

戴尔·卡耐基有许多被认为性格孤僻、不好接近的朋友。有人对此感到很奇怪，他们无法理解，人际专家怎么会与那些与常人格格不入的“怪人”成为朋友呢?

对于这样的问题，卡耐基却笑着回答：“他们的本性和我们其实是一样的，只是在生活细节上难以一致罢了。问题是我们为什么要戴着放大镜去关注这些细枝末节呢？难道一个不喜言笑的人，他的过错就比一个受人欢迎的夸夸其谈者更大吗？”

如果你想要借助对方某些方面的特长，那么，就和他们交朋友吧，包容一下他们“个性”的地方甚至一些缺点，以诚相待，把他们当做朋友。

包容别人的缺点

每个人都像钻石一样，有许多不同的面。每个人都不是全才，有自己专长的一方面，也有自己不足的地方。所以，我们在评价一个人的时候，要从整体分析，才能对对方有一个较为客观的评价。同样，要想让某个人成为自己的朋友，只要了解他的特长，对于你来说就足够了，没有必要要求对方在性格、修养和品德各个方面都完美。

与人交往时，对于对方的缺点，不妨多包容一些，只有学会了包容别人，才可以与各种人和谐相处，扩大交际圈的范围。多一些包容，就会多一个朋友，也就可能多一次机会。

当今社会是个分工越来越细的时代，每个人的能力往往只局限于某一个或几个有限的领域里。一个思维敏捷、巧舌如簧的律师可能不懂得融资的技巧，一个善于管理的企业家未必专业能力出众，一个技术精湛的专家可能缺乏商业思维……当然，这种局限经过个人的努力，也许能够在一定程度上有所突破，但是不可能彻底突破。因为一个人的精力有限，所以，一个人的能力也就有限，没有人能够成为一个无所不能的超人。所以，在我们的生活中，我们必须学会借助别人的能力。学会借助他人的能力，能够产生1+1>2的效果。

一家大公司招聘高层管理人员，经过层层筛选，有九名优秀者从二百位面试者中脱颖而出。

九个人中只能有三名入选，他们需要参加复试。复试进行到了最后一轮时，考试由老板亲自把关，题目很简单：

老板先把这九个人随机分成甲、乙、丙三个小组，然后指定甲组的三个人去调查婴儿用品市场，乙组的三个人去调查妇女用品市场，丙组的三个人去调查老年人用品市场。

老板说："公司招聘的目的，是要你们负责开发市场的。所以，你们必须对市场有一个敏锐的观察力。现在把你们分成了三个小组，希望你们能够通力合作，全力以赴。"

接着，老板让秘书给九个人分别发放了相关资料，让他们借助这些资料进行调查。

三天的调查过程很辛苦，但是，大家也都暗中较劲，希望自己能成为最优秀的三名入选者之一。

三天后，九个人都把自己的市场分析报告递到了老板手里。老总看完后，站起身来，走向丙组的三个人，分别与之握手后祝贺道："恭喜三位，你们已经被录取了！"

看着满脸疑惑的几个人，老板不慌不忙地揭开了谜底：原来，每个人从秘书那里得到的资料并不是一样的，而每一组的三个人得到的资料是同一类型，但内容是互补的。可是，调查结果显示，只有丙组的人互相借用的同组其他两人的资料；而甲、乙两组的六个人，似乎都没有注意到了这一点，他们只想着自己不落人后，却没想到合作的力量要远远大于个人。这六个人各自单独调查形成的市场分析报告都不够全面。

"很遗憾"，老板接着对其他六个人说，"你们几个人能够在这么多人中脱颖而出，我相信你们个个都是精英。但是，我出这个题目的主要目的，是要考察一下你们的团队合作意识，看看大家是否善于在工作中合作。要知道，团队合作精神才是现代企业成功的保障。”

这六个人失败的原因不是他们的业务能力不够，而是只想在众多精英中让自己显得更突出，却忘记了团结合作才是最大的力量。这个公司老板非常聪明，这些人能够坚持到最后，肯定在业务能力方面都有过人之处，所以，再考察他们的业务能力其实已经没有什么意义了，而团队合作精神，却是作为一个团队管理者必须具备的素质和条件。用对六个人团队合作方面的考察作为最后一关的复试，显然是极为明智的选择。

每个人的个人能力都是有限的，这是一个不争的事实，每个人都无法离开别人生活。一个人不可能做好所有的事情，尤其是现在这个社会分工越来越细、而工作却越来越复杂的社会，借助别人的能力，自己的能力被别人借助，几乎是唯一可行的工作方式。

借助别人再被别人借助，说到底就是一个合作和团结的问题。一个人再有能力，其力量也是渺小的，如同一滴水之于大海。只有学会与人合作，才能各取所需，求得共赢。

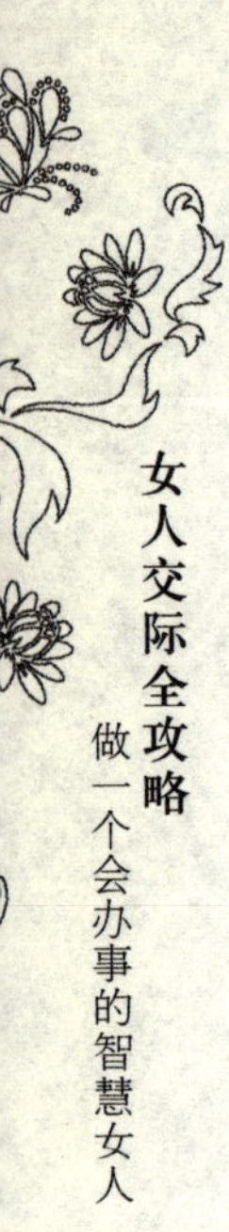

重视名人效应，寻找巨人的肩膀

大科学家牛顿曾经说过一句话："如果说我比别人看得更远些，那是因为我站在了巨人的肩上。"这是大科学家的一句自谦之词，但是，我们从这句话里也可以得出这样一个结论：如果你想看得更远，最好能站在巨人的肩膀上。当然，巨人的肩膀并不是谁都可以站上去的，但是，名人的"肩膀"也许我们可以试着去攀一攀，如果能攀上名人的"肩膀"，你不一定能看得更远，但是，你可以让人更快地发现你的存在，发现你的价值。这也就是我们常说的名人效应。

名人效应是一种典型的"晕轮效应"

所谓晕轮效应，是指当人们对一个人的某种特征形成好或坏的印象后，还倾向于据此推论该人其他方面的特征。在这种印象的影响下，人们对这个人的其他品质或这个物品的其他特性，也会给予较好或较坏的评价。晕轮效应会影响人际知觉，从而作用于人的心理，影响人的情感。

晕轮效应这一概念是由著名心理学家桑戴克在20世纪20年代提出的。他认为，人们常常喜欢从好或坏的局部印象出发，像日晕一样，由一个中心点逐步向外扩散，扩散出全部好或坏的整体印象，就像刮风之前，晚间月亮周围出现的圆环（月晕），其实，圆环不过是月亮光的扩大化或泛化一样，所以称之为“晕轮效应”。

名人效应是一种典型的“晕轮效应”，在人的潜意识中，名人好似日晕中那个闪光的亮点，人们往往会从这个亮点扩展出去，看到名人周围的人，并且，名人周围的人也会因为名人的光环而有了更高的亮度，有了相对吸引人眼球的闪光点。

其实，名人本身并不能为他周围的人创造什么价值，但是，名人身上的光环以及光环的影响力带来的价值却是无法估量的。

美国一家公司生产的一种天然花粉食品“保灵蜜”，上市以来一直销路不畅，公司经理绞尽脑汁，使用了各种办法也无济于事。

正当公司高层一筹莫展之际，一名负责公共关系的工作人员带来喜讯：美国总统里根长期服用此类食品，可以从这里打开突破口。

原来，这位公关小姐人际关系非常好，善于结交社会名人，经常能从一些社会名流那里得到非常有价值的信息。她这次是从里根总统的女儿那里得到这个消息的。据里根的女儿说：“二十多年来，家里从来没有断过天然花粉食品，父亲喜欢在每天下午四点吃一次天然花粉食品，长期如此。”

后来，公司其他工作人员也得到确切消息，里根总统在强身健体方面的秘诀是：吃花粉，多运动，睡眠足。

公司高层得到这个消息后，决定从这里打开一个突破口，借用一下总统的光环。他们通过相关人员，征得了里根总统的同意后，在媒体上大张旗鼓地宣传，美国历史上年纪最大的总统之所以体格健壮、精力充沛，是因为常服天然花粉的结果。

宣传效果非常好，这家公司生产的天然花粉食品“保灵蜜”很快风靡了美国保健品市场。

这家生产天然花粉食品的公司，正是借用了里根总统的光环，为自己的产品做了一个大广告，并且产生了非常轰动的效应。

在现代社会，借助名人效应这种手段已被广泛应用于政治、经济、文化以及外交等各个领域，而且大有日趋扩展之势。一个商家一个企业一个公司可以借助名人效应，那么，作为一个个人，一个生活于这个社会中的普通的一分子，一个普普通通的女人，能不能去借助名人效应呢？我们怎么样做才能更好地借助名人效应呢？

女人要学会借助名人效应

其实，在现实生活中，借助名人名气的地方很多。商家不惜重金请名人做广告宣传或品牌代言人自不必说，即使是平头百姓，也是能攀既攀。大型商场开张，商家请名人题词；无名作者出书，请名家写序；即便自己当前没有什么成就，请明星为自己签个名，在同伴中间，好像也可以作为一个炫耀的资本。

对于个人来说，在人际交往中，借助名人效应，为自己增加一些额外的光环，也不失为一种提高自身形象、扩大自己影响力的策略和技巧。

每个人都渴望被社会承认，渴望得到周围人的认可，这是正当追求，对社会进步也有积极意义。借助名人的名气，来提高自己的社会知名度，是被社会认可的一种很好的方式。借名人之名，指的是借助名人的地位、名望、财富或权力等，借助名人的力量，往往是你走向成功的捷径。

比尔·盖茨曾经说过：“一个善于借助他人力量的企业家，应该说是一个聪明的企业家。”在办事的过程中善于借助他人力量的人，也是一个聪明的人。一个女人，如果想引起别人的注意，让大家肯定你的价值，就要学会借名人的光环，沾名人的光。

在这个充满竞争的社会里，一个女人要想在这个世界上生存，单凭个人的努力很难达到目的，这就需要别人的帮助。如果能够有幸结交名人，能够得到名人的帮助，那么，你可能就会在一个很短的时间内，打开自己事业的局面，甚至可能由此改变自己一生的命运。

现实生活中我们也能看到这样的现象，两个相同家庭背景、相同教育程度、甚至性格也相似的女性，可能因为其中一个有幸结识名人，并得到名人的帮助，结果与另一个的命运会截然不同。

一个女人，如果能与名人交往，自己也会成为优秀的女人。女人必须懂得与名人交往的必要性，要想成就自己，先要学会想办法接近社会名人，与他们建立起相互信赖、相互支持的关系。

名人也有他们的寂寞和苦恼，正所谓“高处不胜寒”，他们也并不是总想生活在光环下，他们也愿意过一些平民的生活。所以，许多名人其实比你想象的更容易接近。如果想与名人接近，你可以先接近他们周围的人，比如他们的律师、医生、经纪人、包括他们的亲戚，在和这些人的关系拉近以后，通过他们再接触名人，就不是什么太难的事情了。

名人不是神仙，他们也有普通人的生活，也需要有普通人做朋友。而名人的普通朋友往往是你建立名人人脉的基础。在你的人脉网络中，看看有没有哪个朋友本身或者是朋友的朋友是名人的朋友，可以让这样的朋友帮助你引荐介绍。然后，通过自己积极主动的联系，结交名人，拉近自己与名人的距离。

如果你没有办法接触到这些，那么，找机会到名人们经常去的地方，或者找机会参加一些有名人参加的聚会，并尽量找机会展示和表

现自己，为自己制造机会接触名人。如果你有幸接触到名人，一定要大胆抓住机会，尽量和名人拉近关系，成为朋友。

当然，借用名人的光环是有规矩的，那就是你不能损害到他们的利益。站在别人门前的路灯下看书是可以的，但是你要把人家门口的灯泡拧走，那就不好了。

接触名人的方法因人而异，但是，一个总的原则是，要盘点和扩展自己的关系网，让自己网中的人来帮助自己。所以，女性在日常生活中最重要的还是要储蓄和扩展自己的人脉关系网，使自己的网织得又大又牢，这样，才会有人帮助你。

让自己的人脉资源多元化

“人脉”是一种资源，就如水和空气一样，如果维护好了，就是取之不尽的，如果维护不好，可能你所拥有的只是很少的一部分。要维护好自己的人脉资源，需要先拓展人脉，储蓄人脉。更重要的是，人脉需要多元化、多样性，这样，你才能够在各个行业各个领域都有人脉储蓄，都有朋友可以帮你。

人脉不可过于单一

有些人可能认识许多人，有许多朋友，但是，在人际交往中还是会出现瓶颈状态，或者在工作生活中，总是找不到可以帮助自己的人。这其中有一个根本的原因就是人脉资源的种类过于单一。

人脉资源是需要有多样性的，过于单一的交往人群，只能在某一个方面或某一个领域给你提供帮助，而在其他方面却存在着明显的弱势，让你在其他领域中无法找到可以帮助自己的人。

李晶大学毕业后，应聘到一家大公司工作。公司领导让营销专业毕业的她从最基础的销售员开始做起，虽然有着一定的专业能力，虽然不管走到哪里李晶都努力赔着笑脸，但工作却没有她想象的那么好做。辛辛苦苦干了一个月，人都累瘦了一圈，却没有签到几张单子，这让心高气傲的李晶心里很不平衡，到底哪里出了问题？

李晶想想自己这一个月的经历，忽然意识到，原来是自己的人脉

出现了问题。自己刚刚毕业，和社会上的人交往很少，通讯录中的人几乎都是自己的同学，这些人大多也和她一样，刚刚走上社会参加工作，有几个甚至还在学校读书。在自己做销售的过程中，遇到的几乎都是陌生的面孔，根本没有熟人的资源可以利用。

找到了问题的症结以后，李晶开始有意识地去结交一些生意场上的人，渐渐地与他们拉近关系，建立友情。很快，她就有了一些有商业来往的朋友，随后，她的销售业绩也直线上升。

李晶的朋友不少，但是，李晶缺的是对自己的事业发展能起到推动作用的人脉资源。李晶意识到了这个问题，并且很快地补充了这方面的资源，所以，她的销售工作也在一个不长的时间里就有了突破性的进展。

你缺少哪种人脉资源

我们每个人在人脉网中缺少的资源都是不一样的。像李晶这样刚刚走入社会的年轻人，因为与社会中的职业人士接触比较少，所以往往会缺乏对事业发展有促进作用的人脉；而一些已经事业有成、有身份、有地位的人，他们身边不缺朋友，关系网也很大很牢固，他们是不是就不缺人脉了呢？也未必，这些人因为长期处于事业拼搏的过程中，或许在经历过太多的钩心斗角、尔虞我诈的场面后，在事业成功后，反而会发现自己身边没有可以交心的真心朋友了。

盘点一下自己的人脉关系网，看看你缺少哪种人脉资源。无论是缺少哪种人脉资源，最重要的是，我们在盘点自己的人脉后，要及时补充自己缺少的那部分人脉资源。

再大、再牢固的人脉资源网也会有缺失的地方，也会有不牢固的时候。所以，我们需要随时盘点，随时补充，让自己的人脉资源网越来越趋于完美和稳定。

盘点生活，拓展自己的人脉资源

每个人都有自己的人脉关系网，但是，每个人的人脉都必须随时添加更多更新鲜的血液进来。这样，才能让自己的人脉资源更丰富、更充实。因此，我们需要随时盘点自己的人脉网，然后及时补充和扩展自己的人脉。那么，具体我们要怎么做，才能让自己的人脉资源尽快丰富起来呢?

离开自己的舒适区

要想扩展自己的人脉，首先，要离开自己的舒适区。所谓的“舒适区”，就是自己经常生活的很熟悉、很温暖的一个小圈子。《谁动了我的奶酪》里有这样一则小故事：小老鼠在自己的窝里，觉得很舒服，一旦出去了以后，它感到很彷徨，很无奈，很恐惧，所以它就不愿意出去。这个窝就是它的“舒适区”。

每个人都有自己的“舒适区”，这个小圈子因为舒服而温暖，所以，你不愿意离开它，因而，你就一直也无法走出去。这个“舒适区”往往是一些老同学、旧朋友的圈子，因为熟悉，所以，你在这里会感觉很放松、很轻松、很安全。但是，如果你一直在这里待着，你就永远固守一些一成不变的关系，没有新鲜血液、新的空气注入进来，你就一直不会有太多的机会和发展的空间。

人脉力求多样性

人脉的多样性，要求我们首先要在人脉的数量上有优势，有了一定数量的人脉，然后再根据他们的职业分布以及认识途径上的差异进行分类。你可以把自己收到的名片或通讯录进行分类，如果在你的关系网中，各个行业、各个领域的人都有，而且人数相差不是太大，说明你的人脉发展比较多元、也比较均衡。如果只是多而不均，只能说明人脉不算单一，但也要朝着均衡发展。

注意人脉发展的平衡

人脉资源不仅要求多样，还要各方面的资源相对平衡一些。人脉资源的平衡，不仅是在各领域、各方面都有一定的人脉资源，还包括人与人交往时，一个相互帮助的平衡性。

我们积累人脉、储蓄人脉，不只是为了希望别人来帮助自己，自己还要能够去帮助别人，愿意去帮助别人，正所谓“来而不往非礼也”。否则，如果你只要求对方帮忙，而自己无法在其他方面给予对方一定的帮助，就是一种失衡，这样的人脉资源维持的时间也不会太长。

兼顾职业、事业和生活的需要

大多数情况下，我们在拓展自己的人脉资源时，以帮助事业发展为主。其实，女人的生活中，除了事业以外还有很大一部分，所以，在拓展人脉资源时也不能只照顾事业的发展，而忽视了生活的丰富多彩和应急需求。

柴米油盐是一个女人生活的一大部分。有这样一部分女人，在事业上蒸蒸日上、如日中天，家庭生活却一团糟，或者是感情方面屡屡亮起红灯，这些生活中的不顺利，反过来会影响到事业的发展。如果女性能在生活方面积累一些人脉，有几个自己可以交心的真心知己，会在自己生活中出现问题时出手相助，让生活恢复平静祥和。

重视心智方面的需要

女人在拓展自己的人脉时，除了一些交际应酬方面的人脉，还应该结交一些有专业特长的专家、学者、教授等方面的人才，这样的人才在交际场合可能不太活跃。但是，与这样的人交往时，他们的智力和心态，会使你受益匪浅，甚至会对你的思想观念产生一定影响。

选择这类人才的基本标准是：他们一定是比自己优秀的人。与比自己优秀的人交往，他们的言行举止、行为准则，会潜移默化地影响到你，正所谓“近朱者赤”。而且，面对你生活中遇到的一些专业性的问题，这些人也可以很轻松地帮你解决掉，为你省却很大的麻烦。

结构要科学合理

所谓的结构合理，是指你的人脉网中所结交的人，在性别、年龄、行业、学历与知识素养方面要有所不同，不能太单一。同时，结构合理还包括高低层次结构、内外结构、现在和未来的结构等方面。

我们的生活是多方面的、纷繁复杂的，各个方面的人脉资源都有可能用到，所以，各个方面的人脉都应该有所积累。

很多女人的人脉圈中存在着这样的情况，平时自己结交的都是单位内部或行业内部的人员，所以，这方面的人脉很丰富。但是，一旦走出单位，就会感觉人脉不够用了，信息来源也少了，自己好像一下子变得孤独闭塞起来。或者，有些女性只重视眼前的人脉资源，而忽视了未来的人脉资源，结果，随着事业的发展以及环境的变化，自己

对人脉的需求也会有变化，这个时候才发现，自己原来的人脉资源利用不上，新的人脉资源又没有，关键时刻人脉资源缺位断档，只能临时抱佛脚，让自己很被动。

重视人脉资源深度、广度的发展

人脉资源的深度是指人脉关系纵向延伸的情况，也就是你与你人脉网中的朋友关系的紧密程度。比如，哪些是知心朋友，哪些只是泛泛之交；哪些需要继续让关系变得更亲密，哪些关系只需要简单维系即可。

而人脉的广度是指人脉关系横向延伸的情况，包括你交往的人的行业范围和生活区域。我们不能只注重与自己工作有关的行业的人脉，也不能只结交与自己生活区域相邻的人员。我们应该把范围扩大，让自己的人脉有一个横向的延伸。

人脉的关联度指人脉关系与个人所从事行业的相关性以及与你的事业、生活直接的相关性。人脉资源既要有广度和深度，更需要一定的关联度。与自己近期状况关联度紧密的人脉要有，与自己近期状况关联度稍微松散一些的也要有。

在人脉拓展的过程中，同时要注意进行维护。人脉关系的维护，是一个长期持续的过程。人脉不是只在你用的时候才联系，而是要在日常生活中不间断的维护。如果一个朋友一年多不联系，势必会造成相互之间关系的疏远，等到你用到对方的时候才忽然出现，也许会造成一定的障碍，即使对方能够勉为其难地帮了你，你们之间的情感也会出现一些裂痕，后期维护起来也许会产生困难。

发现你生命中的贵人

有人曾经在国内做过这样的调查，调查对象是各个行业的中高层主管，调查内容是在他们成为中高层主管的过程中，是否得到过别人的栽培和提拔。

调查结果表明：凡是做到中、高层以上的主管，有90％都受到过别人的栽培；做到总经理的，有80％遇到过贵人；自己当老板创业的，竟然100％的人都曾被人提拔过。也就是说，很大一部分人的成功过程中，都有贵人相助。

一个人在事业发展的过程中，接受别人的支持和帮助，就像一颗优良的种子不拒绝适合自己生长的土壤一样。得到别人的帮助，会加速一个人成功的速度，有时甚至影响一个人的命运，而这个帮助你成功的人就是你的贵人。对于事业有成者来说，贵人相助往往是不可缺少的关键环节。有了贵人，不仅能缩短成功的时间，还能加大你成功的筹码。那么，你的贵人在哪里呢？其实，只要你留意建立好人脉关系，你就会发现，生活中从来不缺贵人，他们可能就是你的朋友、同事，甚至是萍水相逢的人。

贵人就在你身边

要想快速实现自己的理想，我们必须借助外界的力量，寻找自

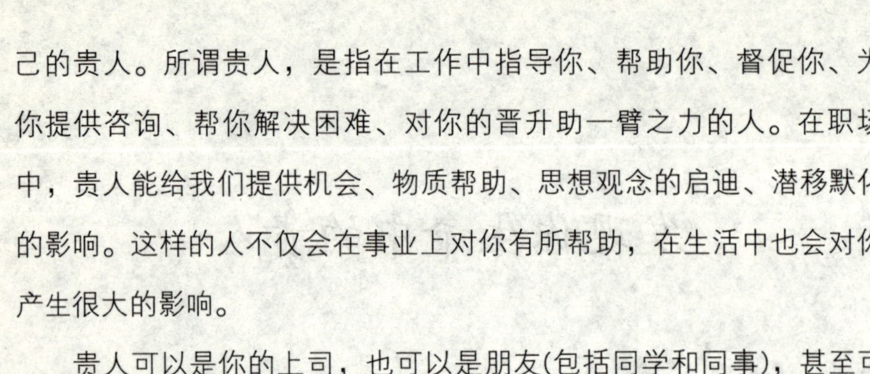

己的贵人。所谓贵人，是指在工作中指导你、帮助你、督促你、为你提供咨询、帮你解决困难、对你的晋升助一臂之力的人。在职场中，贵人能给我们提供机会、物质帮助、思想观念的启迪、潜移默化的影响。这样的人不仅会在事业上对你有所帮助，在生活中也会对你产生很大的影响。

贵人可以是你的上司，也可以是朋友(包括同学和同事)，甚至可以是一切和你有关系的陌生人。不要认为贵人只是你人脉中的显贵，太看重显贵会让你忽视其他更多的普通人。很多时候，能够真正对你提供实实在在帮助的，恰恰是你的普通朋友。因此，如果我们在人际交往的过程中，过分看重显贵而忽视了普通朋友，也许，贵人会就此与你擦肩而过。

在北京城乡结合部的某小区里，有很多外地人来这里租房子，每次有人向门口保安咨询租房子的事情时，警卫都会回答："你去问问那个住在一楼的林小茵，她有很多信息，就不需要再去找其他中介了。"所以，几乎每一个到这里租房子的人，都会去找林小茵。

那么，林小茵是谁？为什么租房子要找她呢？她跟门口保安是什么关系呢？

其实，林小茵只是住在这个小区里的一个普通居民。后来因为工作单位不景气而被裁员，失业后一时没有找到合适的工作，便一直赋闲在家。后来，她想出一个挣钱的途径。因为她们居住的这个小区正好是城乡结合部，来这里租房子的人很多，她们小区里几乎有一半以上的房子都是租给外来人员的。而中介每促成一个房源，都要收取一个月的房租，这是一笔不小的收入。于是，林小茵也动起了租房子的主意。她先和居住在小区里想要出租房子的业主们联系，表示自己可以代理他们的房子出租业务，因为都是邻居，业主们对她也放心。

林小茵决定先从门口的保安那里入手。她和保安并没有什么特殊的关系。但是，林小茵每一次从大门经过的时候，总是和这些保安热情地打招呼，把他们当成自己的朋友，逢年过节给他们送点小礼物，平常家里做了什么好吃的，也会给他们送一些。

因为都是熟识的朋友了，所以，保安们对林小茵提出的帮助她介绍客户的要求自然也乐意帮忙。他们也把林小茵当朋友一样看待，诚心诚意想要帮助林小茵。

其实，林小茵的做法很简单，她只不过是把小区门口的保安当成自己的朋友，给予他们一个朋友的热情和关爱。但是，保安充当了林小茵做房屋中介过程中的“贵人”角色。

在你的人际网中，你不知道谁会是你的贵人，不知道谁在什么时候会帮助你，贵人随时在你身边，所以，对于自己关系网中的人，都要真心诚意地去维护，不要因为对方身份地位的高低而有所区别，也许你疏忽怠慢的那个人就是下一个出现在你身边的贵人。

随时保持敏感，等待贵人出现

贵人是在适当时候出现的适当的人，只要时机合适，任何一个普通人都可以扭转乾坤，成为你的贵人。

我们无法预知谁是自己的贵人，无法知道贵人会在什么时候、什么情况下出现，唯一能做的就是通过控制自己的人脉来为自己创造更多的可能。只有我们随时保持一种敏感的、敏锐的状态，对自己周围的每个人进行观察和沟通，进而把对方纳入自己的关系网中，也许，有一天，那个不经意间出现的人，就成为你生命中的贵人。

娄晓颖出生在内蒙古赤峰一个不算富裕的家庭中，因为家境贫

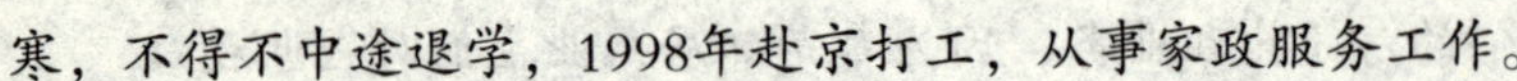

寒，不得不中途退学，1998年赴京打工，从事家政服务工作。

跟其他的打工妹没有什么区别，娄晓颖学了一些家政工作的基本常识以后，就等待雇主来选择。幸运的是，她被分配到了央视主持人倪萍家做保姆。

在倪萍家里当保姆的日子，娄晓颖工作起来非常认真、非常勤奋。为了照顾好倪萍的儿子，娄晓颖专门学习了照顾幼儿的各种科学手段，把孩子照顾得无微不至。

娄晓颖的辛勤付出得到了倪萍一家人的赞赏。看着这个纯朴善良而又聪明勤奋的小姑娘，倪萍决定帮她一把，推荐她报考了中央财经大学的成教学院，并且让自己的妹妹为她补习英语和数学，请赵忠祥老师帮忙给她补习语文，并负担了她的学习费用。最终，这个大草原走出的女孩成为北京协和医院的一名白领。

娄晓颖的成功与倪萍的出手相助有很大关系，但是，如果没有娄晓颖真诚的付出，也未必就能得到倪萍的出手相助。

机会是别人给的，也是自己给的。给予你机会的是你的贵人，前提是你要有真诚的付出来赢得贵人的心使他们能出手相助，同时，你还要有敏锐的观察力和一颗敏感的心，在贵人出手相助的瞬间抓住机会，成就自己，实现自己的价值。

你不知道你的贵人是谁以及什么时候出现，只有自己准备好了，自己把人脉关系维护好了，你会发现，你的贵人会随时出现在你的身边。

成功，在于你认识谁

女人要进步、要取得成就，不仅在于你的工作做得怎么好，还要看你认识什么样的人。在美国有一句流行语是这样说的："一个人能否成功，不在于你知道什么，而是在于你认识谁。"这与中国的一句古语异曲同工："千里马常有，而伯乐不常有。"即使是金子，你也要发光才能被发现，如果你自认为是一匹千里马，你最好主动出击，去寻找你的伯乐，否则，你一直默不作声，伯乐去哪里发现你呢？

主动寻找伯乐

姜子牙在遇到周文王之前，生活得一直很窘迫潦倒，是周文王发现了这一盖世奇才，并给了他极大的信任，造就了周王朝几百年的江山。如果不是周文王的发现和重用，姜子牙再有能力和本事，也不可能成就什么大事。但是，我们换个角度，如果姜子牙没有遇到周文王，是不是就此会默默无闻、潦倒一生呢？或者在遇到周文王之前如果他能自己主动找机会，是不是能够更早地成就自己呢？

"世有伯乐，然后有千里马"，千里马在遇到伯乐之前，只能被当做普通马。如果你真的是一匹千里马，你就甘心一直在普通马的位置上默默无闻，等着伯乐来发现吗？

1999年，出任雅芳(Avon)总裁的钟彬娴是雅芳百年史上第一位华裔女性CEO，被公认为“华人女性在企业界成功的典范”，她的成功之路也被许多人认为是一个奇迹。

钟彬娴1959年出生于加拿大的多伦多，成长于马塞诸塞州的韦斯利，1979年以优异的成绩从普林斯顿大学毕业。为了丰富自己的生活阅历，为将来自己成为一名优秀的律师或者记者打基础，钟彬娴选择进入鲁明岱百货公司做一名销售人员。

令钟彬娴自己都没有想到的是，只为“锻炼才干，丰富阅历”的她，竟然在不知不觉中爱上了推销员这个极富挑战性的职业。

但是，她知道，在零售业，自己一无背景、二无后台，要想在这个行业里脱颖而出，有所作为，只靠自己的努力是远远不够的，还要依靠关键人物的提拔。为此，钟彬娴下定决心，有意识地在工作中开拓人脉关系。

幸运的是，在鲁明岱百货公司，钟彬娴遇到了公司首位女副总裁万斯。为了向万斯学习丰富的工作经验和技巧，钟彬娴在努力工作的同时，还非常注意与万斯之间私人感情的培养，并很快取得了她的信任，使万斯成了自己职业道路上的第一位领路人。

在万斯的帮助下，钟彬娴在鲁明岱百货公司升迁很快，到20世纪80年代中期，她已成为销售规划经理、内衣部副总裁。

1987年，万斯接受了玛格林公司的邀请，并且成为该公司首位女性CEO。而此时，已经与万斯成为知己的钟彬娴也跟随万斯一起来到了旧金山。1991年，在美国营销界已经小有名气的钟彬娴被美国奈曼玛克斯服装公司相中，出任执行副总裁和时尚代言人，由此开始了自己单打独斗的商界生涯。

正如钟彬娴所言：“万斯女士是我的职业领路人，是我的金发‘洋伯乐’。”在钟彬娴成功的道路上，万斯扮演了一个伯乐的角色。可以说是她的出现，成就了钟彬娴后来的事业。

同时，从另一个角度来说，钟彬娴从意识到万斯女士可以充当自己的伯乐的时候，就开始主动地展示自己的才华，让万斯发现，并且有意识地与万斯拉近感情，取得对方的信任，从而最终在万斯的帮助下，成就了自己的事业。

鲁明岱百货公司，除了钟彬娴以外，有才华的人肯定还会有，而得到万斯信任并被提拔的却只有钟彬娴。如果当初钟彬娴不是主动地与万斯接触，她的才华也有可能被埋没，也就无法成就她后来的辉煌事业。

别错过赏识你才华的人

一个人要想成功，有才华、有能力是基础，但是，如果你抱着“皇帝的女儿不愁嫁”的心态，抱着满腹才华、怀揣成功的梦想在那里等待，那么，即使有人看好你这个“皇帝的女儿”，你不给予对方热情的回应，那么，这个欣赏你才气的伯乐或许也会就此转身离开，让你满腹才情却只能待字闺中。

韩国曾经有这样一个年轻人，他受到过良好的教育，但是，就在需要他为事业做选择的时候，因为家道中落，他不得不放弃去美国当外交官的机会，而去了发展中国家印度。

虽然不是自己最终想要去的目的地，但是年轻人到任后，很快以自己的才气，引起了韩国驻印度总领事卢信永的注意。他发现这个年轻人思维缜密，办事沉稳，很多棘手的问题到了他的手里都会迎刃而解。

卢信永非常看好这个年轻人，并且有意识地想要栽培他。而在与卢信永结识的过程中，年轻人也看到了卢信永表面冷漠、内心热情的性格，更为可贵的是他有极其丰富的外交经验，并乐于向自己传授。年轻人意识到，卢信永将来会对自己的外交生涯产生重大的影响。

年轻人一边谦虚地向卢信永“取经”，同时，也更加努力地工作，把领事馆的各项事务打理得井井有条，让自己的才华能够更多地展现在卢信永面前。

十几年以后，卢信永担任了韩国国务总理，他首先想到了那个十几年前在印度一起做事的年轻人，把他推荐到了总理府工作，后来破格提拔他担任了总理礼宾秘书、理事官。

接下来，年轻人的职务像坐直升机一样快速上升，直至最后坐到了联合国秘书长的位置上，这个年轻人就是现任联合国秘书长——潘基文。

卢信永是发现潘基文这匹千里马的伯乐，如果没有卢信永这个伯乐，潘基文这匹千里马也许就会被埋没。同时，在这个过程中，潘基文也并非被动地等待，而是靠自己的实力积极表现，让自己最终没有错过卢信永这个赏识自己的伯乐。

“千里马常有，而伯乐不常有。”这个社会中，有才华的人多的是，千里马到处可见，而伯乐的出现却是要等机会的。如果你想早点让伯乐发现你，就要先学会推销自己，主动展示自己的才能，让伯乐看到你的本领。如果你是一匹千里马，不要等待，快快行动起来，用你的智慧和胆识，结识能够帮助你的朋友，去寻找能够相助你驰骋千里的伯乐。

别忘了最稳固的校友关系

走上社会，看过太多商业场中的钩心斗角或者是整天周旋于办公室政治以后，人们往往会感觉很累、很疲惫。这个时候，人们往往会回忆起上学时纯洁轻松的同学关系，回味那时的单纯和天真，于是，人们开始在工作之余，便想着和往往日的大学时的甚至是小学时的老同学联系联系。因为，只有在老同学面前，自己才可以摘下面具、卸下铠甲，感到轻松、自由；也只有老同学之间，才能够安然相处，惺惺惜惺惺。

校友关系是最可信赖的社会关系之一

每个女人生活在这个世界上，好的人脉关系网是必不可少了。除了长大成人工作以后建立起来的社会关系网，在我们的关系网中，还有一个不可忽视、对我们的工作生活都有很大影响力的关系网，那就是我们的同学关系网或者校友关系网。

每个人都有校友，一个人从小学到大学，十几年的时间中，不要说同校的同学，单单是同班同学的数量就是一个很惊人的数字。

校友关系包括同学关系、师生关系，校友关系有局限性及特殊性，因为建立关系时的单纯，所以，校友关系更令人信任，从而也就成为我们最强大、最可靠的人脉。

校园生活是人生中一段最美好的时光，成年后尤其是当你有一定的工作和生活阅历以后，你会深深地体会到校友关系的珍贵。学生时代的生活非常简单，相互之间的关系也非常单纯，彼此相互信赖，即使过了十几年或几十年以后，校友之间的感情往往也是其他人无法比的。

不论小学、中学还是大学，每一段校园生活都值得我们回味。尤其是对于高学历的人来说，校友关系的好坏对于一个人未来的发展更是有着重大的影响。从某种程度上看，校友关系是仅次于血缘关系、婚姻关系的一种社会关系。

很多知名企业的创建都是创始人先从校友关系发展到合伙创业的，雅虎的杨致远和斯坦福电机大学研究所博士班的校友大卫·费罗；微软公司的比尔·盖茨和他的童年玩伴保罗·艾伦；惠普的戴维·帕卡德和他在斯坦福大学的校友比尔·体利特……这些成功合作的典范，也足以说明了校友关系在一个人的社会关系中的影响力和可信度。

使双方共赢的新型的校友资源

在现代社会，校友关系又重新增加了一层意思。现在的职业人士越来越重视自己的素质培养，所以，越来越多的在职人士会选择一些职业教育部门进行自我充电，于是又产生了一种新型的校友资源，这种新的校友资源与传统学历教育产生的校友资源有很大区别，这是一种更重要的社会资源，有更大的社会价值。

从哈佛商学院到北大光华管理学院，每年交几万至几十万的学费，这里面专业知识的含金量肯定不低，但是，学院中凝聚结成的强大的人际关系网，甚至比专业知识的价值要高得多。这种新型的校友资源本身就是人力资源，过硬的校友资源就是最优化的配置。

参加MBA、MPA研究生班的学员大都已有一定社会地位，如政府官员、企业管理者等。参加课程班可扩大社交范围，某大学的一些课程班还专门成立同学联谊会，来到这里学习的同学能很快成为好友，并很快建立起一定的业务关系。

随着社会的进步，人们的视野越来越开阔，思维也越来越开放，校友资源的价值也正在不断地被挖掘，并无限地发展。学习以外的联谊活动使学员有更多的机会建立关系网。你不但可以选择“同桌的你”做朋友，而且可以选择能够也愿意为你“效力”的人成为你的人脉资源。

张彤是广东省某城市一家颇具规模的企业的总经理，工作之余，她报名参加了上海某大学的法律研究生班，从此她往来于广东与上海之间，她的同学里面有政府官员和各地企业的高层管理者。她说除了想拿到学位证书，更想多认识一些人，这无论是对于自己的企业，还是对于自己本身来说，都是一件好事儿。

靠校友资源建立的关系网是一种相对纯洁的社会资本，不管是参加哪个培训机构的再教育课程，来到这里的人，相对来说还是一种志趣相投的交往，加强同学之间的联系，并把这种校友关系发展成为一种生产力，在当今及未来的社会，这种生产力正在发挥着越来越积极的作用。拥有这样的生产力，可以让大家共享资源，共同受益。

无论是传统的还是新型的校友资源，都是一种相对单纯、牢固的关系。校友之间相互信赖的程度比以其他渠道结识的社会关系信赖度要高得多。同时，校友资源不需要你刻意寻找，却又非常丰富。一个学校、一个班级就是一个社会的缩影，同学之中不乏各个

层面的人，但是不管是谁，在同学聚会时都可以彻底放松，毫无掩饰，可以尽情演绎自己的喜怒哀乐。

不管受教育的程度如何，你一定有同学和校友，那么，不管多忙，都别忘了给往日的同学打个电话问候一下。如果你目前仍在接受教育，那么，一定记住，好好维护好现有的同学关系，这是一种不可多得的人脉资源。也许，在某一天，你的校友就会成为你的贵人，成为你事业上的助推器，成为你生活中的离不开的好助手。

维护关系，让人际脉络日益牢固而宽泛

女人不仅要善于编织人脉网络，还要善于维护人脉网络。如果结识的朋友不经常维护，时间一长，必然又会疏远。现实中有不少人，只重视拓展人脉而不重视维护人脉，结果使好不容易积累的人脉资源又失去了。这显然是非常可惜的。大家都知道，蜘蛛把自己的网结好后并非就此作罢，它还要时刻去修补，因为它知道时刻修补的网才会牢固。女人不妨做个“蜘蛛女”吧，织好了自己的人脉网，更要精心去维护，只有这样，你的人脉网络才会在日益拓展的同时更加牢固。

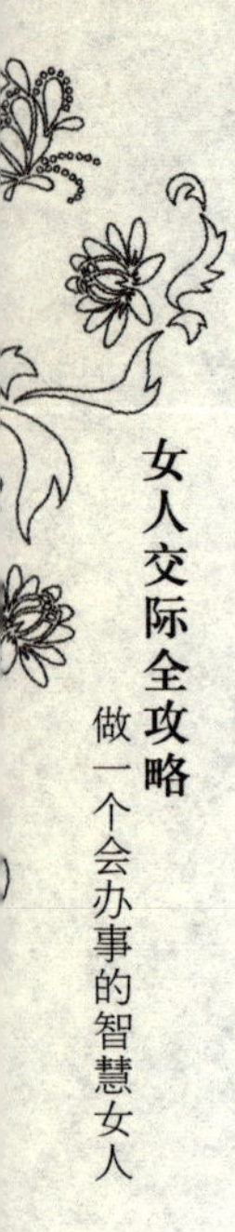

经营人脉是一种技巧

现代女性，走出家门、走入社会的机会越来越多，人际交往的机会也越来越多，那么，如何在人际交往中表现自己，让自己在职场中能够如鱼得水，让自己的工作和生活越来越顺利幸福，让自己在处理问题时越来越得心应手。这就需要女性掌握一定经营人脉的技巧和方法。

拓展人脉的两大法宝

提高人脉竞争力的技巧有很多，但是，所有技巧的前提是必须具备自信心和良好的沟通能力。

（1）自信：一个没有自信的人，在与别人接触时，因为担心会遭到别的人拒绝，所以，总是不敢走出去与陌生人进行交往，所以，这些人自然也就没有办法拓展自己的人脉关系。

受中国的传统文化的影响，人们更崇尚羞涩和被动，尤其是对于女性，在交际场合，似乎一定要等着对方主动与自己打招呼才能显出自己的稳重和矜持，这样，即使机会在你身边，也往往会因为你的过于矜持而丢掉机会。

但是，在西方社会，情形却恰恰相反，在一些公共的交际场所，比如，在鸡尾酒会或婚宴场合，人们会在出发前先吃点儿东西，并提早到达现场，目的就是为了有更多结识陌生人的机会。

（2）良好的沟通能力：良好的沟通能力是指了解别人的能力，包括了解别人的需求、渴望以及做事的动机，并以此给予适当的反应的能力。沟通能力是一个人与陌生人开始接触的基本条件。一个人具备了良好的沟通能力，就可以很轻松地与陌生人交流，等于为自己积累人脉资源打开了一扇大门。有了良好的沟通能力，人脉就可以源源不断地进到你的网中来。

别忽视了潜在的人际关系网

我们知道人脉对于一个人有重要作用，知道我们需要时时刻刻注意经营、维护自己的人脉网。但是，我们往往会忽视了一个问题，那就是——潜在的人际关系网。潜在的人际关系网也是十分重要的人脉资源，但是它可能在目前看不到什么明显的效果，因此，常常被人们忽略。其实，真正的人脉关系，应该是以潜在的关系网开始的，如果在需要人脉的时候，才想起去积累人脉、经营人脉，其实为时已晚。而一些潜在的人际关系是在日常生活中不经意间出现的，但是，如果我们刻意去挖掘、去维护，它就会成为我们真正的关系网。反之，如果对这些潜在的关系置之不理，那么，这些潜在的关系就会被无形地浪费掉了。

我们在日常生活中或职业生涯中，总会遇到这样一些人，他们对你的事业看起来没有什么帮助，他们不是你的客户或者合作伙伴，他们甚至不懂得你的专业，他们和你的工作、生活一点儿关系都没有，他们对于你来说几乎只是一个陌生人。但是，请你不要认为，与这样的人打交道或者维持关系对你毫无用处。也许，在某一天，在一个不经意的时刻，他会对你的事业有所帮助，他或许就是你的潜在客户或合作伙伴，他会成为与你关系很密切的人。这样的人，其实就是你潜在的

人脉关系。

潜在关系网存在于每个人的生活中，只是因为它的不明显，因为看不到它目前的价值，而常常被我们所忽视。因此，当你到一个陌生的环境时，或者面对与你没有什么关系的人时，请在适当的时候，主动伸出热情的双手，也许下一个与你握手的就是你的潜在客户或贵人；也许你不经意的一个微笑，会为你带来意想不到的好运气。

知道潜在人际关系网的重要性的人，都是眼光长远的人。他们不会只看重眼前的利益和关系，而往往会从大局出发，在一些较近、较小的利益关系中，做一些让步，以期在未来更大的利益面前做一个大赢家。

人脉经营，品德先行

经营人脉，并非是要投机取巧、趋炎附势，而是一种智慧的处理人际关系的技巧。经营人脉，首先要有比较高尚的思想道德品质和善良的心地，要有光明磊落的处世情怀、淡泊宁静的处世态度；道德品质好的人待人谦虚而不自卑，积极向上而不嚣张，他们宽容别人而不是斤斤计较。他们在欣赏别人时，真诚而不嫉妒；他们在面对自己的长处时，自信而不狂妄。所有善于经营人脉的成功人士，为人处世的第一要务就是首先把道德品质作为自己经营人脉的重要内容，他们靠自身过硬的道德素质、良好的公众形象拓展和巩固自己的人脉关系。

当然，经营好人脉，还需要具有良好的心理素质、知识素质、能力素质、身体素质以及良好的沟通能力。因为只有心理素质好，在为人处世时才能够宠辱不惊、淡泊名利，在遇到重大问题时才能够临危不乱，泰然自若。只有知识水平高，在生活中才能更快、更深刻地理解一些道理。

别让金钱毁了你的友谊

金钱本是好东西，友谊更是世间难能可贵的情感，但是，友谊如果总是和金钱挂钩，友谊就不再纯洁。朋友之间交往，都会有一种“金钱担忧心理”。如果让金钱成为朋友之间“吐不出来又咽不下去”的“难言之隐”时，那么友谊就会面临着非常严峻的考验了。

但是，作为朋友，相互之间要交流来往，不可能不涉及金钱，涉及金钱并不是就不能有友谊的存在了，只要处理好金钱与友谊的关系，把握好朋友之间交往的度，金钱和友谊是可以同时拥有、互不冲突的。

送礼需量力而为

朋友之间经济上的帮助是应该的，也是不图对方回报的。但是，你一定要明白，帮助是相互的，没有绝对无偿的帮助，所以，要记住“来而不往非礼也”的古训，对于帮助过自己的朋友，一定要及时找机会予以回报，这是人际交往中的心理平衡法则。

对于朋友间必备的人情礼，如遇到红白喜事，作为朋友或同事，都要表表心意。这个时候，一是要量自己的力而为，二是要量对方的力而送。量自己的力而为，是不能为了给朋友送礼而影响了自己的生活，那样，自己心理会不平衡，朋友知道了也会过意不去；量别人的

力而为，则是因为按中国的传统，你的礼物送出去了，朋友必然会在某一时间回报给你。如果不能量对方的力而为，自己送给对方的礼太重，在对方还你的时候，就会有些困难，这样会让对方尴尬和为难，从而会好心办坏事。总之一句话，不要因为送礼让自己和朋友背上了包袱，那样对友谊也是一个暗伤。

关于借钱的问题

朋友之间借钱的问题向来是很敏感的，也是很难把握的。往往是借钱一方不好意思开口，被借一方又不好意思拒绝。这样，反而会让双方更加为难。其实，把问题想清楚了，处理起借钱问题也并没有这么难。

首先，如果你是借钱一方，在需要借钱的时候，要想好自己的偿还能力和偿还期限，把这些跟朋友讲清楚，并且，要保证在自己承诺的时间内把钱还给朋友。同时，还要想到，如果朋友出于某种原因拒绝了你，那么，也要相信朋友必有自己的为难之处，不要因此而影响了你和朋友之间的感情。把这些问题想清楚以后，你就可以向你认为可以有能力借给你钱的朋友开口了。

其实，如果你是被借一方，那么，在借给朋友钱以前，也一定要想清楚：自己的能力够不够，借钱朋友的信用如何，万一对方不能及时甚至不能还钱，自己能否承受。这几个问题想清楚以后，再把钱借给朋友。否则，你可以大大方方地拒绝，明明白白地跟朋友讲清楚你的处境，对方能理解自然是最好，如果不能理解，至少你不会既借出了钱又丢了朋友。

好朋友明算账

朋友之间常常会为了增进感情，有一些聚会时娱乐项目的消费，如果有需要共同消费的地方，能够AA是最好的，如果觉得AA制影响朋友间的感情，那么，自己首先要表现得大方一些，没有人愿意同小气的人来往。朋友之间不要太斤斤计较，否则，感情增进不了，反而会伤了彼此的和气。

朋友之间，彼此赠送一些物品，或者在需要的时候有一些经济上的互相帮助和支持，本是无可厚非。但是，俗话说“亲兄弟，明算账”，朋友之间更是如此，相互帮助可以，但再好的朋友也不可亲近到在经济上不分你我。

如果朋友之间需要或正在产生较大的经济利益关系时，不要忘记一定要互相尊重对方的权益，商妥处理相互经济利益关系的原则和方法，把权利、义务关系以文字合同的形式做一些明确的约定和约束。这样做看似无情，实际上是对双方权益的共同保障。

说到底，朋友之间在处理金钱问题时，最好的原则还是“好朋友明算账”，账明了，朋友自然能相处得好，如果朋友之间总是一笔糊涂账，到最后，往往是双方都认为自己吃亏受委屈，朋友自然也就做不好了。

以诚感人，帮你获得别人的好感

在交际场合，一言不发是交不到朋友的，但是，说话总是滔滔不绝的人也一样不受人们欢迎。一个人的交际口才不在于话的多少，而在于话的质量和内容。会说话的人能够用最恰当的语言来表达自己的想法，他们知道哪些话该说，哪些话不该说；他们懂得和不同的人谈话时内容的取舍。

表达一份善意的关心

虽然许多在外闯荡的人在体味过世态炎凉以后，会把人世间的人情冷暖看得比较淡薄。但是，从人的本性来说，从人的内心需要来讲，没有一个人愿意拒绝别人善意的关心。一个人被别人关心时，会在瞬间体会到一份温暖，即使是因为某些原因内心扛着冰块的人，在善意的关心面前，冰块也会被融化。

女性朋友在初次与人接触交往的时候，适时适度地表达一份自己善意的关心，会很快消除对方对你的警戒心理，反过来会很快转化为对你的好感，主动拉近与你的距离。

时刻呼喊对方名字

在欧美国家，人们说话时常常会这样说："来杯咖啡好吗，史密斯先生？关于这个问题，你有什么看法呢，史密斯先生？"这种频频将对方的名字挂在嘴边的做法，往往会让对方涌起一股亲切感。双方宛若早已相交多年的朋友。

在我国，大部分人不习惯在说话的时候随时直呼别人的名字。其实，在人的潜意识里，随时听到别人叫自己的名字，内心会产生一种被别人认可的感受，在内心是很舒服的。

所以，女性朋友在交际场合与人交流的时候，有意识地在谈话过程中呼喊对方的名字，会让对方对你产生一种亲近感。如果是异性，听到你甜美的声音频频叫着他的名字，反应会更加强烈，这时候，如果你顺势对对方有一些小请求的话，对方往往会很容易地答应你。

及时指出对方微小变化

许多女性都遭遇过这样的情况：自己穿上了新衣服、新换了一种发型或者刚刚去美容院做过美容，而自己的丈夫却对自己的变化无动于衷，视而不见，大多数女性会为此恼怒不已。

其实，不只是女性，男性也一样，每个人都需要关心的。对一个人的关心，不是只表现在大的方面，更多时候，能够发现对方一些细微的变化并及时告知对方，往往会让对方感激于你细致入微的关心。连对方的爱人都可能关注不到的地方，你关注到了，可想而知，对方会在心里如何感动。

所以，如果你想向某人表达你的关心，就一定要观察对方的细微变化，男士的领带以及女士的发型、服装、背包甚至一个小饰品，都是你需要观察的地方。

每个人都渴求得到别人的关心，对于关心自己的人，自然会有好感。而且，你对对方的观察越仔细，越能发现对方不轻易被人发现的

变化，对方会越高兴。

女性细致入微的关心，不仅能使对方体会到你的细心，也能感受到你的关怀，你们之间的关系很快会变得更亲密。

适时大胆地展示自己的小瑕疵

大多数人都愿意在别人面前表现自己强大的方面和美好的方面，而对于自己的缺陷和不完美的地方，都尽量避免暴露在别人面前。

其实，每个人都不是完美的，太完美的人反而让人感觉不真实，会让人有敬而远之的感觉。所以，女性朋友在与人交往的时候，如果在适当的情况下，暴露自己的一些小瑕疵，反而会让人感受到你的真实和真诚，这种真实和真诚感往往会换来别人对你的信赖，从心里更愿意与你接近。

但是，有一点儿需要注意，暴露自己的缺点，绝不是毫不保留地将所有的缺点都暴露出来，那样做，反而会真的让人认为你是个无可取之处的人。

无论是以上哪种说话方式，有一个关键字，那就是“诚”。以诚动人，以诚感人。“诚”是为人之根本，人们都愿意和真诚的人打交道，所以，如果你想为自己赢得更多的人脉，就应该在说话时表现得真诚一些、真实一些。

每个人都需要包容

包容是一种修养，也是一种美德；它是一种可贵的品质，也是精神上的一种成熟。包容可以融入一个人的性格和行为当中，让人变得大度而有涵养，从而也让有包容心的人，能够赢得好人缘，而好人缘正是把一个人推向成功的强大力量。“宰相肚里能撑船”，古往今来的成功人士，大多都有一颗包容之心。

包容别人的过失和缺点

包容是一种人际交往的智慧，是看透了生活以后得出的从容和超然。有包容心的人在日常生活和人际交往中，能够包容别人的过失和缺点，使别人乐于与他相处，所以，能够包容别人的人身边往往有许多朋友。

两个朋友一起到海边旅行，在旅行途中，因为意见不合，他们发生了争吵。其中的一个人打了另一个人一个耳光，被打的人觉得自己受到了侮辱，于是，他气愤地在沙滩上写下了这样一句话：“某年某月某日，我的朋友某某在这里打了我。”

两人不说话，继续前进，走着走着，刚才被打的那个人一不小心滑了一脚，差点儿跌进海里，幸好他的朋友拉了他一把。于是，这个人拿出刀子，在不远处的一块石头上刻上了这样的话：“某年某月某

日，在这个地方，我的朋友某某救了我。”

他的同伴看到他这个举动后很好奇，于是问他：“为什么我打了你，你写在沙滩上，但是我救你，你却刻在石头上呢？”

这个人微笑着回答道：“当我受到伤害的时候，我要尽快把伤害忘掉，所以，我会把它写在沙滩上，海水一涨潮，这些伤害就被冲没了；而你救了我之后，我愿意把这份情意永远刻在心里，所以，我把它刻在石头上，任凭风吹雨打也不会被抹掉。”

朋友之间相处时，伤害未必是有心的，而帮助却总是真心的。在日常生活中，我们要学会忘记和牢记，忘记别人的不好，牢记别人的好，学会包容朋友的过失，忘掉那些无心的伤害，你会发现，你与朋友的关系会越来越好。

乐于忘记恩怨是一种人际交往的智慧，善于原谅别人，其实是对自己最大的包容。“生气是用别人的过错来惩罚自己”，为了不惩罚自己，就应该放宽自己的胸怀，忘记别人的过失，这样，不仅会让自己生活得更快乐，同时，也会赢得更多朋友的尊重和友情。

让自己变得更包容

包容是一种度量，学会原谅别人，其实也是在包容自己。因为任何人都不可能从来不犯错误，你原谅了别人的错误，别人也会对你的过失更宽容一些。过于苛求别人，则会把自己孤立起来。

有些女性可能会这样说，我们知道自己有一些不包容，却不知道如何改变，那么我们应该怎么办呢？看一看下面这些方法，也许会对你有所帮助。

（1）把自己融入群体当中去。女性相对交际范围较窄，如果不主动交际，那么，就会因为自我封闭而变得心胸狭窄，不易接纳和包容别人。因此，在尽可能的情况下，扩大自己的交际范围，让自己尽量融入到群体中，找一些和自己志趣相投的朋友，大家一起共同交流共同行动。在友情的滋润下，人的心胸就可以慢慢变得开阔起来的。

（2）改掉自私的品性。女性斤斤计较的最根本原因，往往是由于私心太重。这样的人往往是处处以自我为中心，以个人利益为出发点，因此，一旦有对自己不利的地方，就无法接受。所以，少一些私心，少一些嫉妒，就会少一些计较，少一些麻烦。如果自己能够有意识地去减少一些自私的想法，那么，在没有了太多私心的情况下，你的心胸就会慢慢开阔起来。

（3）用知识充实自己。与男性相比，女性的视野相对要窄一些，这也是导致为什么女性更乐意在一些小事上计较的原因。所以，如果女性感觉到自己心胸不够开阔的话，可能与个人的知识贫乏、眼界狭隘有关系。这样的女性就需要走出去，多了解大千世界的方方面面，充实一下自己，让自己多掌握一些自然、社会、生活等各方面的知识。眼界宽了、兴趣多了以后，你就会发现，生活异常丰富，多姿多彩。而自己斤斤计较于一些琐碎小事，实在是太没有意义了。

（4）要有一颗宽容的心。无论是谁，无论是在生活中还是工作中，失误都是不可避免的。当出现失误时，我们首先需要考虑的，不是要由谁来承担责任或者如何把责任推出去，而是应该考虑如何把失误造成的损失减少到最小。

对待别人的失误要宽容，不要非抓住别人的小辫子不放，能饶人处且饶人。宽以待人，严于律己。多宽容一些别人的失误；对于自己的原因造成的失误，努力去改正，是最好的处理事情的方法。

当然，包容别人不是一味的退让和不分对象的宽恕，而应该是有原则的。善于包容的人遇事不会斤斤计较，他们在原则性问题上会毫不让步，但是，对于一些无伤大雅的小事却乐得装装糊涂。

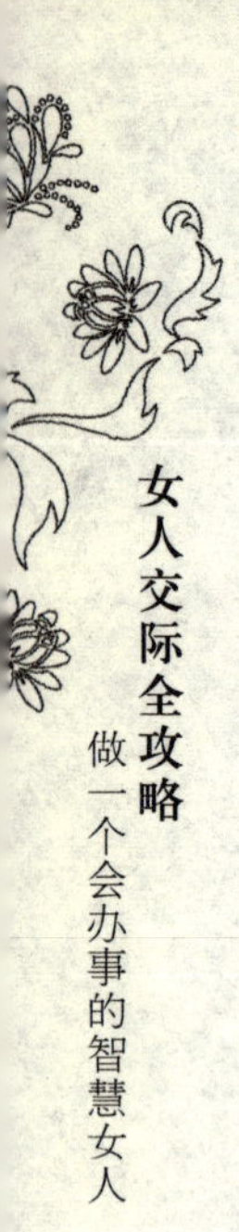

再穷也要站在富人堆里

富人之所以致富，并不是因为命运对富人格外垂青，而是他们善于为自己创造致富的机会；穷人之所以不能成为富人，也不是他们得不到命运的眷顾，很多时候是因为他们离富人太远。所以，如果你想成为富人，就一定要想办法与富人站在一起。同样，如果你渴望成功，渴望成为一个优秀的人，就要积极地与自己想成为的人多接近，成为他的朋友，从而让自己最终能成为那样的人。

与什么样的人在一起，就会成为什么样的人

著名人际关系学家罗伯特·T.清崎曾经说过一句发人深省的话："你想要创造多少财富，就要接近拥有那些财富的人。"多和什么样的人接触，你最终才有可能成为什么样的人，正可谓"近朱者赤，近墨者黑"。与比你优秀的人在一起，你会在不经意间耳濡目染优秀人士的优秀品格，这些优秀的品质将会对你未来的发展起到非常重要的作用。

一般来说，身边的朋友是影响你较大的人，与比自己优秀的人成为朋友，与对自己有帮助的人结交，不仅为自己增加人脉，而且可以快速地为自己增加机会，最重要的是，与优秀的人在一起，你最终也会成为优秀的人。

柏拉图在20岁那年，因为听过一次苏格拉底的演讲，于是决定拜苏格拉底为师。他敲开苏格拉底的门说："尊敬的苏格拉底先生，我是柏拉图，我想当您的学生。"

"年轻人，你为什么要拜我为师呢？"苏格拉底问道。

"您有一句话我记得很清楚，那就是'认识自己'，但现在我还没有认识自己，希望通过向您学习，能最终认识自己。"

苏格拉底回答："你既然知道我这一句话，那么你也应该知道我对自己的评价——'我知道我一无所知'。"

柏拉图说："神都认为您最聪明，可是您却这样评价自己，这正是我需要向您学习的地方。如果一个人不知道自己无知，那才是双倍的无知呢。"

听了柏拉图的话，苏格拉底认为他是个可造之材，于是便收他做了自己的学生。

柏拉图在苏格拉底的身边整整学习了八年，受苏格拉底思想的影响很大，汲取了苏格拉底精神的精华，最终也成为一位哲学巨人。

柏拉图能够最终成为一位哲学巨人，应该是从他下定决心拜苏格拉底为师就已经注定了。整整八年的时间，一个哲学大师的影响力，足以让另外一个人改变自己的观念和思想。

钢铁大王安德鲁·卡内基的成功，也得益于他一直喜欢模仿自己的榜样，他把自己在各方面所羡慕的人作为理想的榜样，用"理想榜样"来调整自我意象。他喜欢学习模仿洛克菲勒、摩根和其他金融巨子，他研究这些成功者的信念，学习这些成功者的毅力，从而对他产生很大影响，最终促成他走向成功，成就了自己的辉煌。

有位名人说过这样的话："如果要求我说一些对青年有益的话，那么，我就要求你时常与比你优秀的人一起行动；就学问而言或

就人生而言，这是最有益的；学习正当地尊敬他人，这是人生最大的乐趣。”

所以，如果你想成为优秀的人，就与优秀人士为友吧。这些优秀的人士在你身边，既是你的益友，更可以成为你的良师，甚至会影响你的一生，改变你的命运。

主动寻找比自己优秀的人

人往高处走，水往低处流。我们每个人无论是做人还是做事，都是想让自己越来越成功，越来越优秀。而有些人乐意与不如自己的人交往，借此可以产生优越感。但是，与各方面都自己的人交往时，自己也往往会走入到对方的群体之中，慢慢地成为那个群体的一分子，这与自己本来的原则和初衷是相违背的。

或许你也有过这样的感受：和一个经常发牢骚的人在一起，慢慢的你也会变得爱发牢骚；经常和爱发火的人在一起，自己也会莫名其妙地经常发火；而如果你经常和一个乐观开朗的人在一起，你也会变得越来越阳光；和一个奋发向上的人接触，你也会变得勤奋、有激情。结交能给你带来希望和快乐的人，他们对生活的热情和感染力，会使你变得越来越上进，越来越快乐；而结交比自己优秀的朋友，则能促使你更加成熟。

雅琴大学毕业后应聘到一家文化公司，担任了文员一职。临近春节时，公司开联欢会，气氛很热闹活跃。尤其是公司总经理罗青，更是一改往日严肃的面孔，在现场带头放声高歌，并邀请公司的员工和他对歌，员工们个个面面相觑，不敢上台。

虽然罗青几次鼓励大家放松下来，员工们还是互相推脱，不好意思上台。就在大家都互相推托时，雅琴沉不住气了，只见她快步走上台，接过罗青手里的话筒，与罗青对唱起来。

雅琴唱歌并不好听，她自己也知道这一点。但是，在那样的情况下，雅琴感觉自己能够上台与罗总对歌，是给自己接触上司的一个机会。虽然自己的歌声并不是太好听，但是，雅琴却唱得很投入、很放松、很坦然。

让人没有想到的是，联欢会结束后不久，罗青就把雅琴调到自己身边做了助理。

做了总经理助理的雅琴，除了帮总经理处理一些日常事务以外，也有了更多机会接触公司领导层，在不知不觉中从他们那里学到许多管理知识以及为人处世的技巧和方法。

一年以后，雅琴的工作再次发生了变动，由于她在助理工作中表现出来的管理才能，让总经理罗青也对她刮目相看，罗青决定委任她担任部门经理，全面负责一个部门的整体工作。

雅琴之所以能够这么快地从一名普通文员，成为可以独当一面的部门经理。其原因就在于，她主动给自己找了一个和公司高层接触的机会——做总经理助理。而在做助理的这段时间，和各个部门的部门经理们在一起，雅琴耳濡目染的全是如何经营管理，如何拓展公司的销售渠道，如何规划公司的发展蓝图等这些管理层才可能了解的事情，从而让自己在这个过程中得到了快速的提升，最终找到了实现自己价值的位置。

一个人要和什么样的人交往，要付出多大的精力和财力去实现这些交往，这是一个非常重要、非常关键的选择。如果你渴望成功，就要主动找机会与优秀的成功人士交往，从这些成功人士那里找到改变命运的金钥匙，靠自己的智慧、努力和坚毅来获得成功，直至最后能够和这些人并肩而立。

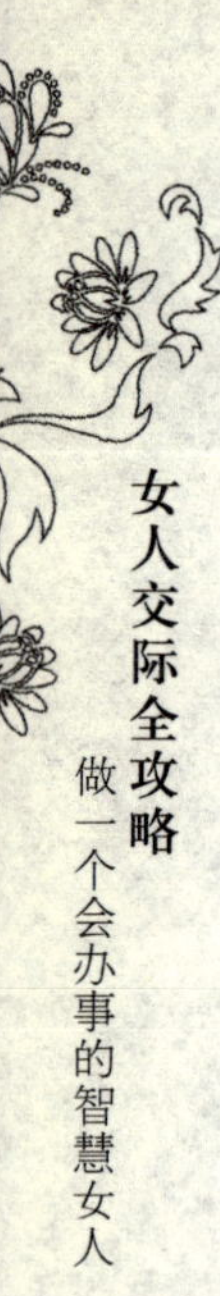

人脉的最高境界是互助互利

我们生活在这个社会中，人与人之间的关系是互动的，生活在这个社会中的人们，从某种程度上讲，是相互利用的关系，在你利用别人价值的同时，别人也在利用着你的价值。这不是势利，而是一种最高层次的人际交往境界。

帮助别人也是帮助自己

生命生存在地球上，都必须依赖于外界的帮助，人类更是如此。人生活在这个世界中，相互之间应该是互助互利的。我们帮助了别人，别人也会帮助我们，说的更简洁一点，就是帮助别人也就是帮助自己。

也许你不经意的举手之劳，对别人来说是救命之恩；反过来，别人无意间的一句话、一个动作、一些行为，可能也会对你有极大的影响和帮助。

如果我们每个人都能够有意识地去做一些哪怕仅仅是举手之劳的小事情，都会帮助别人，而对于我们自己却没有任何损失。所以，不要错过任何一个帮助别人的机会，你不经意地帮助了别人，别人有意外的收获，而你也会在某一天得到一个你意想不到的回报。

丹尼尔是一名年轻的律师，在美国的一个小镇上有一家属于自己的律师事务所，专门受理移民的各种事务和案件。

可是，上天好像对这个年轻人并不是特别垂青，正当他的事业如日中天的时候，一次错误的投资让他转瞬之间变得一无所有。当时恰逢美国移民法修改，职业移民额削减，他的律师事务所顿时门庭冷落，难以支撑，他破产了。

然而，好似命运的玩笑，就在丹尼尔走投无路几乎绝望之时，他意外地收到了一位公司总裁寄来的信，信中说他愿意把公司30%的股份无偿赠送给他，并且他旗下的两家公司，随时都欢迎丹尼尔做终身法人代表。

丹尼尔不相信天上的馅饼能掉到自己身上，但是已经走投无路的他，还是抱着玩笑的心态按照信封上的地址找到了这家公司。公司装修得很气派，接待他的是一位中年男人，他说他就是那位写信给他的总裁。

丹尼尔使劲搜索着自己的记忆，最终他还是确信自己并不认识对方。中年男子并不着急，他微笑着从硕大的办公桌抽屉中，拿出一张皱巴巴的5美元汇票和一个写有丹尼尔名字和地址的名片递给丹尼尔，丹尼尔确信那是自己的名片和笔迹，但是他还是想不起在什么时间和地方与这个先生见过面。

“真的很抱歉，先生，我实在是记不起来了。”

总裁先生微笑地看着丹尼尔说：“十三年前，我来到美国，当时我身上仅剩5美元钱了，我想着用这仅有的5美元去办理工卡。可是，排到我的时候，我才知道办理工卡的费用已经涨到了10美元，如果我当天没有能够办理工卡，我在公司的位置将会被别人顶替。此时是你从身后向我递过来5美元，才得以让我顺利地把工卡办好。当时

我让你留下姓名、地址，你就留下了这张名片……”

“哦，好像是有这么一回事儿，那后来呢？”

“后来我一直在找你，却始终没有找到，直到前不久，才听说了你的律师事务所，也就有了你收到的这封信。我在那家公司干得很好，连续申请了两个专利，事业很快发达了起来。”总裁说得有些动情。

“丹尼尔先生，或许你是真的忘记了。但是，十三年来这件事却是时时刻刻地出现在我的脑海里，并且，此生也不会忘记的，是你这5美元改变了我的人生。”

幸运不是偶然的，丹尼尔在濒临绝境时，能得到那位总裁大方的馈赠，并不是意外。而是因为他当时帮助了别人，才会得到别人如此的回报。

不要错过任何帮助别人的机会

有些人之所以人缘不好，很多时候是因为自己总是不愿意伸出自己热情的手，在别人需要的时候拉别人一把；而是冷漠地将其拒之门外，或许被你拒之门外的这个人，正是足以改变你命运的人。

富商卢卡斯的女儿得了一种致命的疾病，全国最高明的医生都无能为力。正在伤心绝望之时，一个偶然的机会，卢卡斯看到了一则瑞士名医要来美国讲学的消息，这位伤心的父亲不停地托朋友打探消息，希望这位名医能帮助他的女儿看好病。但是，虽然费尽周折，却始终没能如愿，那位瑞士医生太忙了，日程排得满满的，根本抽不出时间。近乎绝望的卢卡斯只能待在家里继续关注瑞士医生的消息，以等待机会。

有一天，外面下着大雨。突然他听到有人敲门，心情烦躁的他极不情愿地打开门，看见一个又矮又胖、衣服湿透、样子很狼狈的人站在他面前。

“对不起！我好像迷路了，您能允许我借用一下您的电话吗？”对方看起来很尴尬、很着急。

“很抱歉！我的女儿正在生病，我不希望有人打扰。”卢卡斯冷冷地说。

第二天，他又在报纸上看到了有关那位名医的报道，上面还附有他的照片——正是昨天那个全身湿透、向他求助的、又矮又胖的男人。

卢卡斯可怜的女儿，在自己的救命恩人来到家门口时，被父亲拒绝了。卢卡斯因为自己的冷漠，失去了一次极其宝贵的救助自己女儿的机会。

在你每天结识的人当中，你不知道谁会是对你有帮助的人，只要你不放过任何一个帮助别人的机会，也许这其中就有能够为你提供帮助，甚至改变你命运的人。

帮助每一个和你有过一面之缘的人，是我们最终能够获得别人帮助的一个重要条件。不要错过任何一个帮助别人的机会，帮助别人其实就是在帮助自己。

增加自己的“可利用”价值

人与人的交往，从本性上来说，多半是想从交往对象那里满足自己的某些需求，这种满足既有精神上的，也有物质上的。按照人际交往的互利原则，人与人之间的交往，既要讲感情，也要有功利，人际交往中的互惠互利是合乎社会的道德规范的。

这并不是说我们势利，因为人要生活在这个世界上，必须通过其他人的帮助才可以生存。如果一个人对别人没有任何“利用价值”，那么

这个人在这个世界上就没有生存的意义。

换个角度想一想，如果你自己对别人没有任何帮助，那么，别人也不会对你倾注热情，没有一个人喜欢只会索取而不知道给予的人。所以，要想赢得别人的帮助，得到别人的器重，我们首先要做的就是提升自己的“可利用”价值。

人际关系学家认为，互利是人际交往的一个基本原则。人与人之间的关系不是索取和奉献的关系，而是相互帮助、相互利用的关系。

每个人的人脉都是一张网，网中的每个人包括你自己都是网上的一个节点。节点越多越牢固，网才能越大越牢固。反之，如果节点很脆弱，无力承受更多的节点，那么，也就不能联结到更多的节点。而所谓的牢固与脆弱，也就是我们所说的利用价值的大小。

你的人脉网中是不是也有很多节点，是不是也有牢固的和不牢固的，是不是牢固的节点周围会联结更多人脉，而脆弱的节点周围的人脉却寥寥无几。而那些牢固的节点往往在整张网中起着关键的作用，它联结起了越来越多的人，是我们网中的关键节点。

如果你也想成为自己或者别人网中的关键节点，那么，就要不断提升自己的“可利用”价值，让自己可以被更多人所用，你也就会有更多的人脉，有更多的人为你所用。

我们生活的地球是圆的，即使一直向前走，最终还是会走回到起点。我们生活中的人脉关系网也是圆的，在这个圆形的人脉网中，人与人之间的关系是互动互助互利的，就如同作用力和反作用力一样。你帮助了别人，你的帮助就像接力棒一样依次传递下去，终有一天还会传到你的手中。所以，如果你想永远得到别人的帮助，那么，先伸出自己热情的双手，把自己的帮助送出去，也许你的善意会在不久的将来以无数倍的力量返还给你。

互联网让世界变小

人际关系的维护，离不开人与人之间的交流与沟通。现代社会，生活节奏越来越快，人们越来越繁忙，导致人们越来越没有时间相互交流。而同时，因为分工越来越细，人与人之间的互助和互动性也变得越来越重要，离开与别人的交流，你几乎寸步难行。而在这样的一个矛盾中，互联网的出现，似乎帮了人们一个很大的忙，让忙于工作和生活的人们可以利用一个很短的时间完成人际关系方面的交流与维护。

“六度分割”理论

世界很大，但是，人与人之间的交流和沟通让它变得很小。20世纪60年代，耶鲁大学著名社会心理学家米尔格兰姆设计了一个连锁信件实验：他将一套连锁信件随机发送给居住在内布拉斯加州奥马哈的160个人，信中放了一个波士顿股票经纪人的名字，信中要求每个收信人将这套信寄给自己认为是比较接近那个股票经纪人的朋友。朋友收信后照此办理。最终，大部分信在经过五六个步骤后都抵达了该股票经纪人手中。这就是有名的“六度分割”理论的由来。

“六度分割”理论表达了这样一个概念：任何两位素不相识的人之间，通过一定的联系方式，总能够产生必然的联系或者关系。你和

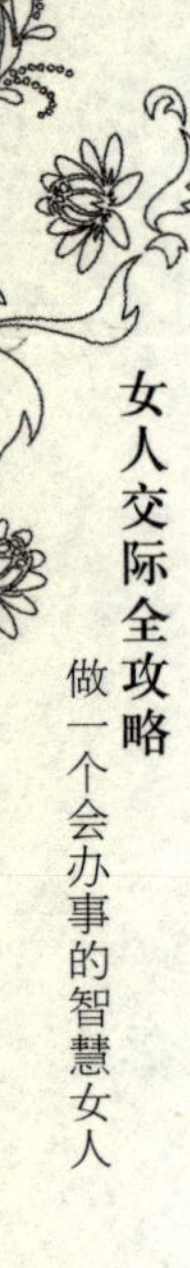

任何一个陌生人之间所间隔的人不会超过六个，不管你和对方身处何处，哪个国家。不用惊奇，你和布什或拉登之间也只有六个人，而且构成这个奇妙六人链中的第二个人，竟是你认识的人，也许是你的父母，也许是你大学同学，甚至可能是办公室里每天帮你擦桌子做清洁的阿姨……也就是说，最多通过六个人你就能够认识任何一个陌生人。

在“六度分割”理论中，这个原本很大的世界其实就是一个“小世界”，只要我们愿意，只要我们有信心，我们可以跟世界上任何一个人取得联系，包括奥巴马和迈克尔·乔丹。而互联网的出现，让世界变得更小，人与人之间的联系变得更快捷、更方便。

网络与“六度分割”

时间进入21世纪，“六度分割”理论也就自然而然地与互联网联系在一起了。2001年，哥伦比亚大学社会学系的一个研究小组开始在互联网上进行这个实验：他们建立了一个实验网站，终点是分布在不同国家的18个人（包括纽约的一位作家、澳大利亚的一名警察以及巴黎的一位图书管理员等），志愿者通过这个网站把电子邮件发给最可能实现任务的亲友。实验的结果是一共有384个志愿者的邮件抵达了目的地，而这些电子邮件大约都只花了五到七步就传递给了目标。

2006年，微软公司的研究人员为证实“六度分割”理论，也专门开展了实验，他们随意挑选了当年的一个月份，记录下当月所有通过微软网络发送短信的用户地址。通过对300多亿条地址信息进行分析，最终得出结论：多达78%的用户仅通过发送平均6.6条短信，或者说通过6.6步，就可以和一个陌生人建立联系了。

互联网时代是一个速度的时代，在我们与陌生人仅仅相隔六个人的空间基础上，互联网的速度让我们在超越这六个人的时候变得更快捷、更容易。伴随着互联网的出现，商家也在大量地增加着一些便于人们交流的软件QQ、MSN、SNS等，这些软件被统称为社会性软件，这些软件的出现，让人们之间的距离更加迅速地缩短着。

在国外某些国家，现在更流行的是一种快速交友或者商业联系的工具，例如LinkedIN。通过这个软件，人们可以更容易地在全球找到和自己有共同兴趣爱好、共同价值取向的人，更容易发现商业合作的机会，从而更容易达到不同人群之间的相互理解和交流。

虽然互联网是虚拟的，与和商业社会所要求的实名、信用隔着一条鸿沟。但是，通过熟人联系，通过“六度分割”，人与人之间将会产生一个可信任的网络，这其中的商业价值是无可估量的。

利用互联网，迅速提升人脉

互联网的出现，使人与人之间的交流越来越轻松、越来越开放了。首先，无处不在的QQ、MSN等聊天软件，让人与人之间的交流变得畅通无阻。如果你在现实生活中找不到谈得来的朋友时，可以去网上寻找知己；如果你没有时间维护与现实中的朋友的关系，最快捷最有效的方法应该就是互联网了。互联网使天南海北的朋友打破了时空限制，同时，让大家从现实的压力和束缚中解脱出来，展示出我们自己真实的一面。互联网已经深入到我们生活的方方面面，让我们每时每刻不能离开。

网络论坛（BBS）是另外一种形式的发表自己观点，并且不需要正面交流的网络交流方式。在这个论坛上，你可以发表自己的观点让大家来评论，也可以参考和评论别人的观点和看法。在论坛中，可能随时会有高手出现，大家在这里可以相互欣赏、相互借鉴，也许会通

过交流沟通成为现实的朋友，这无疑对你来说是一笔不小的收获。

电子邮件已经成为代替纸质信件，而且在人们的工作和生活中又必须拥有的一种情感和信息表达的方式。生活节奏越来越快，以前用一个小时写信，然后再用一个星期甚至半个月的时间等待朋友的回信的交流感情的方式，已经无法适应现在人们的快节奏生活。而电子邮件的出现，恰恰顺应了人们的这种需求，这无疑是给现代濒临危机的友情打了一剂强心针。

我们再说说另一种网络交流方式——博客（Blog），博客是一个可以属于自己也可以与别人共享的自由的空间，人们可以通过建立自己的博客，发表自己的心得，同时，也可能通过让别人看到自己的博客，为自己聚集大量“志同道合”的朋友，这样就可以很容易地在全世界范围内找到和自己有共同志趣的人或者发现商业机会，达到不同群体之间的理解和交流。

互联网已经成了现代社会人与人之间交流不可或缺的一种方式，互联网与“六度分割”的结合，又在人们本已经缩短的空间关系上，这就更增加了人们利用互联网的频率和必要性。因为，任何人在与其他个人或群体进行交往时，总是要达到自己的某种目的，或者满足自己的某种需要。

让自己的关系网越织越牢

人与人之间的交往是需要遵循一些原则的，要想让你的人脉关系网结得又大又牢，你就不能破坏这些原则。否则，不是你网中的朋友被你挤走，就是对方主动逃开，让你的网处于一种动荡状态、摇摇欲坠，更不要说你网中的人脉能够为你提供帮助了。那么，作为一名女性，我们在与人交往时，需要遵循哪些原则，才能让自己的人脉网越织越牢呢?

选择“对等”的对象做朋友

社会心理学中有这样一句话：“我们喜欢那些同样喜欢我们的人。”人们在选择人际交往对象时，一般都会把那些喜欢自己的人列为首要考虑的人选。这是人际交往过程中的一种常见效应，即交换对等定律。

人与人之间的交往需要遵循对等定律。在与别人交往的时候，人都是有一个心理需求的，就是希望对方能够满足自己某些方面的需要。所以，人们在选择交往对象的时候，一般会选择与自己各方面条件对等的人作为交往对象。

在当今这个时代，人们彼此间的交往大体上是一种对等的结合。在对等的基础上的交往才会稳定，而不对等的交往会存在不平衡的因素，所

以，稳定性也比较差。

但是，现实生活中，并不是随时有和你条件相当的人在那里等着你去认识和接触，而我们也不能因为对方条件与自己不对等而不与对方交往。为此，人们就把对等效应做了一个“灵适使用”，成为一种“等值交换”。

比如，有些人先天条件比较好，无论是相貌还是家庭背景都比别人强一些，而有些人虽然先天条件不足，但是后天的修养比较好，无论是学历能力还是身份地位，都不比别人差。这两种人也可以算是一种资源的对等，这两种人都可能交到与自己不一样条件的朋友。双方各取所需，互利共赢。

作为一名普通的女性，如果你本身没有什么先天的优势资源，但是，又想与比自己条件好的人结交，那么，就要通过后天的努力，让自己的学识修养以及能力气质方面得到提升。这样，即使自己没有与对方一样优越的条件，但是，起码可以有与对方等值交换的条件。这样，才能结识优秀的朋友，才能让朋友关系维持得更长久。

朋友间不可过分控制和依赖

女性朋友中有一些性格柔弱的人，这些人在与朋友相处的过程中，往往会过分依赖对方，处处听从别人的意见和建议，没有自己的主见和独立性。朋友并非你的监护人，没有法定的责任义务来保护你，朋友可以给你支持，但是，如果你事事游移不定，凡事都要依赖朋友，那么，你很快就会成为朋友的包袱，甚至让朋友有一种急于摆脱离你的想法。其实，即使是父母也不会让你处处依赖，一个人一旦长大成人以后，就应该有自己的思想和主见了。

反之，也有一些性格比较强势的女性，在与别人相处的过程中，喜欢处处以自我为中心，处处想要控制别人，让别人在自己的指挥下行事。那么，有哪个人愿意总是受你控制呢？你与和你交往的人之间应该是平等的关系，你没有权利控制别人，也没有人会心甘情愿受你控制。所以，如果你总是喜欢控制别人，那么，你身边的朋友会很快都会逃之夭夭的。

梅琳是一位年轻的妈妈，刚刚乔迁新居的她急于在自己的小区里找到一个谈得来的知心朋友，这样，她就不会感到寂寞和无助了。

天遂人愿，梅琳很快就结识了一位热心的大姐——罗姐。罗姐是个能干的女人，不仅给予了梅琳足够的热情和关心，而且，处处以一个大姐的身份，呵护着本来身体就娇小的梅琳，让别人不敢对梅琳有什么无礼的举动。这让初来乍到的梅琳着实感受到了温暖。

但很快，梅琳就感受到了温暖背后的压抑。因为和罗姐在一起，梅琳感觉没有自己了，她听到最多的话就是“你应该”、“你不应该”、“你最好”、“你必须”……梅琳感觉自己的一言一行、一举一动都在受着别人的控制，她感觉很难受。

终于，梅琳决定要走出来，她不再经常和罗姐一起行动了。再后来，两个人的关系变得越来越淡。

无论是依赖还是控制，都是不太健康的人际交往方式，这样的方式在女性中尤其多见。这样的人，大多身边不会有太多朋友，也不会有时间很久远的朋友。因为与这样的人交往，无论你是被依赖还是被控制，都会是一种负担，时间长了会让你无力承受。

每个人都应该是一个独立的个体，即使再亲密的朋友之间，也不要过分地依赖或控制对方。两个人的关系发展到一定程度以后，也许被依赖和控制的双方，都是在一种无意识的状态下被依赖和控制的。但

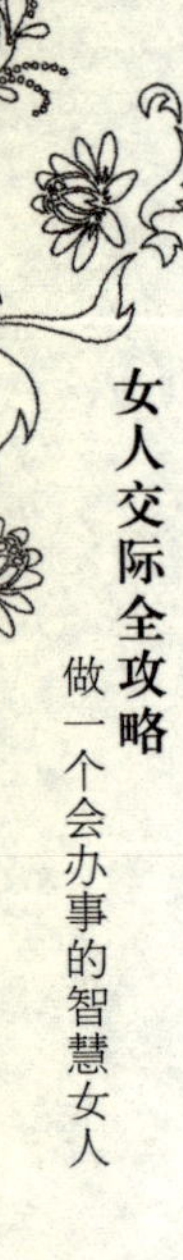

是，这种被依赖和控制的关系，一旦形成习惯，会给双方都造成一种心理负担。

用欣赏的眼光看待你的朋友

在人际交往中，人们在潜意识中都渴望得到别人的肯定，希望自己的观点得到尊重和理解。因此，在与朋友交往的过程中，应该给对方多一些肯定和理解。

肯定对方并不是随便地敷衍对方，而是“放低姿态”，以一种欣赏的眼光去看待对方。以欣赏的眼光看待对方，你会在欣赏别人的同时，发现每个人身上都有这样或那样值得你学习借鉴的优点和特长，这样，你会不自觉地以一种尊重和肯定的姿态与对方相处，对方在得到你的肯定和尊重之后，自然也会给你相同的回报。

每个人都有优点和缺点，但如果你只看到别人的缺点，那么生活就会变成悲剧；如果你学会欣赏别人，那么你的生活便会由你导演成一部喜剧。随时以欣赏的眼光看待你周围的朋友，你会收获更多的人脉，你会永远都是人际网中那个最结实、最牢固的节点。用欣赏的眼光去看待身边的朋友，会让你的世界开满鲜花、充满欢乐。欣赏别人是一种理解、一种智慧、一种境界！

对于你自己来说，欣赏别人的过程也是一个向别人学习的过程，在你欣赏别人的同时，可以让自己获得更多自己身上还不具备的优点。

不要吝啬自己的掌声，肯定别人、欣赏别人，可以换来别人对你的信任与尊重，让他们成为你的支持者。

诚信让你成为值得信赖的朋友

“诚”是指待人真诚，交往时童叟无欺；“信”即是信守承诺，“言必信，行必果。”孔子说：“人而无信，不知其可也。”意思是说一个没有诚信的人，不知道他还能做成什么事。诚信是一个人的立身之本，是为人处世的基本底线，也是交际时打开别人心门的一把钥匙。

人无信则不立

中国人历来把守信作为一个人为人处世、齐家治国的基本品质。主张言必行，行必果。贾谊说：“治天下，以信为之也。”小信成，则大信立。清代顾炎武也曾赋诗言志：“生来一诺比黄金，哪肯风尘负此心。”表达了自己坚守信用的处世态度和内在品格。

在人际交往中，诚信是最基本的处世之道，也是最有效的成功要素之一。诚信是一种道德品质和道德信念，是做人的最起码要求，更是一种崇高的人格力量。一个人拥有了诚信，实际上就是在为自己积累一种无形的资本，这种资本可以让你赢得声誉和信誉，获得应得的利益，最终使得你能够“既得利益最大化”。

生活在这个社会中的人们，只有形成一定的社会关系，才能从事物质生产和社会生活。一个人无论能力多么强、多么全面，也不能离群索居，也要依托于各种社会关系。而一个人社会关系的维护，需要以诚信为最基本的原则，诚信是人际交往中的最基本需要。

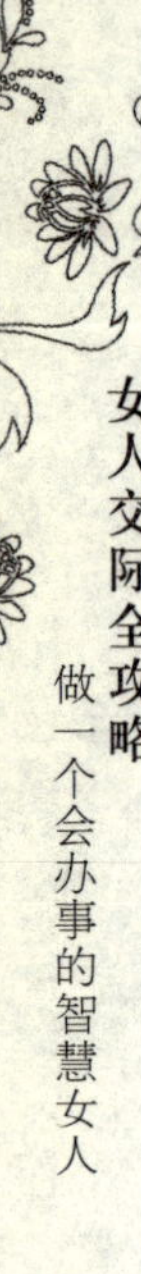

一个人的信誉被别人认可，需要一个长期、缓慢的过程，在这个过程中，也许你没有得到很明显、很具体的利益，或者在短时间内你没有发现诚信带给你的好处。但是，你会发现，只要你诚实守信、信守承诺，那么，即使你没有得到“利益最大化”，起码可以保证你长期“风险最小化”。

重一诺胜过得千金

一个人言而有信，信守承诺，自然能够得到朋友的认可，获得大家的尊重和友谊。那么，在关键时候，也有人愿意帮助你。相反，如果你失信于人，失信于朋友，别人自然也会因为你的失信而对你产生不信任。对于一个不信任的人，别人自然也就不愿意和你交往了。

秦末，有一人个叫季布的人，一向信守承诺，信誉非常高，许多人都和他建立起了深厚的友情。当时甚至流传着这样的话：“得黄金百斤，不如得季布一诺。”这就是成语“一诺千金”的由来。后来，他得罪了汉高祖刘邦，被悬赏捉拿。结果，他旧日的朋友不仅不被重金所惑，而且冒着灭九族的危险来保护他，才使他免遭祸殃。

“轻诺必寡信，多易必多难。”承诺，是别人对你信任度的检验，放弃承诺就是放弃自己。在人际交往中，对于自己无法实现的事情，不要轻许诺言，一旦承诺了，就一定要尽最大的努力去做到。应允别人的承诺，如果自己没有办到，不但给别人造成不便和损失，也会让别人对自己的信任度降低。

良好的信用无法在短时间内形成，人良好的信用度需要长时间的积累，在不断与人交往的过程中，慢慢地被别人认可。

信守承诺是一项重要的感情储蓄，不信守承诺则是在透支未来的利益。美国著名的政治家本杰明·富兰克林曾经对一个青年人说：“你要切记，信用能够使一个人在任何时候、任何场合聚集起他的朋友们所用不着的大量的金钱。借钱到了该还的时候，一个小时也不要耽误，否则一次失信，朋友的钱袋就会永远向你关闭。”

诚信为你打开人际之门

在中国的传统中，讲究做人应当以诚信为本，这是做人的基本原则。在现代社会，人的思维更加活跃，思想更加开放，人与人之间在交往时似乎更讲究一些技巧和方法。现代社会许多人都喜欢把交际关注点集中在交际技巧方面，这也没有什么错。但是，技巧的前提是以诚信为基础，如果把所有的心思都放在技巧上，其实这是舍本逐末，终究是难以达到搞好人际关系的最佳效果的。相反，以诚信为本的人，即使交际技巧不足，时间长了，也会逐渐被大家认可，一样也可以交到真心的朋友。

许多年以前，在喜马拉雅山南麓尼泊尔有一个偏僻的小村子。一天，来了几位外国人，他们在这里驻扎了下来，并请当地人帮忙买一些日用品。

这天，几位外国人中的一位摄影师请当地的一位少年帮忙买啤酒，这位少年为此走了三个多小时的路才买到。于是，第二天，这几位外国人仍然请这位少年代买啤酒，这次摄影师给了少年许多钱，让他多买一些回来。但是，少年拿着钱走了以后，直到第三天下午也没有回来。

几位外国人心里有些不安了，他们想：肯定是那个少年见钱眼开，拿着他们的钱跑了。

第三天夜里，少年敲开了摄影师的门。他哭着向摄影师讲述了他买啤酒的经过。原来，因为村子太偏僻，每家店里啤酒的库存都很

少。少年在一家店里只买了4瓶啤酒。然后，他又翻了一座山，趟过一条河才购得另外6瓶，没想到在返回时不小心摔坏了3瓶，可是，自己却无力赔偿。少年站在摄影师面前，拿着碎玻璃片，哭着向摄影师交回了零钱，表示自己不是故意摔坏酒瓶的。

听到少年的哭诉，几位外国人深受感动。他们安抚少年，表示不会让他赔偿啤酒的。再后来，外国人把很多事情都会交给少年去代办，并且会给他一些费用作为报酬。

这几位外国人走了以后，把这个故事讲给了他们周围的人，慢慢的，很多人都知道了这件事情，也就有越来越多的外国人到这里来观光旅游了。

因为一位少年的诚信，而让这个偏僻而少人问津的小村子后来成了许多外国人争相去观光的旅游地。

诚信是人际交往的名片，是一个人赢得别人信任的重要条件。在社会交往中，人们相互交换，相互帮助。只有诚信，才能建立与他人的交换关系，才能得到社会关系为人们带来的种种便利和好处。一个守信用的人，所有的人都愿意和他交往；人如果不讲信用，就很难在这个社会立足生存。

无论是在传统社会还是现代社会，在人际交往中，诚信都是非常重要的，而且，无论到什么时候，一个人做人的根本还是以诚为标，以信为准。

亲和力，女人交往中温暖的阳光

亲和力，在新闻传播学上指报道与受众之间的紧密感、亲切感、信任感、互动性、关注度和接受度。日常生活中，亲和力可以有多种表现形式，如微笑、抚摸、握手、拥抱、嘘寒问暖、温婉的语调、深情的注视等。对于女人而言，一个冷冰冰的总是拒人于千里之外的美人是不受欢迎的，亲和力胜过一切美貌！

具有亲和力的人，容易让人产生亲近感。可以说亲和力是女性的天性中就具有的一种能力。具有亲和力的女人在与人谈话时，口气总是柔和的，态度是友善的，脸上也总是时刻保持着微笑。这些具有亲和力的表现方式，往往能有效地消除人与人之间的隔膜，拉近彼此之间的距离。

亲和力让你轻松赢得好人缘

在与人交往的过程中，良好的人际沟通能力与亲和力是每个女人都应该具备的。而良好的人际沟通能力，在一定程度来也来源于良好的亲和力。亲和力能为你带来许多好处，它不仅能使你获得更多的友情，感受人与人之间的关爱与温暖，还会使你的人脉资源迅速扩展，让你获得意想不到的好前途和好机会。

肖梅妮是一位事业有成的女商人，事业有成、生活富足的她在

生活中非常讲究品位。无论从服装的品牌、款式还是头发的造型以及饰品的佩戴上，都讲究搭配和谐一致。而且，总是和上层社会打交道的肖梅妮，在自己的言行举止方面更是形成了一整套非常严谨的礼节和礼仪。在哪种场合应该有什么样的言行举止，要有什么样的穿戴造型，都有着一定的规则和讲究。

但是，肖梅妮也有一种疲惫感，于是，她想到一个小镇找一处房子，放松一下自己紧张的生活节奏，减轻一些自己的压力，去过一过轻松自在的生活。

想到就做，做事干脆的肖梅妮搬到了远离大都市的一个小城镇。在那里，她感受到一种远离都市、远离繁华的轻松和安宁，而且，她也很喜欢那里的风土人情，喜欢那个地方纯朴的民风和生活在那里的人们。但是，几天以后她就发现，自己在这个地方似乎并不受当地人的欢迎。

后来，她的一位朋友为她解开了谜底，原来，虽然她很善良、很友好，真心想与当地人接触，但是，长期凡事讲究的生活，对于她已经是一种习惯。在与当地人接触的时候，她的穿着和交谈方式让当地人觉得她在装腔作势、高人一等，因而并不喜欢这个来自大都市的富有女人。

听从了朋友的建议，肖梅妮试着去改变自己，她试着去穿着一些当地人喜欢穿的土布衣服，很随意地和别人聊家常，参加当地人举办的一些活动。很快肖梅妮就发现，人们开始接近她，甚至主动和她打招呼。没过多久，肖梅妮就和那里的人们成了无话不谈的朋友了。

肖梅妮因为一直习惯于比较严谨的生活而让自己变得没有亲和力，所以，在与偏远地区小镇上的人们接触时，受到了他们的排斥和抗拒。而她经过调整后，因为有了更随意、更亲切的态度，那里的人们也就很快改变了对她的态度，使她在那里有了更多的新朋友，过上了她想要的真正轻松的生活。

用亲和力去感染别人

用自己的亲和力去感染别人，是最容易与人建立良好关系的。生活在这个社会中，无论你是哪个行业的人，只要需要与别人打交道，就不能忽略亲和力在人际交往中的作用。

从人的本性来说，两个人一旦成为朋友，就会产生强烈的一体感和依恋之情，如果你能在与人交往时很快使人产生亲近感，那么，你很快就会成为对方的密友。

人都怕被拒绝，这是天性。如果你在与人接触时，总能保持一张微笑的面孔，有和气的态度，就会让别人感觉很安全，这样就减小了别人的恐惧感，别人自然会产生与你接触的愿望。很多时候，甚至不需要你主动和别人联系，别人就会找上门来主动与你交流，这就是你的亲和力起了作用。

两位管理学专家，哈佛商学院的蒂齐亚纳·卡夏罗和杜克大学的索萨·洛沃，分析了多种职场关系后得出的结论是："大多数人宁愿与讨人喜欢的傻瓜一起工作，也不想和有本事的讨厌鬼共事。"卡夏罗强调说："员工有问题总愿意找他们觉得可亲的人帮忙，即使这个人的水平不高。"

提升你的亲和力

每个人都有一个无形的"自我保护圈"，通常只有非常亲密的人才能进入，否则不容易进入这个范围。但反过来说，若对方已经进入这个圈内，则往往就会觉得对方与自己的关系亲密。女人可以适当地

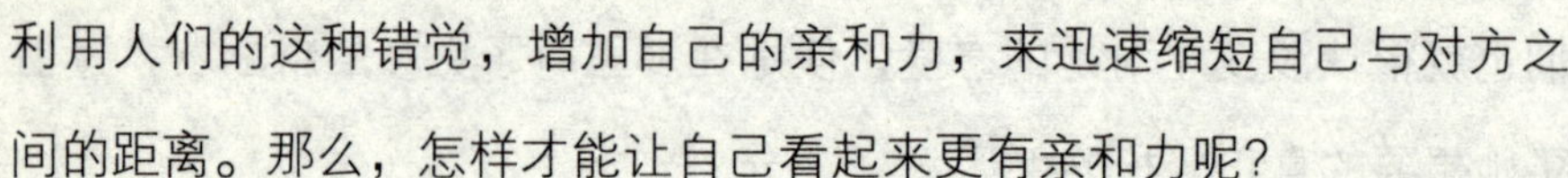

利用人们的这种错觉，增加自己的亲和力，来迅速缩短自己与对方之间的距离。那么，怎样才能让自己看起来更有亲和力呢？

（1）常联系，增加见面次数：与别人的亲近感与双方接触的多少有很大关系。人际关系的培养，主要是为了能够给对方留下一个亲切的好印象，而逐渐给对方留下的好印象，比集中一次给对方留下的好印象更不易被人淡忘。

做销售工作的朋友可能会有这样的感受：经常到客户那里去坐一坐，或者打个电话问个好，时间长了，双方就好像成为很熟悉的朋友了。而一次性的长时间的交谈，未必能给陌生的客户留下什么太深刻的印象，除非你真的有什么特长或特点打动了对方。而一个人的销售业绩往往都是从那些多次有联系的客户那里得来的。

（2）与对方并肩而坐：一般来说，与人对面而坐，在双方目光相碰的瞬间，往往会有一些尴尬和紧张，如果对方是陌生人或是身份地位相对高一些的人时，会让我们更加紧张，甚至不敢再看对方，其实，这是一种正常的心理反应。当与人谈话时，对面而坐容易产生对峙感，并肩而坐则容易产生一体感。

与人肩并肩谈话，在精神上绝对比面对面谈话更轻松，因此，在与人交流时，尽量与对方并肩而坐，这样，对方往往比较轻松，更容易与你形成亲近感。

（3）与对方身体接触：与对方进行身体接触，可以迅速地缩短彼此间的“心理距离”。例如，当你去商场买衣服，售货小姐拿皮尺帮你量身体的尺寸时；或者你去理发，理发师用手整理你的头发时，由于与对方距离很近，你会在瞬间与对方产生一种亲近感。

这一点是人的自然的心理反应，女性可以充分利用。如女性与女性之间的手挽手，或者年长一些的女性对年轻者的安抚或拥抱……女性在适当的时候，运用适当的肢体语言，与别人有一个零距离接触，会在瞬间把双方的心理距离拉得很近。当然，运用肢体语言进行零接触时，一定要把握好一个度，如果把握不好，也许容易引起误会。

无论以哪种方式让自己看起来更具亲和力，有一点儿是女性朋友需要注意的，那就是要尽量保持轻松愉快的心情。当一个人处在高度的压力下，就会出现焦虑的情绪，变得烦躁不安。这个时候，即便内心愿意表现出温和微笑的表情，也往往无法控制自己的情绪，表现得烦躁易怒，让人不敢靠近。所以，如果你感觉自己压力较大，情绪紧张，那么，适当放松自己，保持一个轻松愉快的心情，这样，你才能够让自己拥有一个良好的亲和力。

女人天生就有亲和力，这一点毋庸置疑。因此，女性朋友在与陌生人接触时，可以充分发挥自己这一优势，快速拉近与陌生人的距离。

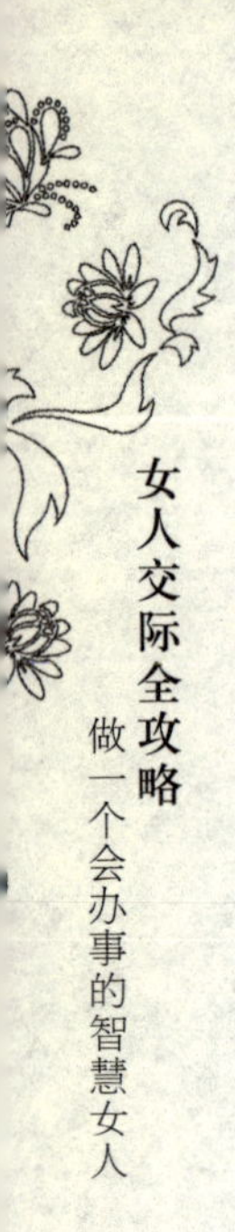

女人要用好“自己人效应”

在与人交往的过程中，许多人都是带着戒备心理的。在公共场合，一个群体中，人们更喜欢先找熟悉或亲近的人来交流，对于陌生人则显得不太热情。如果你想让你的新朋友更快地成为老朋友，就必须让对方尽快消除这种戒备心理，让对方感觉你是他很熟悉、很亲近的“自己人”。

通过自己的言谈举止和人格魅力，让对方把你与他归为同一类型的人，这样对方就比较容易接受你的意见或建议，并且对你产生一定的信赖，这就是“自己人效应”。

“自己人效应”是一种交际手段，实际上交往双方之间并没有血缘或者亲戚关系，甚至算不上关系很好的朋友。但是，在人际交往的过程中，通过“自己人效应”，可以达到让对方把自己当成与你一样的人，而后不自觉地拉近与你的心理距离，从而与你亲近起来的目的。

“自己人效应”让人找到归属感

心理学研究表明，每个人都害怕孤独和寂寞，希望自己归属于某一个或多个群体。群体的归属是人的一种需要，这种需要不仅是身体上的，更是心理上的。当归属感被满足时，人们就会感到温暖，从而消除或减少孤独和寂寞感。“自己人效应”就是满足归属感的一种方法。

人们最初的归属感来自家庭，一个孩子从出生开始，就需要家庭的温暖。长大以后，人们除了家庭以外，还希望融入其他群体当中。无论孩子还是成年人，如果找不到归属感，就无法安乐，这样既会伤害自己，也会伤害别人。

从某种意义上讲，人际交往就是一个寻找归属感的过程。当一个人通过交往建立起自己的朋友圈子时，往往就会感觉，自己是这个圈子里的人，这个圈子里的所有人都是跟自己很亲近的“自己人”，这样就满足了自己内心归属的需要。

归属感包括5个维度：舒适感、识别感、安全感、交流感、成就感。对此，“自己人”都可以一一满足这些。一般来说，人们在生活中碰到挫折或遭遇困境时，对归属感的需求就会变得更加强烈。

因此，女人可以利用“自己人效应”，让对方把你当成“自己人”，满足对方内心对归属感的需求，就可以轻而易举地赢得对方的认可。

让对方把你当成“自己人”

心理学家哈斯说过：“一个造酒厂的老板可以告诉你为什么一种啤酒比另一种好，但你的朋友，不管是知识渊博的，还是学识疏浅的，却可能对你选择哪一种啤酒具有更大的影响。”这就是因为人具有相信“自己人”的倾向。那么，怎样让对方尽量快地把你归入到“自己人”的行列里去呢?

（1）找出双方都感兴趣的话题，循序渐进地增进了解。兴趣爱好相同的人，往往更容易进行沟通和交流。因此，如果你想快速地拉近与别人的距离，就要善于找一些双方都感兴趣的话题作为铺垫，让对方在认同你们共同爱好的同时，把你当成和他一样的自

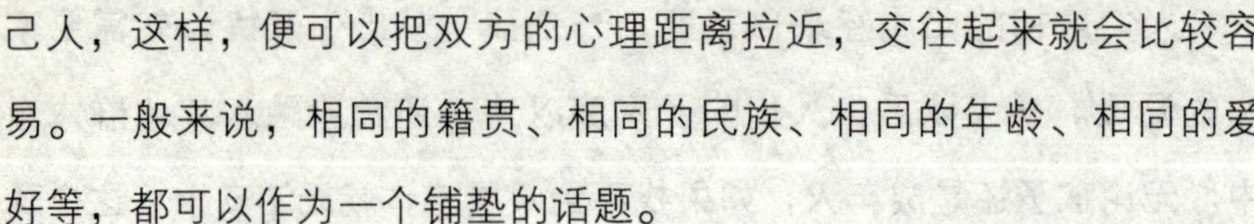

己人，这样，便可以把双方的心理距离拉近，交往起来就会比较容易。一般来说，相同的籍贯、相同的民族、相同的年龄、相同的爱好等，都可以作为一个铺垫的话题。

（2）强调自己和对方是平等的。要想取得对方的信赖，先要和对方缩短心理距离，与之处于平等地位，这样才能提高你的人际影响力。如果彼此所处的位置不一样，即使你的言辞表述多么堂皇，也不能引起对方的共鸣。

一般而言，人们总是对和自己有共同点的人信任度更高一些，因此，要想让对方成为“自己人”，就要把对方放在和自己平等的位置上，而不是高高在上，拒人于千里之外，这样，才能够拉近和对方的距离。

在与对方有争论的时候，如果你要说服的对象是一个高高在上而又固执己见的人，要想让对方服从你的观点是很难的。对于这样的人，把对方当做自己，感同身受地把对方的感受反馈给对方，站在他的角度去说问题、讲道理，这个时候，对方往往会很容易就接受了。如:“我很理解你的心情，如果我是你，我也会这么做。”这样的体谅将会使对方感到舒服和受尊重。

抗日名将冯玉祥的诗中曾有“重层压迫均推倒，要使平等现五洲”的句子，他以“要求平等”号召士兵起来反抗。并且身体力行地实践着“平等”二字。平日里冯将军与士兵一起吃粗茶淡饭，关心他们的生活，倾听他们的思想和想法，甚至亲自为伤兵们尝汤喂药，擦身搓背。在这种行动的感召之下，士兵们都感到冯将军没有架子，与自己处于平等地位，因此把冯将军称为“真正的自己人”。

（3）找到与对方的共同点。人与人之间都是有共同点的，也就是“共同意识”，在与别人谈话过程中，如果出现观点有冲突的时候，敏锐地把握这种共同意识，就可以很快地缩短与对方的心理差距，让对方感觉你是“自己人”，这样就能很容易地达到说服对方的目的。

某中学校长发表以“矫正中学生早恋”为主题的演讲，她的开场白是这样的：“我上中学的时候，也不知道怎么回事儿，突然喜欢上了班里的一个男孩。整整一个学期，我几乎没有一天认真地听过课，上课时总是禁不住去看他，下课后也无时无刻不在想着他。如果哪一天他没来上课，我就会魂不守舍，满脑子想的都是他。”在场的学生听后顿时鸦雀无声，他们很意外，平日里看起来如此严肃的校长，原来竟然和他们一样。

看到学生们没有出声在等待她的下文，这位校长接着指出，青春期早恋并不是什么丢人的事儿，喜欢异性同学不过是青春期性萌动的正常反应。接着，她又谈了自己对早恋的一些看法，引导学生们正确对待早恋，不要因此而影响了学习。

演讲结束后，学生们都觉得校长亲切可信，有些学生还把自己的早恋问题通过写信的方式告诉校长，希望得到她的帮助。从那以后，平日里严肃的校长竟然成了学生们的“知心姐姐”。

强调双方的共同点，就会让对方认为你是“自己人”，从而对你提出的建议更易于接受。这位中学校长，就是利用了这一点，让自己的学生们知道，她的学生时代也与他们一样有过青春的萌动，有过懵懂的初恋。然后，以“自己人”和过来人的身份，引导这些孩子们走出青春的困惑。

无论是平等交流还是寻找共同点，目的只有一个，那就是为了让彼此的心灵处于同一平面上，这样才有可能产生“共振”，让对方感觉你是和他一样的“自己人”。

第七章

婚姻中的相处之道，让爱情长久常新

爱情需要经营，婚姻需要经营。一纸婚约无法永远守住一颗心，要想让爱情长久常新，就需要女人不仅付出感情，更要拥有智慧。经营婚姻有时候比经营事业还要劳神费力，因为其中夹杂着过多的感情因素。作为一项长久的、艰苦的活动，它需要女人投入更多的爱心和耐心。

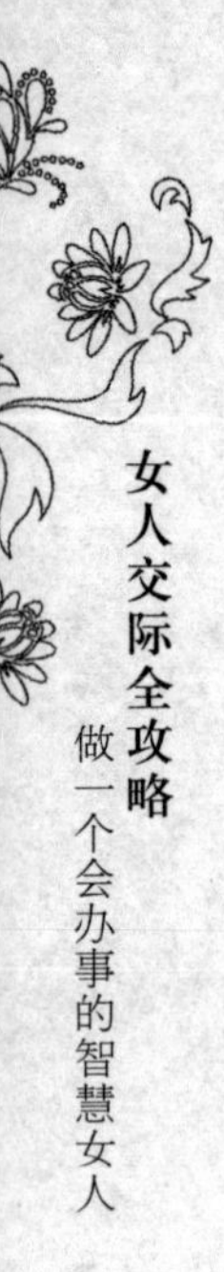

在男人面前学会收敛你的强势

男人和女人组成一个家，家，应该是一个充满温馨和浪漫的地方。在家中，男人和女人不再是一个绝对独立的个体，而是对方爱的人，是对方不可分离的另一半。所以，处在一个家庭中的女人，要懂得收敛、学会示弱，把光彩更多地让给你的另一半，你会发现，你身边的这个男人会更爱你。

收敛你的强势

太聪明、太独立的女人容易在事业上取得成功。可是如果一个女人不仅有很强的工作能力，而且性格也很强势的话，就会给她身边的男人很大的压力。这样的女人在与丈夫相处的过程中，仿佛时刻都在提醒男人的无能，反而让男人感觉不到温暖。

有一些性格倔强的女人，她们常常很“理智”，却不够“聪明”。她们在任何时候都不肯向男人低头，拒绝男人的照顾，不肯退让半步。这样做的结果除了把自己弄得伤痕累累之外，最多也只能落个独自垂泪的后果。

在夫妻相处的过程中，应该强调示弱，并且还需要结合适当的退让和放弃。女人示弱并不是否认女人的独立，而是更合理地经营家庭和感情。女人要让自己看起来更像个传统意义上的女人，而非一个

“赚钱机器”或女强人，但是，女人内心的勇敢坚强和独立性还是必须要保持的。

张小娴说过：“女人要在两个人的时候柔弱，一个人的时候坚强。”越是事业成功的女人，越要懂得示弱，“白璧微瑕”比“白璧无瑕”更能赢得男人的怜惜与喜欢，少一些指手画脚，男人会感觉轻松一些。越是强势的女人，示弱所产生的威力越大——男人会彻底相信，这个女人只向自己低头。

如果你确实是一个在单位里很能拿得起来的女强人，那么，记住，千万不要把职场上的咄咄逼人带回家，在爱人面前，要懂得迅速转换角色，学会收敛自己的强势。

家不是讲理的地方

夫妻相处久了，容易产生矛盾，常常会为了一件很小的事情也要争个高低上下，以表示自己不是好欺负的。其实，女人这样做是很不明智的。在与爱人的争论中，或许由于你的任性，或许由于你的强势，或许你确实有理在先……总之，你取胜了。如果长期这样，总会伤害到两个人的感情，以至于到最后两个人都会觉得无聊与疲惫。

家不是讲理的地方，家庭生活中本就没有道理可言，女人的不甘示弱，往往会让家庭生活变得更加混乱，让夫妻感情疲惫不堪。

“清官难断家务事”，夫妻之间闹矛盾，不一定非要争个谁输谁赢。聪明的女人在处理家庭矛盾的时候，应该是平静而理智地处理，只要坚持自己的立场和观点，坚持自己的信念，原则性的问题上不做妥协和让步，其他的问题上，不妨装装糊涂。

女人示弱是与男人和谐相处的一个妙招，这叫以守为攻。女人适时适度地向男人示弱，既减轻了男人的心理压力，同时也满足了对方

的好胜心和自尊心，让男人在心疼你的同时，也会在心里暗自感激你。

女人示弱的艺术

相比较男人而言，女人最大的好处就是能在某种程度上示弱。中国的传统观念给予了男人太大的压力，“男儿有泪不轻弹”，作为男人，无论遇到什么困境，似乎只能选择勇敢和刚强。而女人则不同，在男人面前，女人无论是真的柔弱或者只是艺术的示弱，都可以得到别人的理解和好感。从这一点来说，作为女人，应该为自己的性别感到高兴。

女人示弱是与男人相处的一门艺术，女人示弱，要以适当的形式表现出来，做到既不伤害男人的自尊，让他得到虚荣心的满足，同时，也能体会你的良苦用心，在心里对你充满感激。

（1）要真诚地去赞美男人。女人要学会利用一切可能的机会赞美他鼓励他，让男人觉得他的所作所为非常有价值。男人得到自己心爱的女人的肯定，会满足他的虚荣心，让他更有表现欲，从而会有源源不断的动力。赞美是聪明女人的常用手段，即使你明明知道这是一件很容易搞定的事情，也不要因为太容易做到而忽视他的劳动和付出。

（2）用温柔的态度做强硬的事情。对于不能装糊涂的原则性问题，一定不要装糊涂，但是，在方式上你可以改变一下。以一种温柔的方式和态度去“请求”男人，在温柔面前，男人只有“缴械投降”，有时甚至连内容都没弄清楚就一口应承下来。

（3）抓住男人得意的地方示弱。女人示弱，是为了给男人一个表现的机会，而不是真的把他当做“超人”一样来解决所有的问题。每个人都不是超人，都有自己擅长和不擅长的事情。在自己不擅长的事情面前，男人并没有得到在你面前表现的机会，相反，可能还会因为事情做得不好而感觉丢了面子。

男人在无法完成自己不擅长的事情面前，多半也不会在女人面前承认自己能力不够，而是会在心里归咎于你麻烦太多。去请教他得心应手的问题，让他总能很好地完成你的要求，他会乐于帮助，而不会认为你没有能力。

在EQ高的女人的爱情宝典里，女人即使不柔弱，也要懂得示弱，这是一种生活的艺术，是人生的大智慧。所以，如果你想做一个聪明的女人，那么，学会在你所爱的男人面前，收敛你的“优势”，适时适度地表现得“柔弱”一些，让他表现得强一些，相信这个男人会很快就给你一个温馨的回报。

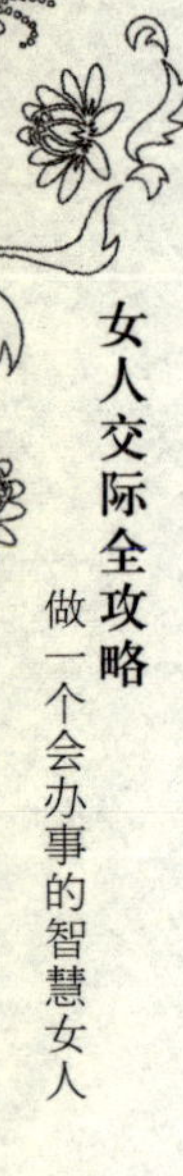

少说多听，唠叨不是女人的专利

上帝在造人时，之所以让人类长着两只耳朵和一张嘴巴，就是为了让人少说话，而多听别人说话。每个人都会遇到开心或者不开心的事，都需要向别人倾诉，来缓解和放松自己的心情，男人也是如此。男人不只需要女人的夸奖，不只需要女人的关爱和叮咛，更需要你倾听他说话，听他的喜怒哀乐。

唠叨是美满爱情的“杀手”

结婚后的女人，既要忙于工作，还要忙于应付家务，繁杂忙碌的生活，让以前的温柔淑女，没有了恋爱时的浪漫，她们往往也不再是耐心的听众，而是变成了一个很负责任的“军师”，对男人的教诲如“滔滔江水”，唠唠叨叨没完没了。但是，唠叨的女人们却没有意识到，男人最难以忍受的女人的缺点就是无休止的唠叨。

唠叨似乎是女人的天性，有科学家对50位男性和50位女性的大脑扫描结果表明，女人的大脑中拥有比男人更善于说话、更善于唠叨的神经细胞。这就决定了女人天性中就有爱唠叨这一项。

大哲学家苏格拉底的妻子兰西波是出了名的悍妇，为了躲避她，苏格拉底大部分的时间都躲在树下沉思哲理；恺撒之所以和他的第二任妻子离婚，也是因为他实在不能忍受她终日喋喋不休的唠叨；而大文豪托尔斯泰更是为了不再忍受妻子唠叨的折磨，在82岁高龄时愤然远走他乡，就是在临终前，他还嘱咐友人别让她前来，好让自己清静地离开人世。

著名的心理学家特曼博士在对1500对夫妇做过详细调查后的结果表明，在丈夫眼中，唠叨、挑剔是妻子最大的缺点，男人对女人的唠叨深恶痛绝。有研究表明，任何一种个性都不会像唠叨、挑剔那样，会给家庭生活带来巨大的伤害。甚至有许多男人能够容忍楼下装修房屋的高分贝的噪声，却不能容忍妻子的唠叨。

大多数女人都不能体会到男人对自己的唠叨有多么厌烦。有研究证明，男人经过一天的辛苦工作以后必须休息30分钟才有精力说话，在男人需要休息的时候，无论女人说什么都会被男人看做是喋喋不休的唠叨。而对于女人却不存在这个问题，无论多么累，女人随时都可以说话，而且是一有话马上就想说。所以，在男人需要休息的时候，女人千万不要硬逼着他和你聊天。这种时候，即使是好话都会让他很反感。

让自己远离唠叨

虽然天性中有喜欢说话喜欢唠叨这一项，但是，作为一个聪明的女人，为了你的爱情和婚姻的美满幸福，为了不让你身边这个你深爱的男人感到厌烦，理智一些，让自己远离唠叨。

（1）话不过三。俗话说，事不过三，再好听的歌曲都有厌烦的时候，再好听的话，重复三遍也就显得啰唆。无论什么事情，无论你的爱人是否答应，只要你提醒过了三次，最好就不要再说了。说过三次，说明他已经完全明白，如果还是没有行动，再说也没有什么用了，否则只能更增加他的对立情绪。

（2）换一种说话方式。女人之所以唠叨，是因为她一直没有达

到她想要的目的。为了让自己目标得以实现，女人只能不停地唠叨。但是，这一点对于男人来说，除了增加他的厌烦以外，没有任何作用。在这种情况下，往往就会引起一场恶性循环，女人越是达不到目的，越是要唠叨；而男人越是听到女人的唠叨，越是不肯去听从女人的指令。最终，弄个两败俱伤方才罢休。

如果女人改变一下自己的思路，改变一下说话的方式，不再用重复性的语言向对方提要求发指令，而是用一种更温柔、更委婉的方式，也许男人会更乐意接受你的指令。因为，温柔对男人的杀伤力是非常大的，没有几个男人能够抗拒女人的温柔。

（3）说话简单明了。对于生活中的一些琐碎小事，男人大多并不关心；而女人则往往在这些琐碎小事上花费很大的精力，并且乐此不疲。女人愿意把自己一天的心得分享给自己的男人，而对于劳累一天的男人来说，看到你穿着裙子的婀娜身姿，远比你买这条裙子时的砍价过程让他感兴趣得多。所以，女人如果实在愿意把自己的想法分享给你的爱人听，那么，就让他静静地坐下来，你告诉他一个结果就是了，其他的，分享给你要好的女伴听吧，也许，她们对这些问题更感兴趣。

（4）明确告诉他你需要他的关心。有时候，女人唠叨的真正目的，并不在于要告诉男人什么，只是想通过她唠唠叨叨的话，引起男人的关心和重视。她们认为，男人对自己的话不在意、不喜欢听，说明他不喜欢自己、不关心自己了，女人就会有一种失落情结，于是，进一步加剧自己的唠叨。而男人的思维却并不是这样，他们似乎很少能够猜到女人话中所隐藏的含义，也很少能够了解女人唠叨背后的真正含义。所以，如果你渴望得到男人的关心，或者对男人有什么诉求，直接告诉他，这样男人反而可以更理性地去考虑是否来满足你的要求。

卡耐基说过："唠叨是爱情的坟墓。"如果你是个唠叨的女人，为了不让你的爱情在婚姻中结束，为了让你身边的这个男人更加爱你，请减少你的唠叨。

学会倾听，男人也需要倾诉

善于说话是女人的天性，尽管大多数男人都不喜欢女人说太多的话，但是，男人还是常常主动或者被动地在听女人倾诉。其实，男人也一样需要倾诉，虽然男女平等，但实际上，男人的工作压力还是要比女人大。而且，因为男人在外面要有个男人的样子，即使遇到再大的困难，男人在外面也要时刻扛着一副盔甲，以显示自己坚强。所以，回到家里的男人，在自己心爱的女人面前，更需要通过倾诉来减轻自己的压力，放松自己的精神。他们需要向女人倾诉自己的委屈，也倾诉自己的快乐。

有学者说过："女人的美丽，一定要配以沉默来搭配，尤其是当你和男人在一起的时候。"很多时候，面对处于压力或烦躁状态的男人，女人并不需要做太多，只要适时地闭上嘴巴，把你的耳朵送给你身边那个需要你的男人，就是对他最大的安慰和鼓励。

文燕与陈东从小一起长大，文燕一直暗恋这位青梅竹马的邻居大哥哥。虽然陈东也能感受到文燕对自己的爱意，但他有一个漂亮的大学同学作为自己的女朋友，在他心里，只把文燕当做自己的妹妹，并没有什么特殊的情感。

大学毕业后的陈东，年轻有为，与人合伙办了一家小公司，虽然规模不太大，但是，也经营得红红火火，而且，和女朋友还计划着等

公司再稳定一些以后就结婚。

但是，天有不测风云，在又一笔大单做成之后，陈东的合伙人竟然携款外逃，陈东被骗了。

本已经快要气疯了的陈东在被女友臭骂一通后，心情更是沮丧到了极点。陈东无处可去，于是，心灰意冷的他找到文燕一起去酒吧喝酒。

几杯酒下肚，陈东开始向文燕诉说自己的艰难：从最初的创业说起，直说到后来公司成了规模，再到这次被骗，自己落得身无分文，还被女朋友臭骂一通，赶出家门。陈东一边说，一边喝酒，而文燕一直陪在旁边，安静地听着。只是偶尔在他新开一瓶酒的时候，说一句："别再喝了，喝多了身体受不了。"

直到陈东说得自己也麻木了，天也快亮了。文燕叫了一辆出租车，把陈东送回了家。

陈东清醒后忽然发现，自己有些离不开这个女孩了，这么多年，自己怎么就忽视了这个女孩的心意呢？如果自己再迟疑下去，也许会后悔一辈子。

第二天，他找到文燕，先就昨天的事情对文燕表示感谢，然后，他结结巴巴地说："我想……我们能不能在一起……相处一下？"文燕愣愣地看着陈东，她甚至怀疑自己是不是听错了。她有些不相信，自己盼望已久的幸福就这样来到了自己身边。

一年以后他们的新婚夜，陈东才对她道出了其中的秘密："亲爱的，知道你陪我那一晚带给我的是什么吗？我第一次发现你是那么美丽，你身上像披了一件有光芒的外衣，虽然你一直在沉默，但是，我感觉到你沉默的背后是相信我、肯定我的。这对我来说很重要。"

也许，文燕做梦也不会想到，因为自己默默的倾听，竟然为自己赢来了盼望已久的好姻缘。而对于陈东来说，文燕耐心的倾听，默默的关心，让他认识到，这个女人对于自己生命中的重要性。在那个时候，文燕默默的倾诉，就是对他最大的安慰了。

有一家公司曾就婚姻家庭关系对男性员工做过一项调查报告，这项调查显示，男性一般不想听劝告，他们需要的是认真倾听。同时，这份报告中还引用了一位心理学家的话："作为一个妻子应该做的一件重要事情，就是让她的丈夫尽情地倾诉在办公室里不能宣泄的苦恼。"能够尽职尽责的妻子，被赋予了"镇静剂"、"共鸣器"、"防哭墙"、"加油站"等称号。

家庭生活幸福的女人都知道，倾听在婚姻生活中占据着重要的地位。她们知道男人更需要安静和安慰，她们知道在男人需要倾诉的时候当他的"垃圾桶"。一个善于倾听男人倾诉的女人，能够让丈夫感觉到她对他的爱、理解和尊重，这就是对他最大的安慰和鼓励。

宽容，婚姻生活中必要的调解剂

宽容是一种生存的智慧，是生活的艺术，是从容、自信和超然的表现。一个懂得宽容的女人是美丽的。在家庭生活中，能够维持感情、营造幸福生活的最终力量，正是女人的宽容。女人的宽容是一种对别人的释怀，也是对自己的善待。

宽容是一种美德

古代有一位老禅师，有一天晚上他到禅院里散步，突然看见墙角有一张椅子，他知道肯定是寺里有人违反寺规越墙出去了。

老禅师并不声张，只见他走到墙边，移开椅子，就地而蹲。果然，不一会儿，一个小和尚翻墙进来。黑暗中，小和尚踩着老禅师的背脊跳进了院子，当他双脚着地时，才发觉刚才踏的不是椅子，而是自己的师傅。

小和尚顿时惊慌失措，张口结舌。出乎小和尚意料的是，师傅并没有厉声责备他，只是以平静的语气说："夜深天凉，快去多穿一件衣服。"

宽容是一种非凡的气度、宽广的胸怀，是对人、对事的包容和接纳。老禅师用他的宽容，化解了小和尚的尴尬，而且让小和尚永远铭记在心，不敢再有违规之举。

宽容是一种爱

有人认为女人宽容是一种软弱，是一种妥协，甚至是一种对男人的纵容。其实，宽容与软弱和纵容无关。每个人心里都有自己的尺度，对于一个真诚的男人，宽容只会激发他内心的激情和斗志，而苛刻和责难却会扑灭他一切热情的火焰。

宽容不是没有底线，虽然在很多时候宽容都体现在妥协、忍让和迁就上，但它更深刻的内涵却是爱和真情。

在我们的婚姻中，爱人应该是我们自身的一部分，是爱的一部分。在这样的一个前提下，甚至于婚姻中产生的矛盾，有时也会是一个插曲。它的意义不是教会我们如何去谴责，而是教会我们如何去避免。即使无法避免了，最终各奔东西，这个时候，女人也不要忘了说：“夜深天凉，快去多穿一件衣服。”

宽容生活中的琐碎和烦恼

女人结婚了，成家了，有孩子了，一切都是那么美好。但是，作为女人，你一定要记住，在你享受婚姻生活美好的同时，也要宽容和接纳婚姻生活中的琐碎和烦恼。

生活是美好的，但也是现实的。一个女人，生活在一个家庭当中，会享受到很多种的爱。但是，凡事都不会有绝对的完美，再多的爱，终也会有被疏忽、被忘记的时候。父母的爱是无私的，父母的关怀也是无微不至的，但他们也有忘记的时候；丈夫对你有再多的爱，终也会有疏忽的时候；孩子很听话，也很懂事，但他在一天天长大，他会渐渐地有他自己的想法。当你遇到被丈夫疏忽、被父母遗忘或者孩子不听话的时候，不要去抱怨和责备，用一颗宽容的心去谅解他们。

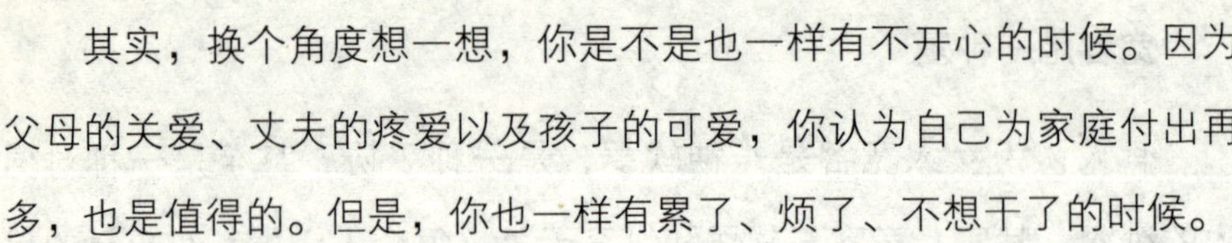

其实，换个角度想一想，你是不是也一样有不开心的时候。因为父母的关爱、丈夫的疼爱以及孩子的可爱，你认为自己为家庭付出再多，也是值得的。但是，你也一样有累了、烦了、不想干了的时候。

你的父母、丈夫、孩子也是一样的，他们也有自己的很多事情，他们不可能随时随刻地围着你一个人。原谅他们对你的遗忘和疏忽，其实，也就是在宽容自己对生活的无奈。

生活是一门艺术，而宽容则是它的灵魂。生活不会总是尽如人意，如果那样，生活也就失去了色彩，变得平淡而乏味了。

宽容男人的小缺点和小错误

你的丈夫是你爱着的人，既然爱他，就要爱他的全部，对于优点要予以赞美，对于缺点也要给予宽容和理解。

刚刚和大刘结婚三个月的雅楠，和大刘闹起了别扭。原因是大刘在洗碗的时候，不小心把雅楠陪嫁的一套餐具中的一个碗给摔碎了。雅楠为此大发雷霆，说大刘看不起自己，觉得自己娘家陪嫁东西少，是故意摔给自己看的。

尽管大刘再三解释，说自己真不是故意的，主要是因为上班时间马上要到了，心里一慌才失手打碎那个碗的。还说下午下班以后，一定去超市里买一个一模一样的回来。

可是，雅楠还是心里不痛快："就算是你买回来一个一模一样的，娘家陪送的那套餐具也不是完整的了，这种损失，你买多少个碗也赔不起！"说完，雅楠哭哭啼啼地回了娘家。

大刘没有办法，只好亲自去岳母家，一是把雅楠请回来，二是也给岳父母道个歉。当着岳父岳母的面儿，大刘对雅楠又是赔礼，又是道歉，并且一再表示以后做家务的时候一定小心谨慎，保证不再犯同样的错误。

雅楠还是不肯原谅大刘，絮絮叨叨说起了从恋爱到结婚的种种不如意，非要从大刘摔碗这件事上挖出个思想根源来。大刘见好话说尽不管用，只好默默地走了。

后来，雅楠在父母的劝说下，才回到了自己的家。但是，回家后的雅楠却感觉，自己和大刘之间似乎有了一些隔阂。大刘在自己面前处处小心谨慎，家里原来轻松愉快的气氛没有了。

娘家的陪嫁打碎了，雅楠心疼也是理所当然，但是，毕竟打碎一个碗，并不是什么大事。就这样一点儿小小的失误，雅楠都不依不饶，可想而知，如果以后丈夫再犯了什么大一些的错误，雅楠还不知道会闹成什么样呢？难怪大夫会变得那么小心谨慎。但是，雅楠应该意识到，丈夫小心的背后，也是一种感情的疏远和冷漠。

男人的自尊心很容易受伤害，对于男人的缺点和错误，要用一颗温柔的心去呵护和宽容。这样的呵护和宽容，往往比苛刻和责难更能让男人改正缺点和错误。

男人还有哪些地方可以宽容

（1）宽容他的疏忽。女人是浪漫的，女人总是希望在婚姻中丈夫宠爱自己，随时随刻围着自己转，否则，就是不再爱自己了。其实，婚姻是现实的，婚姻中的爱也是有多种形式的，不一定非用一种形式。也许他疏忽了一些形式，忘记了一些重要的日期，但是，在你的生活中，点点滴滴都是丈夫对你的爱：一个削好的苹果，一杯端到手边的热茶，甚至一句关爱的责备……都体现着这个男人对你的关心和爱。只要你用心去感受，时间长了，你就会感到丈夫对你的爱从来都没有少过。

（2）宽容他的“好色”。爱美是人的天性，对于美好的东西，人人都愿意多看两眼，包括美女。女人如此，男人也一样。走在大街上，看到一位靓丽美女的时候，女人都会禁不住回头望一望，更不要说男人了。如果你身边的男人比你多看了两眼那位靓丽佳人，你不必生气，而应该庆幸。因为你的丈夫和你一样喜欢美好的东西，说明他对生活充满希望和热爱。

（3）宽容他善意的谎言。如果你还不想就此罢休，一定要与那位美女一比高低。这时的你或许会问：“我与美女谁更漂亮？”这时候，聪明的丈夫往往会不假思索地回答：“她没有你漂亮。”这时你明知他是在撒谎，却也没有必要戳穿他这小小的伎俩，因为他是在乎你，才编了这样一个美丽的谎言。

男人是撒谎的天才，只要不是恶意的撒谎，不必为了一个小小的谎言大动干戈。也许，男人撒谎只是为了不让你生气，那么，在必要的时候说一个善意的谎言又有什么关系呢？要知道生活中也需要一点美丽的谎言来做“调味品”的。

女人天性浪漫，而婚姻生活是现实的。对于女人而言，婚前的期待和婚后的现实本来就存在着差距，在婚姻生活中，爱情在慢慢地从浪漫转变到现实，而在这个转变的过程中，需要双方都更宽容对方。有了宽容，夫妻双方才不会感到生活的疲惫；有了宽容，婚姻才可以有一个坚实的保障。

运用同理心原则，理解你的丈夫

所谓同理心，就是把自己摆在他人的位置上，设身处地地体验、理解对方的内心世界，注意形成彼此之间的共同感受。在人际交往中，拥有同理心是增进相互理解、促进相互接纳的一种有效方法。有了同理心，我们将不再处处挑剔对方，抱怨、责怪、嘲笑、讥讽便也大大减少；取而代之的是赞赏、鼓励、谅解、互相扶持。这样一来，人与人的相处，就变得愉快、和谐。通常，一个具有同理心的人对周围的一切事物都会产生一种关心和了解的心理趋向，当自己与他人在认识上出现了分歧时，能够真诚地尊重对方，并容忍这种差异；当自己与他人在行为上出现摩擦时，能善意地理解对方，并分担由此而产生的各种心理负担。因此，这便会使对方感到有一种力量在支撑着自己，使对方感觉到无论说什么都会得到宽容和尊重，从而获得愉快的心理体验。

将你心换我心

女人要学会换位思考，学习以宽容的态度接纳不同的人、不同的事和不同的物，才能彼此尊重和体谅。换位思考其实就是“移情”，理解别人的想法、感受，从对方的立场来看问题，以别人的心境来思考问题。婚姻的双方更要多为对方着想，当你真心为对方付出

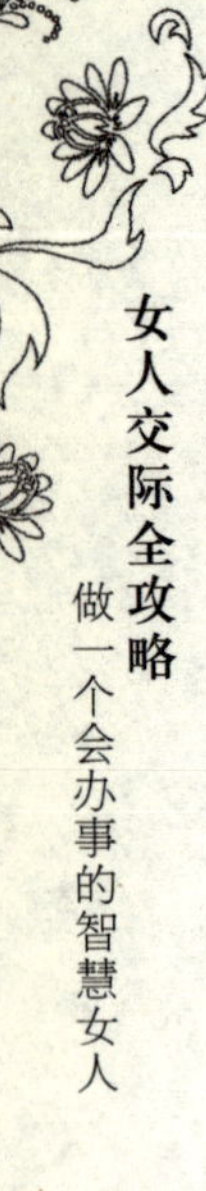

时，对方也会全心全意地对待你。

上海女孩小墨同湖南男子小丁恋爱了，两个人感情很好，但是在一起吃饭时常为选择吃什么而闹矛盾。小墨爱吃放糖的饭菜，因为上海人爱吃甜食；而小丁却爱吃样样都放辣椒的饭菜，因为湖南人嗜辣如命。就这样，时间一久，两个人发现彼此不适合对方，最终分手了。

一年后，又一个男子小马对小墨展开了猛烈的攻势，小马各方面条件都不错，可是有一点，让小墨很犯难：小马是四川人，也是个吃辣大王。第一次失败的爱情记忆犹新，经过深思熟虑，小墨终于决定换一种方式相处。

两个人约会吃饭的时候，小墨主动提出要去吃川菜，这让小马吃得很尽兴。可是，当小马看到小墨被辣得满头大汗时，吃惊地说："你既然不爱吃辣椒，为什么还要选择吃川菜呢？"小墨笑道："因为你爱吃辣椒啊！"小马很感动。下次约会的时候，小马抢先订下了上海菜饭馆。小墨一吃，挺对胃口的，就问小马："你不爱吃甜的，为什么还要选这种地方吃饭呢？"小马笑着说："我是向你学习，处处替对方着想啊！"小墨听后暗想，要是当年和小丁谈恋爱时也能这样"换位思考"，两个人就不至于分道扬镳了。

无论遇到什么事情，将心比心，进行一番换位思考后，你的心情自然会豁然开朗，从而真诚地宽容别人，善待自己。生活在社会中，应学会站在对方的立场看问题，多给别人理解与关心，才能处理好各种人际关系。

女人的理解能够促使男人成功

陈小春有一首歌唱得好——《爱得好累》：女人不该让男人太累。虽然你是我的一切，也别让我感觉爱你很可悲。爱得好累，真的好苦，从来听不见你一句赞美，从来听不见你一句安慰，就算我做的都白费，至少自尊让我保留一点；爱得好累，真的好苦，我不怕辛苦，可是怎样你才满足？爱得好累……

社会，赋予男人太多的压力和责任，家庭的、工作的、社会的……这些责任和压力都要求男人勇敢、坚强、有责任心。但是，男人一样也有血有肉，有思想，有苦衷。男人也需要依靠，也需要诉说，更需要理解。

有许多男人，正是因为有了女人的理解，才能获得事业上的成功，所以说理解是爱的至高境界，是男人事业成功必不可少的因素。浏览古今中外的名人传记，可以发现，妻子的安慰和鼓励、支持与帮助，对他们的成功起着至关重要的作用。

亿万富翁刘永好的妻子李巍就是一个理解丈夫的伟大女性，而她的理解和支持，是刘永好四兄弟创业成功的一个必不可少的因素。

刘永好是教师，李巍是医生，家里的生活条件也算不错，而且两个人都有稳定的收入，工资虽然不是很高，倒也安稳、平静。

当初刘永好决定养鹌鹑时，许多人都不能够理解。而且，随着他们所养的鹌鹑越来越多，鹌鹑蛋的销路也成了一个大问题。无奈之下，刘永好就和三哥两个人开始跑市场，沿街叫卖。但是，他总能够遇见自己的学生，这让刘永好感到非常尴尬，甚至认为这是一件让人感到羞耻的事情。

此时，李巍站出来安慰丈夫说："永好，抬起头来！甭管别人怎么看，怎么想，经商并不下贱。在西方社会，衡量一个男人成功的标准，就是要看他能挣多少钱……"

妻子的一席话，给刘永好极大的鼓励，因为那时对刘永好来

说，支持、鼓励和理解比什么都要重要。

最后，刘永好辞去了教师的工作，全心全意地做起了鹌鹑生意。一路走来，李巍一直都在鼓励、支持自己的丈夫。从1982年开始靠1000元起家，到1988年，仅仅6年的时间，他们挣了1000万元。

当一个男人为了事业拼搏而情绪低落时，作为妻子应该学会理解丈夫，哪怕是一杯热茶、一碗稀粥，抑或只是静静地陪他沉默，或者一言不发地听他诉说，最重要的是，你要理解自己的丈夫。

尊重对方的隐私

当深爱一个男人的时候，女人往往会因为爱的深切，而想把对方的一切都掌控起来，甚至，一旦有些“风吹草动”或者男人稍有反抗，女人就会疑神疑鬼，认为男人是不是有了外遇，是不是背着自己做了什么亏心事儿。更有甚者，女人会寻着一点点儿莫须有的蛛丝马迹，把家里闹个鸡犬不宁。但是，痴迷于爱的女人却没有意识到，这样的爱会让男人感觉到被束缚，甚至会感觉窒息，这样的爱令男人无法承受却又无可奈何。

他有隐私属正常

恋人或者夫妻之间，有自己的隐私是一件很正常的事情。每个人都是一个独立的个体，都有独立于别人之外存在的空间和事件，相爱最基本的条件就是尊重和信任。相爱不代表要拥有对方的一切，相爱不代表入侵对方的内心，相爱也并不代表绝对的零距离。

每个人都有自己内心的秘密，都有不愿意被人触及的地方。相爱的双方，在相处的过程中，应该懂得尊重对方的隐私，尊重对方的隐私，给彼此一个空间，表面上看只是相互间的尊重，实质上更是相互间的信任。

对于男人的隐私，女人最好不要去碰。不要试图从他的手机

里，从他的聊天记录里找出一点蛛丝马迹，这是没用的。即使你看到了什么，也只会白白给自己增加烦恼。

大卫在和自己现在的妻子小楠恋爱之前，有过一段惊心动魄的爱情故事。故事的女主角是自己的大学同学，两个人相恋四年后最终因为种种原因没有走到一起，为此，大卫有过很长时间的困惑和迷茫，直到遇到小楠。

对于大卫的初恋，小楠也有过一些耳闻，并对以前那个神秘的女人充满了好奇。但是，恋爱的时候，小楠几次问起这件事情，都被大卫以其他的话题巧妙地躲开了。

两个人婚后的日子平静而且幸福，在又一次大卫对着大学同学的照片出神的时候，小楠终于没有憋住，旧话重提，向大卫问起了他那段难忘的初恋，大卫也一如既往地以其他话题搪塞小楠。但是，大卫越躲避，小楠越穷追不舍，她甚至怀疑，是不是大卫又与自己的初恋女友旧情复燃了。

在小楠的穷追猛打之下，大卫流着眼泪说出了他心中埋藏的痛：

原来，大学毕业以后，大卫就着手计划与相恋四年的女友结婚的事情，但是，天有不测风云，就在两个人计划结婚的那段时间里，女友查出患有风湿性心脏病，而且，病情已经很重，如果不立即动手术，不要说结婚，估计拖下去，女友的生命都不敢保证。而且，即使是手术以后，女友在将来也存在着不能生育的问题。

作为一个从贫困家庭里出来的刚刚毕业的大学生，无论是自己还是自己的家庭，都无力支付那样一笔昂贵的治疗费用。而女友的家庭也一样不富裕。

最后，为了彼此的未来，两个几乎被灾难击垮了的年轻人选择了分手，女友和一个一直暗恋她的师兄去了美国，而大卫只能选择无奈地留下来。

大卫说完自己的故事以后，平静了一会儿对小楠说："我之所以不想告诉你，一是因为我不想提起，这件事儿在我心里是一个永远无法弥合的痛。不想告诉你的另一个原因是，这段感情在我心里一直是非常美好的，虽然最后的结果是分手，但那是一种无奈的选择，我不想把她的事情拿出来给别人说，我认为那是对她的践踏和不尊重。"

"过去的已经成为了过去，虽然我珍惜那段感情的美好，但并不代表我不爱你。你是我现在的妻子，我也同样珍惜我们现在的感情，珍惜我们的现在和未来。只是，只是，我真的想给自己留一点隐私，给自己留一点儿只属于我自己的记忆。"

其实，小楠完全没有必要对大卫的过去那样穷追不舍，大卫虽然对小楠说出了他的过去，只是因为他爱小楠，不想让小楠因为胡乱猜测而伤害彼此的感情。但是，说出这一段心中埋藏的隐情，对于大卫来说，却是非常痛苦的。小楠在得到答案的同时，也伤害了这个自己深爱同样也深爱自己的男人。

爱他，就要对他尊重和理解

男人也需要被关爱，更需要女人的尊重和理解。其实，有时候，男人的心很脆弱，他们更需要女人的呵护和关爱，更需要自己最柔软、最脆弱的地方不被打扰、不被伤害。

每个人都有或简单或复杂的过去，过去不是罪孽，而是人生的财富。男人不想说的过去，也许正是他心口的痛。不要千方百计地去问他最不想说的事情，不想说自有他不想说的道理，他也有保留守护自己隐私的权利。

女人应该想清楚，如果你是真的深爱对方，如果你十分珍惜你们之间的感情，那么，尊重他的隐私，尊重他内心的小秘密，给他一个让他的心灵可以自由活动的空间。如果你真的这样做了，他会因为你的明智和宽容而更加珍爱你，你自己也会因为放开了一些不必要的烦恼而更快乐。

每个人都非常珍视自己私密的心灵空间，聪明的女人，要想进入男人的隐秘空间，唯一的通行证是真诚与理解，并不是窥探和审问。

两情相悦、互相尊重是奠定感情基础的前提。既然爱上了一个人，就要尊重他的一切，包括他的私人空间。男人的私人空间，不一定都是私情，像私房钱、哥们儿之间的小秘密，都属于男人的私人空间。“尊重对方的私人空间”，重点不在“私人空间”，而在于“尊重”，尊重别人就是尊重自己。“常相思，不相疑”，无论是恋人还是夫妻，是两人相处时最基本也是最重要的条件。

给他一个自己的空间

夫妻是两个合作的个体，而不是一个连在一起的共同体。每个个体都应该给自己留一个空间，保证自己的心灵能够在这个空间里自由游走，不受任何拘束，不受任何限制。

给他一些他想要的自由

结婚后的女人，常常勤奋而痴情地吐出情感之丝，将男人网在自己的世界里，像藤缠树那样不肯给他们半点儿活动的空间。但是，男人就是这样，你越想抓住他，他们就会越感到反感，甚至越会想去外面寻找精神寄托。

相对于女人来说，男人更渴望独立和自由，他们需要一个完全属于自己的空间。一个男人被“撇下不管”的时候，并不意味着真正的孤寂，相反，他可以借此从女性的需求和束缚中解脱出来，获得了一个自由自在、自我支配的机会，至少会非常享受自由独立的感觉。

尤其是结了婚的男人是非常渴望自由的。结婚后的男人常有被女人监视的感觉，即使是在看书的时候，都感到女人在盯着他，这使他难以忍受。有些男人甚至认为，即使自己想去打打球，也要事先打个腹稿才敢开口，生怕一不小心就伤害到了她。

其实，真正聪明的女人从来不会试图去控制男人，也不会捕风捉影地去猜男人的心思。聪明的女人懂得要与丈夫之间保持一定的距

离，懂得丈夫需要一些自由，需要一些空间，需要有自己的爱好和朋友。

一个聪明的女人懂得，给丈夫一片与同性朋友们消磨时光的空间。相比较女人而言，男人似乎需要更大的活动空间。男人不会像女人一样把家庭作为自己的全部，除了工作和家庭以外，男人还需要有朋友，有更多的爱好和自由活动的空间。女人放他去和同性朋友一起玩乐的最后结果，往往会促使他更加快乐地回家陪你。

一个聪明的女人懂得，给男人一片和其他女人交往的空间。爱美是人的天性，男人更是，他们似乎天生就喜欢寻找和欣赏异性身上的美。但是，男人欣赏异性，并不妨碍他爱自己的妻子，事实上，有欣赏力的男人，多半会很好地爱自己的妻子。

让他有专属于自己的爱好

女人应该懂得，让丈夫保持他自己的爱好，让他做自己喜欢做的事情，如集邮、足球等一切你不懂而他为之着迷的事情。能够与丈夫共同分享他的爱好，将会给他带来快乐。但是，如果你不能与他一起分享，那么，给他一个空间，让他保持一些完全的属于他自己的爱好。

培养一些工作之外的爱好，对于男人来说，是一种精神寄托，这种爱好，往往能帮助男人发泄紧张的情绪和生活压力。一种兴趣爱好往往能带给男人很大好处，而且，女人也可以从中受益。

许多男人酷爱钓鱼、打保龄球，醉心于足球，痴迷于集邮，喜欢象棋，甚至于有些男人愿意在空闲时间做一些检修车子等事情，还有的男人特别喜欢把自己沉浸到侦探小说中，等等，无论是哪一种爱好，无论男人如何安排自己的空闲时间，只要他们能够从中得到快乐，他们就会从中获得一种自由独立的感觉，在享受轻松、自在的乐趣。而明智的女人们，应该尽心尽力促成这些事情。

在《婚姻的艺术》一书中，安特莱·摩里斯说："夫妇之间，如果不能相互尊重对方的嗜好，休想有幸福的婚姻。进一步说吧，那种以为两人之间会有相同的思想、愿望、意见的想法是极为可笑的，不可能有这样的事情，也不应该这样期盼。"

当然，满足爱好的意义在于调整生活的步调，宣泄紧张的情绪，爱好应该是紧张工作的润滑剂，而不是为了代替我们的工作。所以，如果一个男人过度痴迷于某种爱好，以至于影响到了本身的工作和生活，那往往说明他正在逃避某些事情，比如工作中存在的一些问题，生活中出现的一些他无法解决的烦恼等。这时候，作为妻子，应该帮助他分析精神状况，并且设法帮他解决问题。

男人时常会有想从家庭束缚中挣脱出来的想法，如果作为妻子的你能够帮他养成一些有趣的爱好，同时给他们自由去享受那种嗜好，那么，你就在为你的丈夫创造幸福。

男人是理性的动物，与女人相比而言，他们有更加独立的思维和个性。在他们的世界里，不只是事业和家庭，还需要更多的朋友来交流，需要有自己更多的兴趣爱好来充实生活，需要有一个更大的空间让自己的心灵自由游走。所以，一个聪明的女人，要懂得和理解丈夫的需求，要在适当的时候给他自由和空间，相信，你的丈夫会更加爱你。

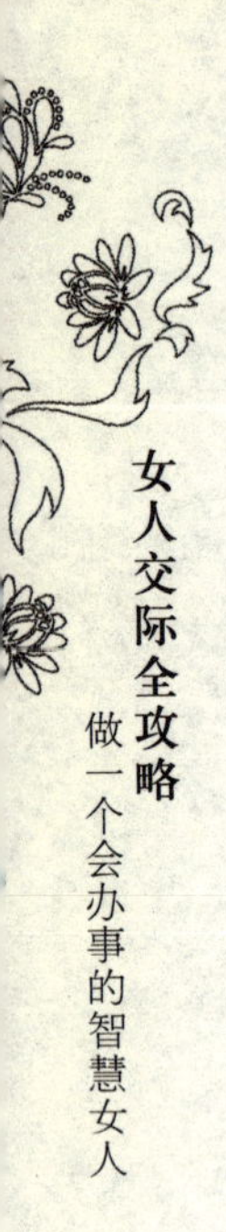

小心，不要触碰男人的心理禁区

一般来说，人们都认为情侣或夫妻之间应该是亲密无间、无话不谈的。其实，夫妻之间的交往也属于人际交往的一种，夫妻二人属于不同的交际个体。对丈夫来说，妻子就是自己的一个交际对象，妻子如果不小心触碰了丈夫的软肋，就会导致夫妻关系的紧张。

在与男人的交往过程中，有几根神经是不能“碰”的，一些你认为是“为他好”的话，却很可能让男人的自尊心受到极大的伤害。

别当众教导你的丈夫，也别把他当成孩子

男人的自尊心和虚荣心都是很强的，当你给丈夫纠错、挑剔他的缺点或者告诉他事情该怎么做的时候，他会感觉到很没有面子，尤其是在公众场合，男人甚至会恼羞成怒，对你的好心大发其火。

你要知道，丈夫是你的爱人，而不是你的孩子。在任何时候，都不要以对待孩子的口气和他说话。当你以家长的口气责备丈夫做错事的时候，也许，他不会告诉你其实你责备他时的口气与他十几岁时父母教训他的口气一样糟糕，但是，他会在心里感觉到你对他的不尊重，甚至，他会在潜意识里把自己放到不被你尊重的地位，做一些不能让你尊重的事情来迎合你的说法，那样，只会导致夫妻关系进一步恶化。

不要怀疑他的能力

对于女人怀疑自己的能力，男人同样会感觉得不到应有的尊重。他甚至会为此与你无理地争个面红耳赤，只为能在你面前为自己找回一点儿面子。如果你指出他哪些工作做得不够好、不够完美，他可能会以为你在怀疑他心智的成熟度或者是轻视他今天取得的成就，他会认为你对他的能力不够信任，甚至更为严重的是，他有可能会认为你对于他现状的不满。

29岁的小杨是单位的部门经理，而丈夫只是一家公司的普通职员。下班后回到家里，小杨有时就会就丈夫工作的问题和他聊一聊，言谈之间有时就会有意无意地透出一些引导和教导的口气。对此，本就因为自己职位不如妻子高而非常敏感的丈夫，总是对小杨的话题极力进行反驳，包括一些小杨明显有道理的话题。丈夫还直言小杨是在嫌弃他，而小杨却感觉很委屈，认为自己好心没好报。为此，夫妻两人没少吵架。

男人的自尊心是很强的，尤其是在自己心爱的女人面前。无论你是直接还是间接地怀疑他的工作和生活的能力，都会让他感觉不舒服。即使他在某些方面确实有不够完美的地方，在自己心爱的女人面前，男人永远不愿意承认自己的无能。所以，女人在和丈夫交流一些问题时，最好不要把男人摆在问题的中心，以便留给男人对这个问题进行理智分析的时间。

不要拿自己的丈夫和其他男人相比较

男人最不喜欢自己的妻子拿自己和其他男人相比较。除了面子和自尊心以外，还有安全感的缺失。都说女人容易缺乏安全感，其实，男人也是一样。当自己的妻子拿自己和其他男人比较的时候，在

潜意识里，他会有一种自己地位受到威胁的感觉。

因为工作的原因，丽丽需要经常和一些男性客户打交道，每次碰到不同类型的客户，丽丽都会在回家后告诉自己的老公：今天见的这个客户在语言表达上有多么到位，或者上周见过的那个客户在穿着举止上面是多么的有品位……开始的时候，老公还应付性地回应两句，时间一长，丽丽就发现，每次自己一提到客户，老公就会走开去干别的事情去，对此，丽丽感觉很奇怪。

每个男人都是争强好胜的，你总是在他耳边说其他男人如何优秀，你自己也许并没有什么特殊的意思，但是，对于男人来说就不是这样了，他可能会认为你对他有什么不满意的地方。对于这样的事情，男人是相当在乎的。

如果有必要提及某些异性的优点和长处的话，你可以直接说出来，而不要用比较的方法，尤其是直接拿自己的丈夫和其他的异性比较。这样，你的丈夫或许会更容易接受。

每个人都有自己的长处，男人也是。你的丈夫也许有这样或那样的缺点，同样，他也有着别人所没有的优点。所以，为了夫妻感情更加和睦，不要动不动就拿自己的丈夫和别人比较。

不要评论丈夫的家人

大多数男人不喜欢评判别人，你也最好不要在对方的心里留下这样的形象，尤其是对他的家人。男人大多对自己的家人非常看重，即使他的家人确实有些地方做得不得体，你也不要轻易评论。否则，他会认为你对他的家人不尊重，或者是对他的不尊重。因此，只要这些事情没有影响到你，你最好睁一只眼、闭一只眼。如果确实影响了你们的正常生活，你可以跟他好好谈一谈，相信他会想办法解决的。

不要干涉丈夫的爱好

男人与女人的思维方式不一样，在兴趣爱好和审美品位上也会存在很大的差异性。对于男人的爱好或者是一些特殊癖好，作为妻子，不必多加干涉。男人的爱好一般来说都是他自己的精神寄托，是他获得快乐的一种途径，是他缓解压力、发泄情绪的一种渠道和方式。只要这种爱好是正当的，没有影响到正常的工作和生活，女人不仅不要干涉，甚至需要支持或者培养他一些这样的爱好。这无论是对他还是对你，或者对于你们的家庭生活，都是有好处的。

不要嘲笑他的弱点

男人有自己的短处，但是，大部分男人不愿意承认自己的短处，尤其是在自己爱着的女人面前，更是极力隐瞒，一味地显示他的“强大”，对于这一点儿，女人心里明白就好，不要点明，更不可抓住他的弱点去嘲笑。

男人天生在语言表达能力方面就比女人略逊一筹，男人自己也会意识到这一点。但是，男人不愿意在女人面前承认或者暴露自己的这一短处，因此，他们在更多的时候会选择沉默。除非他们对某些事物有足够的认识，否则不会随便开口。沉默是他们“护短”的手法，是他们“藏拙”的武器。

另外，男人在情感方面其实是相当脆弱的，很多时候，他们在情绪方面的依赖性甚至比女人还要强。不过，他们不愿意让女人知道这种致命的弱点。因此，大多数男人在情绪方面都故意表现出冷漠，以免暴露自己致命的弱点。

对于这些弱点，女人千万不要给他点明，给他一个面子，让他隐瞒他的软弱，相信他也会心有灵犀地给你一个面子。

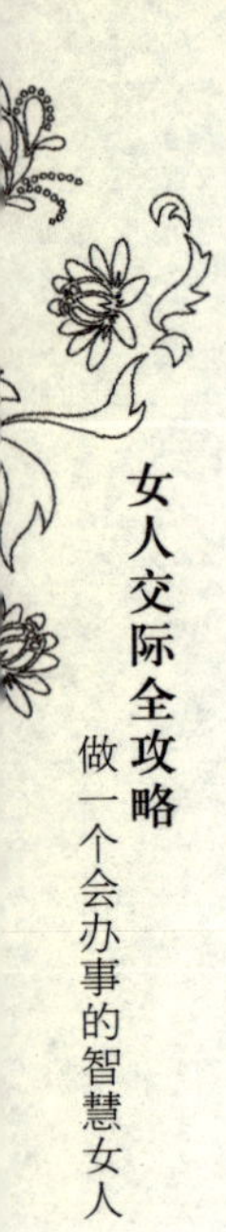

在婚姻中，保持一份独立

虽然在现代社会，女性越来越独立，甚至有许多女性在事业上已经超过了男性。但是，受传统观念影响，女性还是更多地把自己的精力和心思放在家庭中。有些女性，甚至许多受过高等教育的女性，在结婚之后，选择在家做全职太太。其实，女性选择做全职太太也没有什么不可以，最重要的是，在做出这一选择的同时，一定不要忘了保留自我，拥有自己的一份独立和自由。

别把爱情当成你的全部

美满的婚姻是每个女人最向往的一种奢求，幸福而完美的人生因婚姻的坚定而绽放出美丽的光彩，所以说，婚姻是女人生命中不可或缺的一道风景线。

在现实生活中，许多女人在结婚以后，就把爱情当成自己生活的全部，而自己则成为生活的附属品。女人本是感性的，恋爱或者是结婚以后，女人常常会在爱情中倾其所有，把自己一生的幸福维系于爱情之上，把自己的所有精神寄托于婚姻当中。

把爱情当做自己全部的女人，她们忽略了生活中更多的内容，她们不知道生活除了爱情以外可以更精彩。她们把爱情当成她们的职业，在婚姻爱情中，她们全心全意地投入，也总是希望能够在婚姻中索取更多的爱。在她们的生活中，除了爱情，一无所有。

但是，即使女人倾情付出，即使女人把爱情当成生活的全部，还是不能完全逃脱被抛弃的命运，甚至会被抛弃得更快。

因为把爱情当做自己全部的女人，往往被封闭于家庭中。她们不接触外面的世界，没有主动意识和积极思想，她们会变得被动而无助。她们会像一根无助的藤蔓一样，依附在男人身上。她们不怕一无所有，只要有爱情就够了。但是，只要爱情的女人却往往最终会变得一无所有，包括被自己视若生命的爱情也会一起丢失。

当女人的爱情在她全部感情中占到80％以上时，男人就成为情感上绝对的垄断者。这时，男人们往往会有恃无恐、肆意挥霍，终至酿成感情世界的大灾难。

克洛岱尔就是这方面的一个悲剧主角，她是雕塑大师罗丹的学生兼情人。

在罗丹第一次见到克洛岱尔时，就爱上了她。这一半是由于她那带着野性的美，另一半则是由于她罕见的才气。面对才华横溢的罗丹，克洛岱尔也主动地向这位比自己年长24岁的男人，敞开了自己纯净和贞洁的少女世界。

从那个时候开始，罗丹开始了他艺术创作的黄金时代，而克洛岱尔还只是一个青涩的学生。

在两人交往的过程中，克洛岱尔给了罗丹太多的帮助，从心灵到肉体，再到艺术灵感和艺术感悟……罗丹曾对克洛岱尔说："你被表现在我的所有雕塑中。"

然而，就在1900年以后，罗丹名扬天下之时，克洛岱尔却一步步走进人生日渐昏暗的阴影里。

不堪承受长期孤单无望地厮守在罗丹身边的克洛岱尔，在纠结了

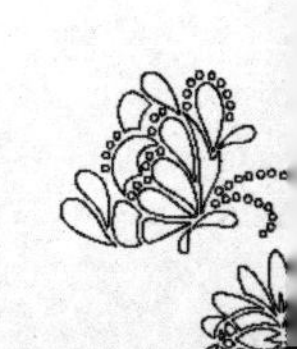

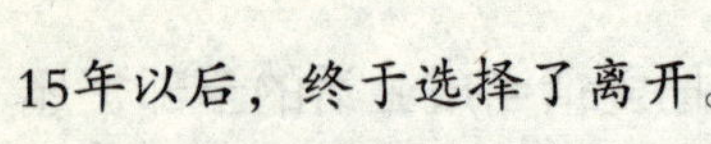

15年以后，终于选择了离开。

尽管极具才华，但是，没有足够名气的克洛岱尔，只是被人们当做罗丹的一个弟子，她的作品卖不出去，她没有生活的来源，在物质和精神上都处于非常窘迫的境地，她的精神状态变得极其糟糕。

终于，在1905年，克洛岱尔出现了妄想症。1913年，克洛岱尔的父亲去世时，她已经完全疯了，她的艺术生命也就此彻底完结。1943年，她在蒙特维尔格疯人院中去世。

克洛岱尔作为一代才女，命运对她太残酷了。为了那份执著的爱情，她奉献了太多，失去了太多。最关键的是，她失去了自己的独立性，失去了本该属于自己的盛名和财富，直到最后连爱情都失去了。可以这样说，是克洛岱尔自己铸成了自己的人生悲剧。

女人对感情的期望值往往很高，却不知，感情为女人所赢得的世界是有限的。如果女人能将自己身心的一部分从一个男人那里转向整个世界的话，那么她的人生将是丰富充实而色彩斑斓的。

为自己留出空间

对于结婚后的女人来说，丈夫是你生命中很重要的一部分，是人生路上与自己携手并肩的同行者。但是，女人也应该明白，丈夫只是你生命中的一部分，而不是你的全部，你需要有自己的独立空间。

男人和女人的关系应该是互相依赖、互相帮助，两个人是并肩而立的两棵树，而不应该把男人当做树，女人就像藤蔓一样缠绕在上面。走进婚姻“围城”中的女人应该给自己留出一片空间，而不应该把男人当成生命的全部。

把男人当做自己美好生活的砝码和重心的女人大有人在，而这不光是女人的悲哀，也是男人的悲哀。

把男人当成了自己的全部，过度依赖男人，女人自己开始与社会脱节，自己与社会的接触面一天天缩小。而男人在外面见到的世界越来越精彩，于是，夫妻之间的距离越来越远，越来越无话可说，终至有一天无奈地分手。这对于女人来说，是天塌下来的大事，对于男人来说，也只能是无奈的选择。

一个善于经营婚姻的女人，一定是一个能够为自己留出一片自由空间的女人。在女人的世界里，除了丈夫、孩子和家庭，还要有自己的事业，自己的爱好，自己的朋友。

除了工作和家庭，女人的生活完全可以变得更加丰富多彩。女人可以培养自己诸多的兴趣爱好，如听音乐、看电影、看球、健身、跳舞、上网、旅游等，这些都可以让女人找到个人生活的乐趣。有了这些兴趣爱好，就有了另外的精神寄托。有研究发现，真正让人疲倦的，并不总是繁重的工作，更多的时候是生活的烦闷和单调。许多人花费在游戏上的精力并不比工作中花费的精力少，却可以乐此不疲。原因就在于生活内容的改变，能够给人带来新鲜有趣的感觉。

除了丈夫以外，女人还可以有更多的朋友，包括同性的和异性的朋友。这样，在没有丈夫陪伴的时候，女人也不会感觉孤独和寂寞。女人有了完全属于自己的兴趣爱好和朋友，才能感知自己的存在，实现自身的价值，活得惬意而从容。

其实，没有哪个女人不想拥有属于自己的空间，只是因为深爱对方，希望把自己的全部都给予这个男人。其实，那样会让男人活得很累，女人自己也会活得很累。

女人要想有一个个人空间并不需要很久，有时静静的一个小时，就可以让自己的心灵得到平复。听一首自己喜欢的歌，看一部

自己喜欢的电影，读一本自己喜欢的书……哪怕只有半个小时，只要能让自己完全静下来，安静地思考自己想思考的问题，安静地做自己想做的事情，那么，这个空间都是女人留给自己的小小的精神后花园。

给自己空间的方式有很多种，坐在那里发呆，躺在椅子上晒晒太阳，游泳，散步，运动，听音乐，甚至逛街欣赏各种商品的陈列摆设或新店的装饰，没有任何电话，不考虑工作，愉快轻松地度过一天。在条件允许的情况下可以找个安静的地方住上几天，漫无目的地闲逛，都是很好的方式。

爱情中的双方是交叉的两个圆，交叉的部分是共同分享的区域，在这个区域里，双方可以交流一些共同感兴趣的话题；而未交叉的部分，是留给自己的空间，在那里，可以让各自保持个性。只有保留自己的个性空间，两个人才能保持长久的吸引力。

人与人之间是需要有距离的，就像刺猬一样，太近了，就会彼此伤害对方。给自己一片天空，也让对方有一些自由，这样对彼此都有好处。

其实，女人无论是否走进婚姻，都应该保持独立。真正的爱情，是需要分清你我的。婚姻中的两个人，不是一个不可分割的共同体，双方都需要拥有一份相对独立的自我和独立的空间，包括精神上和物质上。

女人的独立并不是女人自己的事情。有关爱情测验的结果显示，不少男人更喜欢和自己的职业、性格、爱好不同的女人。无论男女，学会在爱情中保持独立的自我，就是为自己打造另一种幸福。

一般来说，拥有独立个性的女性崇尚经济独立的生活态度，她们不想依赖别人的供养，更愿意通过自己的智慧和能力来赢得财富，过自己想过的生活。

新女性，与丈夫平分秋色

伴随着家庭和事业之间的矛盾的出现，越来越多的新女性，在兼顾家庭和事业的同时，有了一种全新的生活方式。她们既不是事业型的女强人，也不是整天生活在厨房里围着锅台转的全职主妇。她们在处理家庭和事业的矛盾时，有着自己的看法和做法。

循规而不蹈矩的新女性

这些新女性，属于循规而不蹈矩的女人，她们大多受过高等教育，渴望拥有自己的事业和独立的空间。她们努力工作，并希望因此拥有一份优厚的收入，但是，这并不代表她们会为了事业放弃家庭的幸福。事业和家庭都是她们生活中的主要内容。对于自己的感情，她们同样认真对待，并且，用自己的智慧把感情经营得更温馨、更浪漫。

这些新女性，敢作敢为，敢爱敢恨。她们很“小资”，她们努力实现自己作为一个女人的全部价值，她们有一套独特的行动方案。

（1）感情：对于自己的感情，新女性进行了一个合理的分配：爱情40％，亲情30％，友情15％，自我空间15％。可以看出，爱情在她们的感情生活中是占着最大的份额，但是，她们又不把爱情当成自己的全部。因为爱情是很难把握、也是最伤感情的，因此，即使没有把握好，致使“爱情股”降为0，她们的感情世界中还有其他60%是属于自己的。当然，她们也不会让“爱情股”占得太少，那样，她们的感情

世界就少了男人的关爱，而没有男人关爱的女人，也算不上幸福。

（2）事业：新女性拥有自己的事业，这样，可以让她们有独立的经济能力。她们并不是想与男人争个高低，她们只是想拥有一个简简单单的独立空间，拥有一份实实在在的价值。她们会尽全力帮助丈夫成就事业，也希望丈夫帮助自己发展。因为，事业可以让女人保持自信与自强，让女人的心态永远年轻！

（3）家庭：家庭的存在并不妨碍这些新女性的创造性和独立性，她们追求灵魂上有“一间自己的屋子”，而这也是从根本上获得男人尊重的一种方式。

这些新女性们有知识有修养，她们是出得厅堂、下得厨房的标准太太，同时也是家居生活有品位的设计师，她们会动员自己的丈夫一起来创造美好温馨的生活。涉及情调、色彩、小摆设的感性的东西自然是她们把关，一些重体力活，电器维修之类的，理所应当地由丈夫担当了。至于那些不轻不重、天天都缺不了的烦琐事情，自然是两个人一起做，这样才能增加感情，增进理解。

（4）自由：无论与丈夫多么恩爱，女人也要拥有一个绝对私密的自我空间。在这个绝对私密的空间里，女人可以沉思反省，修整自己的心灵，调整自己的状态。在这里，女人可以冷静地分析感情、事业的成功与不足，并着手去改进，让自己的世界更加趋于完美。

而且，新女性无论和丈夫在一起多么幸福，也不会忽视与闺中密友的约会，她们与闺中密友尽情畅谈，让朋友一起分享自己的幸福与失落。

与男人一起养家

在传统社会中，男人挣钱养家，女人在家相夫教子，似乎很和谐很完美。但是，那样的生活男人累，女人也不轻松。从喊出“男女平等”时起，男人终于可以不用事事一个人撑着，而有女人替自己顶半边天了；而女人更是获得了解放。因为女人明白，与其在家中做一些即使累弯了腰也看不到任何功劳的事情，倒不如出来和男人一起养家糊口。于是，女人们纷纷走出家门，开始有了自己的工作和事业。

女人们开始在工作和家庭之间忙碌地奔波着，于是，事业和家庭不能兼顾的矛盾开始出现在职业女性的生活中，要事业还是要家庭这样的话题屡屡被提上议事日程，却又不得不屡次被无可奈何地放下。在这个过程中，女人感到很辛苦，虽然很多的时候是乐此不疲，但是，疲惫之时，的确希望能够歇一歇。

社会在前进，在某种程度上也在轮回。有一部分累极了的女人们，或者被前辈的辛苦或市场的竞争吓怕了的女人们，又重新开始选择做全职太太。不过，这些全职太太和传统意义的家庭主妇又有所不同，她们往往是受过高等教育、有知识、有思想的女性。她们在家，也并不是整天做家务带孩子，她们虽然不去做朝九晚五的工作，但是，她们有自己更科学、更合理的时间安排，她们有更自由、更随意的工作和生活方式。她们和职业女性一样，与男人一起撑起一个家庭，而且，把家庭经营得更幸福。

全职太太的新创意

这些全职太太，在打理家务、相夫教子之余，都会为自己找一份属于自己的事情去做，有独立的经济收入是一方面，更重要的是，在精神上获得了独立和自由。

（1）做兼职：今年40岁的李晓梅，本来是一家运输公司的会

计，由于单位经营不善，被迫破产，她成了失业人员。李晓梅的丈夫收入不低，养家没有问题，愿意让她在家做全职太太。但是，她觉得自己还年轻，不甘心就这样成为一名家庭主妇。可是，40岁对于一个女人来说是个尴尬的年龄，重新找工作，不一定能找到合适自己的，而且，自己工作这么多年，既要上班又要照顾家照顾孩子，也确实有些累。后来，在朋友的帮助下，她联系到了几家小公司，做兼职会计，收入不算高，但工作时间比较灵活。这样，她既可以照顾家庭，自己也有收入，负责自己日常开销还是没有问题的。

（2）开家小店：29岁的小敏是受过高等教育后，选择做全职太太的80后新贵。小敏之所以选择做全职太太，一方面是工作压力大，而且她也不喜欢传统的工作模式，同时，也是为了更好地教育孩子。小敏的丈夫是一家公司的销售经理，平时工作很忙很累，她也在销售部门工作，工作压力也很大，这样，两个人都没有时间照顾家庭。考虑再三，小敏在怀孕5个月以后，毅然选择了辞职做全职太太。对于自己的孩子，小敏不希望由自己的父母辈来照顾，一是父母年纪大了，也该休息休息了；二是父母辈的教育方式与现代社会有些脱节，小敏想让孩子接受新式的教育。如今，孩子已经两周岁，在小敏的教育下，孩子健康而聪明。如今的小敏，除了做全职太太以外，还开了一家小书屋。小书屋不大，但布置得很温馨，属于半阅读半销售的方式。小书屋离家不远，只雇了一个店员，小敏有时间的时候就过来待会儿。小书屋生意不是太火，但是，也还有些盈余。而且，来这里看书买书的人，一般都是有素质和品位的人，这样的环境，无论是对自己性情的陶冶还是对孩子的将来，都是有好处的。所以，小敏想，即使将来孩子上学了，她的小书屋仍然要开下去。

（3）亲情出租：兰馨今年只有25岁，属于那种一直顺顺利利的女孩。从小学到大学，一路就这样走下来，倒也没有什么特别的。大学毕业后一年，兰馨就与大学里相恋四年的男朋友走入了婚姻的殿堂。接下来，顺理成章的，她有了一个可爱的小宝宝。

眼看着自己的大学同学还都在拼命地读书充电，为自己未来的职业生涯继续准备的时候，只有25岁就已经做妈妈的兰馨，并没有感觉有什么不好。有了宝宝后的兰馨辞去自己的工作，但是，辞去工作后的兰馨并没有停下来专职带宝宝，而是开了一家“亲情出租”小店。

其实，这个想法早在上大学的时候兰馨就有过，原因来自于自己的外婆。兰馨从小由外婆带大，上大学后，兰馨每次回家看外婆，都能感受到外婆的孤独和寂寞。在那段时间里，她也发现了她的很多同学跟她有相同的感受。她们也曾经看到过这样的统计：目前我国60岁以上的老人已近1.5亿，而他们中的大多数都过得很孤单，原因就是他们的子女因工作繁忙，无暇顾及老人的生活。当时，几位同学就商量过，将来开个亲情吧，让这些孤独的老年人在亲情吧里重新找回温暖。

兰馨的亲情出租小店的服务对象当然是以老年人为主，来这里的老年人最大的感受就是孤独，所以，小店的服务项目主要是“陪”：诸如，陪老年人聊天、吃饭，消磨消磨时光，解除他们的孤独感和寂寞感，然后就是帮他们做一些实际的事情，比如买菜、做饭、购物、陪同看病、陪护等。

兰馨的小店面积不大，投资也不是很多，她招聘的店员都是一些性格开朗而且细心的人，店员多少和工作时间也并不是十分固定，兰馨自己有时候也会带着孩子过来。

如今已经经营半年的小店已经开始盈利，而且很受周围老年人的

欢迎，兰馨也有信心把小店经营得越来越好。

当然，还有更多的全职太太有更多的新创意，她们不去做朝九晚五的工作，但是，她们一样独立，一样拥有自我，一样可以与男人共撑一片天。如果你也想做全职太太，又不想依赖丈夫生活，不妨借鉴一下，或者自己来个新的创意。

现代社会的女性新贵们，除了时刻保持自我以外，在与丈夫相处的时候，也自有她们的新方法。她们随时都会有新的创意和新的想法，会时刻保持着一份全新的激情，让自己和自己所爱的人，一直生活在一种全新的永不厌倦的幸福中。

第八章

职场人脉，做办公室中最受欢迎的人

作为职业女性，一天中有三分之一的时间是在办公室与同事一起度过的。那么，你与同事相处得好坏、与上司的关系如何，会直接影响到你的心情、你的工作，甚至你的未来。但是，不是每个职业女性都能很好地处理好办公室里的人际关系的。有很多女性，本来工作能力很强，只是因为不能很好地处理办公室人际关系，而使自己走到哪里都不受欢迎，使办公室里的人际关系成为自己事业发展的障碍。

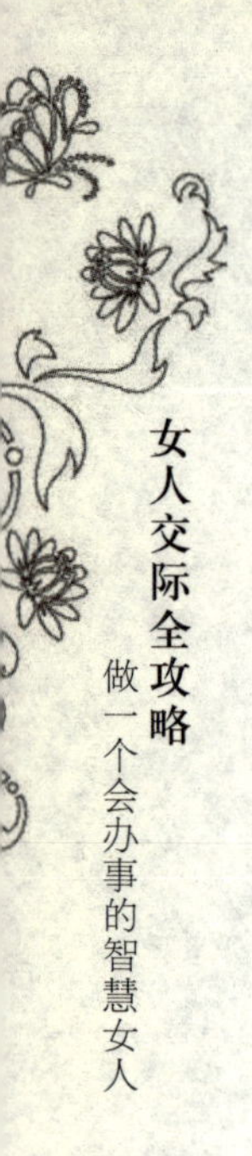

鼓起勇气，勇于自我推销

推销是一种才华，也是一种艺术，就像是绘画的能力，这需要培养个人的风格。有了这种才能，人们才可能安身立命，才能抓住机遇，使自己立于不败之地。

怎样推销自己

推销自己对一个人的成功来说十分重要，一般有以下几种技巧。

（1）以实际行为来表现自己。表现自己不是自夸，而是最大限度地表现你的美德。靠人发现，终归是被动的；靠自己的积极表现，才是主动的。成功者善于积极地表现自己的才能、德行以及各种各样处理问题的方式。这样不但表现自己，也学习了别人的经验，同时获得了谦虚的美誉。在适当的场合、适当的时间，以适当的方式向你的领导与同事表现你的业绩，是很有必要的。

（2）发挥自己的长处。人有百种，各有所好。假如你在求职时，投其所好仍然没有被对方接受，你就应该重新考虑自己的选择，找一个与自己专业技术相关的行业去自荐。美国咨询专家奥尼尔说："如果你有修理飞机引擎的技术，你可以把它变成修理小汽车或大卡车的技术。"

（3）适当表现你的才智。一个人的才智是多方面的，假如你想表现你的口语表达能力，你就要在谈话时注意语言的逻辑性、流畅性和风趣性；如果你想要表现你的专业能力，当上司问到你的专业学习情况时就要详细说明，你也可以主动介绍或者问一些与你的专业相符的情况；如果你想要让上司知道你是一个多才多艺的人，那么当上司问到你的兴趣爱好时就要趁机发挥，或主动介绍，以引出话题。

（4）自然流露而不要做作地表现。成功者从不夸耀自己的功绩，而是让其自然地流露。如果你以请功的口气直接向你的上司说："我做了某事，这事很不简单，做起来真不容易，具有很高的价值。"这样，你只会降低自己在上司心目中的价值。

能够将自己推销给别人的人才能推销世界上任何有价值的东西。而不懂得推销的人就没有那么幸运了，他们把自己装在套子里，不敢向自己提出挑战，亦不敢将自己的形象公之于众。这种人会处处碰壁，一无所成。其原因很简单：他们不善于推销自己。

让你的简历"歪打正着"

说到推销自己，就不得不说到简历的投放上，你需要在简历的制作和投放上下哪些工夫，才能让你企盼的掌管好工作的人事经理注意到你的简历呢？以下内容是招聘行业元老透露出来的行业秘密，以企业人事经理的角度来给求职者建议。

（1）简历要与大公司沾边。一般人事经理搜索人才时，会以关键字"知名企业名称＋职位名称"，如消费品行业可能喜欢"可口可乐"，人事经理会这样搜索："可口可乐＋销售经理"，系统会搜索到简历中出现以上关键字的求职者。如果你的简历里出现知名企业名称的字样，就可以被搜索到。

（2）经常刷新简历。人事经理搜索人才时，符合条件的简历是

按刷新的时间顺序排列的，而一般的人事经理通常只会看前面一两页。因此每次登陆，最好都刷新简历，这样就能排在前面，更容易被人事经理找到。

（3）不要只应聘最近三天的职位。你可能认为刚刚发布的最新的招聘信息成功率是最大的，其实不然。因为刚刷新的职位会排在前面，这些职位应聘的人多，竞争激烈，相反，一些职位已经是半个月前甚至是两个月前发布的，应聘的人少，成功率反而高。

（4）让你的邮件永远在最前面。人事经理每天要看求职者邮箱，但他们肯定不会都看完，一般只看前面几页。那么，发邮件到企业指定的邮箱时，怎样才能让你的邮件永远排在最前面呢？只要在发邮件前，把电脑系统的日期改为一个将来的日期，如2011年，因为大多数邮箱都是默认把邮件按日期排序，所以你的邮件起码要到2011年以后才会被排在后面。

品牌也是实力

向别人介绍自己的时候，要拿得出可以介绍的东西。毕业于名牌大学的光环效应，完全不亚于一个美女的形象，但这不是人人都可以做到的事情，`不管是学历还是工作经历，都需要靠长时间的努力和用心才能获得。能够迈入名牌大学校门，或者通过某个资格考试，都会得到一个专业职称；如果能在某个知名的大企业中工作，哪怕只是临时工，事后也会在自己的履历上增添光彩。

去年跳槽的华芸，之前在一家连锁店工作，辞职后又顺利找到新工作。华芸后来才知道，自己的履历中，曾经在那家大公司工作的经历给人事经理留下了好印象，这也是她能顺利找到新工作的原因之一。同是一个业界的公司，一定了解其他公司的内部情况，而大公司的品牌可以影响到人事部门的决策。

在别人眼中具备了某些条件的人，比那种看起来什么都没有的人更容易获得成功，这正是因为有不错的“包装”而得到的肯定，从而更容易让人找到自信。所以，有必要把自己包装一下，然后告诉自己：“我是一个了不起的人。”

推销自己时，你一定要看起来很有信心，你要认为你有资格担任那项职务，如果你被雇用的话，要相信你会做得很好。此外，当你推销自己的时候，别担心自己会做错事，但一定要从错误中得到教训。

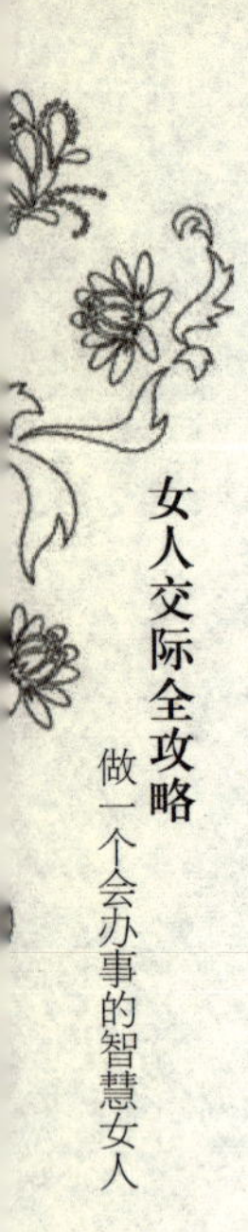

职场女性，拒绝不是你的错

我们在生活中，难免会遇到自己不想做、不愿做、不该做的事。面对对方的请求，该拒绝的时候要学会拒绝。职场是个小社会，在这里，什么样的人都可能出现，什么样的事情都有可能发生。面对自己不想做或者无力做的事情时，要学会适时地拒绝，要知道，拒绝不是你的错。

你不必八面玲珑

女人天生有一颗水做的心，温柔、软弱。因此，遇到需要帮助的人时，女人总是愿意伸出自己的手。作为一名职场女性，面对同事提出的请求，大多数时候都会尽自己最大的努力去帮助对方。

许多女性可能都有这样的困惑，对于同事的请求，自己明明知道做起来会很累很辛苦，甚至根本就无力完成对方的请求，但就是无法拒绝。一是碍于面子，张不开嘴；二是怕拒绝后会让对方不高兴，从而影响了同事之间的关系。但是，你要知道，并不是你把所有的事情做好就能尽如人意了，你不可能做到让所有人满意，也不必让所有人满意。

距离与拒绝，是身为女性必须学会的两个技巧。尤其职场女性，对这两个技巧要掌握得炉火纯青、登峰造极才行。

如果你尝试和所有同事都保持很好的朋友关系，那么，结果很可能会让你沮丧。因为，并不是每个人都一定会欣赏你，也并不是每个人都想和你做朋友。对于朋友来说，你的帮助可以让你们之间的关系更亲密、更融洽；而对于不想和你做朋友的人，你毫无节制的帮助，也许只会助长对方继续利用你的心态。所以，女性千万不要想用自己乐于助人的方式去结交所有人。

在选择朋友的时候，你只要选择与你喜欢的或者志趣相投的同事成为朋友就可以了，对于其他人，只要和对方不形成敌对状态就够了，又何必非要所有人都成为你的朋友呢?

对于女人，八面玲珑不一定完全是好事，你也没有能力做到八面玲珑。很多时候，你越是尽力去讨好每一个人，反而就越容易失去大家的好感。

同事长期相处，相互之间总会因为性格不同、爱好不同、观点不同等差异而产生一些分歧。这些分歧，有的可以化解；有的反而是你越想化解，分歧却会越来越大。因此，你不必费尽心思，处处去讨好别人，做好自己应该做的就可以了。

帮忙也要量力而行

在职场上，同事之间相互帮助是应该的，很多事情是需要几个人通力合作才能完成的。即使是对方可以单独完成的工作，你帮助对方一把也没有什么。

但是，很多情况下，女人要学会拒绝，因为很多事情不是你一己之力能够完成的。你把你该做的事情做好，对于同事的事情，在自己力所能及的情况下帮一把也无可厚非。但是，不要因为帮助别人而把自己的工作耽误了；或者因为不愿意得罪人，而答应所有人的请求，最后把自己弄得筋疲力尽，还会费力不讨好。

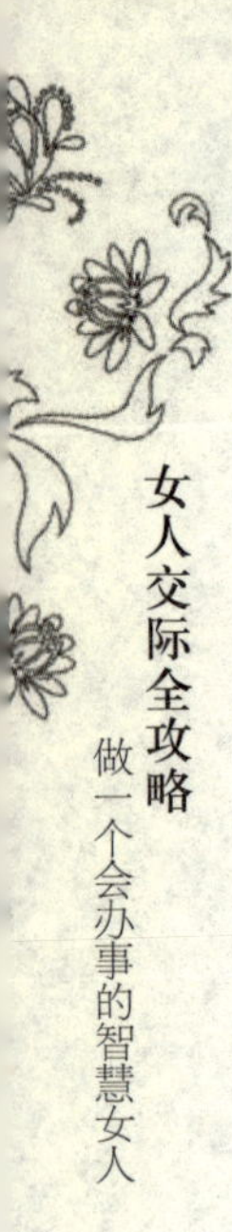

学习涉外文秘专业的文华，毕业后应聘到一家外企做了一名文员，她日常的工作主要是负责文件整理和到银行等单位办理一些公司日常事务。这些事情虽然看起来很简单，不过已经让她每天都很忙碌了，好在文华刚刚毕业就找到一家知名的外企，所以，工作起来虽然有些累，却做得很开心，很知足。在工作中，文华不但勤奋认真，而且和同事的关系也处得相当好，对于同事的请求，几乎是有求必应。她认为，自己是刚参加工作的新人，和同事搞好关系是很关键的，反正自己也年轻，多帮同事做一点儿事情也没有什么。也正因为如此，同事们对她很好，老板对她的勤奋和敬业也很欣赏。

这天，又有一位同事问她可否帮助复印几百份产品介绍，文华看看自己手头待处理的文件，迟疑了一下，还是答应了，心想这不会占用很多时间的。

可是，这次文华却做错了，她手头待出处理的文件出了一点儿小麻烦，而且占用了她的下班时间。当文华处理完自己手头的工作时，下班时间早已经过了，她已经没有时间去复印了。

对于这件事情，文华自己感觉很内疚，同事也不满意。在老板眼里，文华也成了无法承担大事的女孩。

无论是上司委派还是同事请求帮助，在接受这些请示时，一定要懂得量力而行。为了让别人看得起而给自己加太多额外的压力，往往会因为能力不足而不能完成，结果与初衷大相径庭。尤其是刚刚参加工作的女孩，在他人面前具有的形象应该是办事高效、精力充沛、说到做到、可以担当重任，这才是职场中成功女性应有的形象。

对于职业女性来说，自己工作以外的事情，如果不是不可推脱，就不要接手任何别人推给你的问题或责任，如果你接受所有找上门的问题，你自己分内的工作将很难顺利地展开。

拒绝也要讲究方式

当然，如果我们不想或者不能帮助别人而需要拒绝对方时，也要懂得讲究拒绝的艺术，让对方理解你的苦衷，认同你的理由，不至于因为拒绝伤了和气。

首先，在拒绝别人时，要注意拒绝的时机。一定要等到对方说完他的请求以后，再根据他的请求，说出你拒绝的理由。如果不等对方说完就直接拒绝，对方会觉得你根本就没有认真听他的请求，认为你并没把他当做朋友，对方的自尊心会因此受到伤害。

拒绝别人时要注意自己的态度。被人拒绝本就不是一件开心的事情，如果你在拒绝时态度不好，对方更会感觉受到伤害。拒绝别人的请求时，要以真诚的态度，耐心地告诉对方你不能答应他请求的理由，让对方理解你的苦衷，这样，对方即使不能得到你的帮助，也可以感受到你真诚的态度和用心。

拒绝别人时要注意措辞。如果不是特别需要，最好不要严词拒绝。对于你不能答应的事情，直接告诉对方，但是，语气要委婉一些，态度要温和一些，给对方一个台阶，也给自己一个台阶。这样，双方都不会感到尴尬。如果有可能的话，站在对方的角度上考虑一下他的实际问题，帮助对方想想办法，让对方明白，自己不能帮忙实在是力所不及，而不是无心帮忙。

拒绝是一门艺术，拒绝的最高境界是让拒绝和被拒绝的双方都不陷入尴尬处境。运用好拒绝的艺术，拒绝时就不会把朋友推向你的对立面，反而会使你赢得更多的朋友。

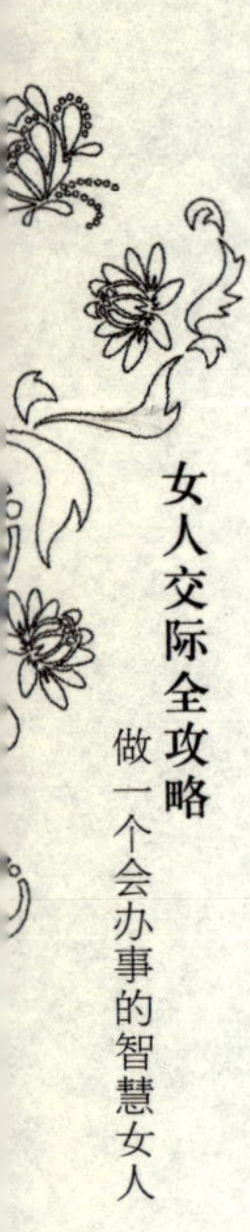

与同事和谐相处

在市场竞争日益激烈的今天，办公室同事之间，除了能力上的比拼以外，更不可以忽视的办公室政治问题。同一办公室同事之间关系相处得是否和谐，相互之间是否能够通力合作，互相配合，都与我们和同事相处的方式有很大关系。女性在办公室里与同事相处时，有很多需要注意的地方，在此列举一些需要注意的地方，供职场丽人作为参考。

低调展现自己

许多女性在刚刚参加工作的时候都想突出自己的能力，认为只有这样，自己才能在单位站稳脚跟。这一观点本身并没有什么错误，但是，可以把你的能力适时地很好地表现给你的上司，而在同事面前，尤其是同办公室的同事面前，最好能低调一些，不要表现得太张扬。我们表现自己的最终目的是要赢得上司的认可和重视以及同事的认同和尊重，这样，就能和同事工作时配合得更加和谐，与同事之间的关系也会更加融洽。所以，即使你的能力确实很超群，那么，你在展露才华的同时，在同事面前要保持低调的做人态度，尽量让自己看起来和其他同事是一样的。

在办公室中，每个人都希望能得到别人的肯定，都在不自觉地维护自己的形象和尊严。如果你在表现自己的时候过于张扬，谈话时过分地显示出高人一等的优越感，那么无形之中，就是对周围同事自尊和自信的一种挑战与轻视，会导致同事对你产生排斥心理，严重者甚至会产生敌意。在同事面前，对自己的成就要表现得低调一些，谈到自己的成绩时要轻描淡写，不要张狂。这样一是为了避免同事的嫉妒心，同时，低调也会让你赢得同事更多的尊重和欢迎。

女人之间本身容易产生嫉妒心，如果你周围的同事大多和你一样也是女性，那么，你更要注意，除了在工作中在同事面前不要太“显摆”自己，在其他方面，也要尽量保持低调，这些对于你处好同事关系肯定是有好处的。

法国哲学家罗西法古有句名言：“如果你要得到仇人，就表现得比你的朋友优越吧；如果你要得到朋友，就让你的朋友表现得比你优越。”

不要私下向上司争宠

作为办公室女性，与自己的上司搞好关系是必需的，也是必然的，用一些工作之外的方式联络感情不是不可以，但是，有一点你需要特别注意：不要私下向上司争宠。如果确实想联络与上司的关系，可以和周围几个层次相同的同事一起去。这样做，一方面让上司不会对你有戒备心，不认为你讨好上司有什么不可告人的目的；同时，也可以让同事的心理平衡，不让同事怀疑你对友情的忠诚度。否则，你的同事们就会在下意识里对你有防范心理，甚至会担心平常对上司的抱怨会被你出卖，认为你会借着“献情报”向上爬。如果同事有这样一种心理的话，你接下来的日子就不好过了，他们也许会在工作中不配合你，处处给你出难题，在同事相处时把你孤立起来等。

中庸一些，不要嫉恶如仇

办公室同事很多，每个人都有自己的性格特点、生活方式和处世态度。对于同事当中一些你不喜欢或看不惯的行为方式，只要没有造成什么不好的影响，或者只是一个人的习惯和处理方式的问题，大可不必干涉别人，更不可表现出嫉恶如仇的样子，对对方进行指责。

如果你愿意帮助对方改正一些不好的习惯，你可以诚恳地与对方沟通交流，也许，对于你中肯的意见和建议，对方会很感激地接受呢。如果你不愿意帮助对方或者认为对方简直没法沟通，那么，你尽可以安心做你的事就是了，别人自己的事情自己会处理。

职业女性要大度

如果你是一名性格开朗的职业女性，如果你快人快语，而且口才十分了得，那么，在你与同事相处的过程中就要注意，在适当的时候要管住自己的嘴巴。

管住嘴巴不只是不乱讲话，不讲错话，还包括在对的时候讲对的话，这就是在有理可讲的时候也不要得理不饶人。在与同事相处时，一定要学会克制自己。在有些时候，你可能确实有理，对方也承认你是对的，但是，如果你还是死死抓住对方的“小辫子”不放手，非要让对方败下阵来当面认错，那样就不好了。得饶人处且饶人，给别人面子，其实也是给自己台阶。

有些女性，之所以与人相处得不愉快，就是因为自己心胸狭窄，不够大度，喜欢在一些小是小非上纠缠不清。时间长了，一些对别人的意见就变为了成见，一时的怨气也就变成了怨恨，在感情上就会排斥别人，甚至到了反目成仇的地步。

韩小聪是一家公司的网站管理员，上大学时就是高才生的她到公司以后如鱼得水，很快就能独当一面了，为此老板对她很欣赏，很快就把她提拔成业务主管。

春风得意的韩小聪想：这下自己可以尽情施展自己的才能了。却没想到，由于她的斤斤计较和不能容人，让老板不得不忍痛割爱，炒了她的鱿鱼。

原来，韩小聪虽然聪明，却是一个非常自我、处处不容人的女孩，依仗自己有才能，不管是对老板还是对同事都很不客气。老板因为爱惜她的才华，对她的行为也就睁一只眼闭一只眼。对于同事给她提出的建议和意见，韩小聪更是不能容忍，认为是同事故意刁难她，因而常常对同事恶语相讥，为此，同事都对她意见很大。老板也为此侧面提醒过她，但是，她都当做没听见一样，照样我行我素。

终于，在一次需要几名同事一起合作的一个项目中，因为她的极度高傲而不听取别人的意见，导致工作无法合作完成。几名同事同时向她提出意见，老板也参与进来，希望她能与大家一起合作。她却认为是老板和同事一起与她作对，没想到恼羞成怒的她一怒之下，竟然动手毁掉了同事的个人网站和公司的企业网站，并且让公司的企业邮箱感染病毒，不断向客户发送垃圾邮件和病毒。

看到公司上下被自己搅得乱作一团，韩小聪有些得意，她想着让老板来求她，但是，已经忍无可忍的老板给她送来的是一纸解聘通知。伴随解聘通知一起来的还有公安机关的处罚单，她因为危害网络安全罪，受到了治安处罚。

韩小聪因为对同事不同意见的不包容，和同事和老板不能和谐相处，又因为她的心胸狭窄，导致她做出一些过激的行为，最终使得才

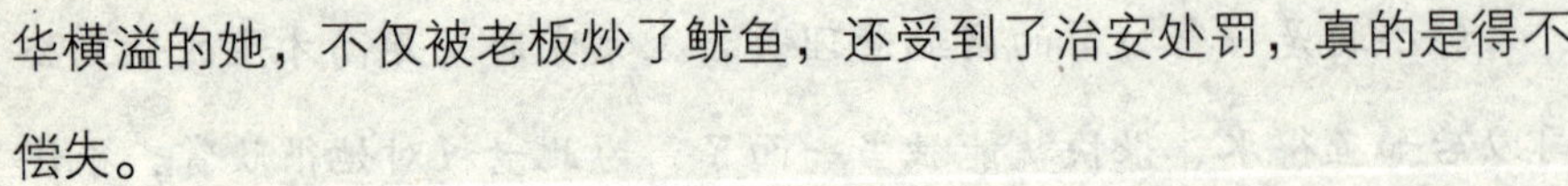

华横溢的她，不仅被老板炒了鱿鱼，还受到了治安处罚，真的是得不偿失。

一个善于包容的人，能够与别人求同存异，能够听取各种不同意见，尤其是与自己观点相反的意见。他们能虚心接受别人对自己的批评，一旦发现自己的过失就会立刻改正。包容的人和别人发生矛盾时，往往能够主动检讨自己，而不是推卸责任。

如何应对女同事的嫉妒

“嫉妒是女人的天性。”虽然这句话听起来有些偏激，但是，在竞争激烈的办公室里，女同事之间很容易因为各种事情而产生嫉妒。我们可以克制自己不去嫉妒别人，但却不能保证别人就不嫉妒我们。

如果你在公司里是一个非常出众的女人，那么你一定会感受到来自于身边同性同事的强烈嫉妒。女人嫉妒的范围非常广，包括你的职位、工作能力、上司对你的赏识、你的外貌、衣着乃至你的家庭状况……虽然嫉妒并不会给你带来直接的危害，却会为你埋下失利的种子。那么，如何应对同性的嫉妒呢？可以采取以下的方法予以解决。

与对方共享美丽

女人最容易引起同性嫉妒的地方就是外在的美貌。也许你的女同事可以容忍你的职位比她高、薪水比她高、能力比她强，但是却不能容忍你比她美丽，不能容忍你是办公室的焦点。不少女性对比自己漂亮、着装比自己迷人的女同事怀有“敌意”。

陈芳第一天上班，与同事们接触的时候处处都十分小心，因为在此之前，就有朋友告诫过她，办公室的生活是非常复杂的。为了能够给同事们留下好印象，她还特意打扮了一番，化了淡妆，配上了一条漂亮的

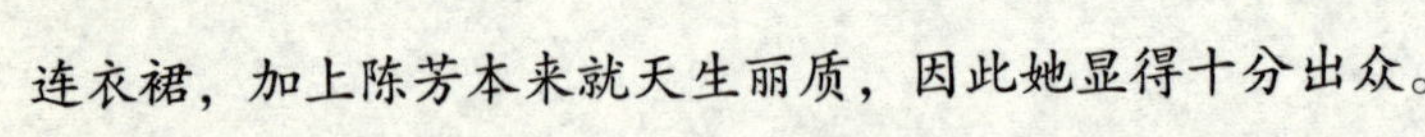

连衣裙，加上陈芳本来就天生丽质，因此她显得十分出众。

陈芳本以为自己一定可以很快融入新的工作环境中，没想到公司里的女同事没有一个愿意理睬她，肯和她接近的反而是男同事。虽然她尽全力地和每一位女同事接触，但似乎她们都对她怀有敌意。

陈芳回家后想了一个晚上，第二天上班的时候，她主动把自己穿衣搭配的技巧、美容的方法等全部告诉给了那些女同事们，这一招果然奏效，很快，陈芳就成了办公室里最受欢迎的人。

虽然女性很容易对同性的美产生嫉妒，但她们同样渴望自己的美。因此，当同事对你的美表现出嫉妒时，不妨忍痛割爱，将自己的美丽秘诀“分出”一部分给对方。这样一来，你一定可以获得对方的好感，从而拉近彼此的距离。

主动示弱，使别人感到心理平衡

除了外表，在工作中，最容易惹同性嫉妒的恐怕就是你所取得的成绩了。在同一个办公室做同样的工作，凭什么你比她们的薪水高？凭什么你能得到晋升的机会？因此，你在工作上所取得的成就难免会让你的同性同事嫉妒你，特别是那些年龄比你大、入行比你早、资历比你深的人。

应对这种嫉妒的方法很简单，那就是找一些你不如对方的地方，让对方把关注点放在那上面。这样一来，对方原本失衡的心理就会变得平衡，从而消除嫉妒心理。

主动示弱，让你的同性同事们觉得，其实你也有一些地方不如她们，而且你还必须低调，让那些嫉妒者感到心理上的平衡，从而消除她们的嫉妒心。

许多女人之所以会招来同性同事的嫉妒，很大程度上是因为她们对自己的利益过分看重，在工作中总是追求太多的利益。很多时候，人们对这种做法感到反感，再加上同事的利益也被她们剥夺或占有，因此不免产生嫉妒之心。有些在工作上所谓的名利并不一定会给女人带来很多好处，相反会招来同事们的嫉妒。要特别注意的是，当你所在的部门获得了某一特殊荣誉时，千万不要将它据为己有，而是要大方地分配给每一个人，这样可以满足所有的人。

同事之间要保持恰当的距离

有一群刺猬，在冬天想靠彼此的体温来御寒，它们靠紧起来，但马上又感到刺得疼痛，于是又分开。然而温暖的需要，再使它们靠近时，却又吃了同样的苦。它们在这两种困难中，终于发现了彼此之间的适宜的距离，既温暖又不会伤害对方，它们能够过得最平安。

其实，每个人都像“过冬的刺猬”一样，需要彼此交往、彼此靠近，但也需要一个个人空间。而这个个人空间在一般情况下是不容侵犯的，但又不是一个无限大的空间。心理学家们将这种现象称为“刺猬效应”。

不可过远，也不可过近

人与人之间是相互需要的，保持距离才能产生安全感。距离是一种人际学问，在小小的办公室中，接触最多的就是同事，慢慢靠近是必然的，产生感情也是很正常的，但是一定要很好地掌握这种距离。

大学毕业那年，丁小洁单身去了一个离学校很远的城市。初来乍到的她不认识任何人，走到哪里都是陌生的世界，没有人和她说话，没有人和她一起分担离家的苦闷。丁小洁满腔的热情遭遇了冬天般的寒冷，整个人像被冰封了。

华美是办公室里第一个冲丁小洁微笑的人。她们从每天只简单打一个招呼，到对某些公共事物发表极其相近的个人看法，随着话题的深入，华美让丁小洁感觉到与人交往的温暖。

她们的共同话语越来越多，共同的活动也越来越多，工作日一起上班，周末一起逛街。那段时间里，两个人几乎是形影不离，形同姐妹。

很快，她们就发现了对方许多自己不能容忍的性格特点，一开始，彼此还能相互包容、忍耐，最后，终于爆发了。丁小洁和华美相互说着刺痛对方的话，因为对于对方了解得深，所以相互伤害得也深，直到有一天，丁小洁从这种相互牵制的关系中决然而又不舍地退出。

我们每个人都有自己习惯的生活空间，不喜欢别人侵占，有时即使是最好的朋友去占，我们也会在潜意识里感觉不舒服。

由于办公室的同事之间建立起来的感情和女人闺蜜之间的感情不同，要想继续保持这样的感情就要掌握好距离，不远不近才能既合作又不伤害对方。

办公室中应该避开的话题

下面这几个问题，最好在办公室中不要谈起。

（1）闲时少论人非。一定要牢记这句话："静坐常思己过，闲谈莫论人非。"不要议论别人或说别人的坏话，如果你有怨言，可以找你真正的好朋友来倾诉。对同事讲怨言有可能就埋下了定时炸弹，对同事不是什么话都可以说的。当你的同事有杰出表现时，你应该诚心诚意地表示称赞，这样会使对方认为你是他的知己而对你推心置腹。

（2）打探别人隐私。尊重同事的隐私权，避免让关怀成为恶意的打探。与同事相处时要尊重别人的私生活，避免背后议论别人，因为很多事情局外人是无法了解的，如果以讹传讹，将会造成严重的伤害。

（3）个人感情问题。自己的感情问题，轻易不让同事了解，其实是非常明智的一招，是竞争压力下一种有效的自我保护措施。办公室中要保护你自己的隐私，也不要干涉别人的内心，保持你们的距离适中。

在职场中，女人在说话时要仔细斟酌，对于不宜在办公室里谈论的话题，尽量少说，否则一句错话会为你带来不必要的麻烦。

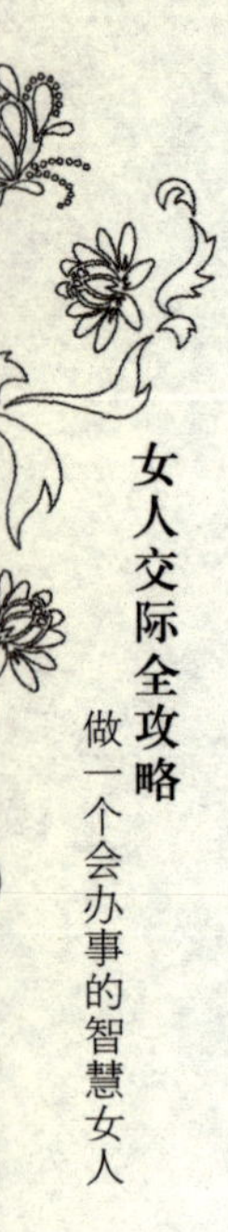

表现自己，要恰到好处

对于一个生活在信息社会的现代女性来说，你不仅要会做事，而且还要会“表现”自己。只有表现出来的才华才是真正的能力，金子如果埋在土里不发光，也不会有人把它当做宝贝。同时，另一个问题也出现了，勇于表现自己没有错，那么，怎么样表现自己才更合适呢？是不是只要极力把自己推到上司面前就算表现成功了呢？表现自己之前需要做些什么呢？

要懂得在上司面前表现自己

现代职场的竞争异常激烈，人才济济。在这样的一个环境中，如果你不能主动地把你的才能表现给你的上司看，那么，你的上司就会真的看不见。因为，到处都是发光的金子，如果你的光彩不能引起他的注意，你就只能在角落里等着了。一味被动地等待上司来发现你的才能，那是极为愚蠢的想法。不要相信只要努力就会有结果，不会向老板推销自己的人，常常是得不到应有的回报的。

小洁是个文静内向的女孩，从小所受的教育就是少说话多做事，参加工作以后，小洁也一直秉承着这一原则，在工作上是兢兢业业，从不挑肥拣瘦。她的勤奋和努力也是大家有目共睹的。但是，她在这家单位已经工作两年了，按她的能力，上司也应该有所“表示”了，但是，小洁却从没得到过任何升迁和奖励。

原来，问题就出在小洁文静内向的性格上了。因为性格的原因，对于自己工作中的业绩以及对一些问题的看法、建议，小洁根本不敢和上司交流。而且，小洁除了工作以外，很少和其他别人接触，更不用说自己的上司了。小洁的上司郭主管本就是个很严厉的人，几乎每次见到她，小洁都会远远地就想办法避开，对于这一点，郭主管也能感觉到。她甚至感觉小洁在刻意躲着她，肯定是工作中出现了什么过失或错误，因此，她对小洁的工作也是格外挑剔，有时甚至到了吹毛求疵的地步。

在郭主管眼里，小洁虽然已经工作了两年了，最多也只能是个无功也无过的、唯唯诺诺的小姑娘，不要说能力，潜力有没有都很难说。所以，郭主管并不认可小洁的能力，又怎么可能提拔或者奖励她呢?

小洁的失败，就在于她的不善于表现自己。作为一名职业女性，你要明白，上司不仅仅是你一个人的上司，更是大家的领导。上司有很多事情需要去关注，他不会刻意去观察你、关注你。所以，如果你想让自己出人头地，就要敢于大胆地在上司面前表现出自己的优势和能力，让上司发现你的光芒。这样，你才有机会得到提拔和重用。

在职场中，学会表现自己是非常必要的。不要以为只要少说多做，按上司的意思行事就能获得机会。殊不知，你的才能是需要表现才能让上司发现的。只会做事不会表现的人，会给人以木讷感，让人感觉缺乏创新精神，这种表现有时也会招来上司的反感。上司之所以喜欢有创新精神的员工，是因为只有创新才会给公司带来活力，能为公司创造更多的利润；而一味的沉默寡言则说明了你思想保守，缺少工作热情，没有创新精神。

台湾作家黄明坚有一个形象的比喻：“做完蛋糕要记得裱花。有很

多味道很好的蛋糕，就是因为看起来不够漂亮，所以才卖不出去。要是在上面涂满奶油，再裱上美丽的花朵，人们自然就会喜欢来买。”在竞争激烈的今天，如果你学不会做一块“涂满奶油而又裱了花的蛋糕”，那你就很难在众多的竞争者中脱颖而出。

表现要避免华而不实

对于职场女性而言，所有的技巧和艺术都是建立在自己的能力和实力的基础之上的。要想在一个单位站稳脚跟，要想让自己更快地走向成功，最关键的还是要有实力。虽然一些外在的张扬和表现是赢得上司和同事认可的条件，但是，只有外在而没有内涵的表现，却是一种华而不实的空壳，倒不如踏踏实实地用具体而细致的工作实力来证明自己。

某公司为了加强宣传力度，想招聘一个人来负责单位的宣传工作。经过层层筛选，最后剩下两名女大学生黄静和姚瑶。

黄静是某名牌大学新闻系毕业的，做宣传工作是专业对口，而且她为人机灵，头脑活络，很会“来事儿”。相比之下，姚瑶则略显逊色，不只她所在学校没有黄静的学校有名，而且，姚瑶是学中文的，做起宣传工作来也没有黄静那样得心应手，但是她做事踏实稳重，一丝不苟。两人各有千秋，公司领导决定给两人一个试用期，然后，从中选择一人留下来。

黄静对于领导意图和方向的嗅觉格外灵敏，她立即明白了“试用”的意图，于是，决心来个先声夺人、精彩亮相，好让领导知道，学新闻的她搞宣传工作绝对没问题。黄静果真是出手不凡，时间不长，便一连在公司内刊上发表了好几篇文章，宣传部门及公司领导都在私下里加以称赞。

而姚瑶则显得很安静，眼见已经过去一个月的时间了，姚瑶竟然一篇文章也没发表，公司领导有一些着急，问宣传部门的领导："姚瑶怎么没动静呀？她每天都在做什么？"

"她把党办的杂事全包了，有时还到销售点送材料、收集资料，干得挺踏实。"宣传部门的领导也是实话实说。

时间又过去了一个月，黄静的文章仍然接二连三地在内刊上发表，她在公司的名气也渐渐大了起来。而姚瑶呢，还是仍然一门心思地干那些日常琐事，俨然成了宣传部的"勤杂"，在宣传部门倒也讨人喜欢。而闲下来的时候，她就翻阅公司以前的内刊，并且有针对性地做一些记录。

三个月时间很快就过去了，到了公司领导做决定两个人谁留下来的时候了。正好是春节刚过，公司党委决定对职工开展一次思想教育活动，宣传材料由黄静和姚瑶两人各写一部分，一个星期拿出初稿，半个月定稿。

黄静文笔不错，她很快就完成了任务，洋洋洒洒好几篇，一些激励和鼓舞性的语言，听起来很是振奋人心。

而姚瑶直到最后一天下午才算完成了任务。姚瑶的稿子内容并不是很多，但是，三个月以来在宣传部做"勤杂"的经历以及对公司以前内刊内容的了解，让她的稿子在内容上更有针对性，所有的内容和问题，都是结合公司内部的实际情况及员工的思想动态而言的，语言也不华丽，有些地方甚至用了一些俗语来说明问题。

宣传部门的领导审核了两人的稿子后，非常意外。本以为黄静可以稳操胜券的他们，在审稿过程中却发现，黄静的稿子，尽管很有文采，却是空洞无物，显得华而不实；而姚瑶的稿子，就公司当前的情

况及员工的精神状态进行了细致的分析，并就这些情况，用朴实、通俗的语言有针对性地进行鼓动和激励，内容思路清晰，有血有肉，且鞭辟入里。

结果自然不言而喻，姚瑶成了公司宣传部的主管，而黄静又重新回到了求职的路上。

表现自己是很好的，也是必须的，在职场上，在二选一的竞争面前，黄静用先声夺人的方法让自己的才华熠熠闪光，从而引起公司高层的注意。但是，黄静在表现自己的同时，却忽略了公司聘用人才的目的是为了做具体实际的工作，公司需要的是脚踏实地认真做事的人才，而不是只要华而不实的文来。

办公室是一个小社会，同时也是一个大舞台。在这里，我们需要大胆地表现自己的才华和能力，这对于任何一名职场女性都是必须要做的。但是，我们在表现自己的时候更要注重，表现自己要根据实际情况，要有针对性地进行。即使你确实能够日行千里，而用人单位只需要耕田者，如果你不去表现你耕田的能力，一样属于无用的人才。

让自己在办公室如鱼得水

“办公室政治”是一门复杂的学问，是每一个走入办公室的女性需要上的第一课。办公室是一个小社会，在这个小社会里与同事和上司相处，并不比在外面的社会与人打交道简单。但是，就如在外面的社会处理人际关系一样，与同事和上司相处，只要你用心去做，付出你的真诚和爱心，合理运用智慧和技巧，在办公室同样可以如鱼得水。

做到热情而不暧昧

热情和微笑是每个人都不会拒绝的，尤其是女人的热情和微笑。虽然职场的压力和激烈的竞争，让人与人之间有了些隔阂，有了些距离，甚至有了一些明争暗斗，于是，办公室气氛往往显得有些压抑和紧张。这个时候，一声热情的招呼，一个温馨的微笑，就如春天里的阳光，让办公室里的每个人都能感受到清新和温暖，没有人会拒绝一个真诚而热情的微笑。

当然，对于同事间的一些小事情，如果你能够保持足够的热情，效果会事半功倍。比如，同事升迁、结婚、生子等，适时送上一两件小礼物，价值不高，但是能让人长时间受到感动……

作为一个职业女性，有一点儿需要注意，那就是表达你热情的时候，一定要掌握好一个度。同事之间，无论是同性还是异性，都应

该保持一个相对稳定的距离，过分的亲密有时会被别人误解你有所企图。尤其是对待异性同事的时候，更要注意，不可表现得过分热情和亲密，除非你已经对他芳心暗许。否则，你一个迷人的微笑就有可能导致出许多问题，让办公室变成一个不和谐的地方。

敏于事而慎于言

“敏于事”，包括你在工作中应尽的一切责任、一切应该做的事，要行动敏捷，效率高；“慎于言”，就是在办公室里不要乱说话，不要说错话，说话时要谨慎，讲究说话的艺术。

在办公室做事，并不是指你把本职工作做好就万事大吉了，而是要在工作中营造一种融洽的工作环境和气氛。在工作中把你的专业知识发挥到巅峰状态是理所当然，但是工作之外的点滴细节也是不容忽视的。你的工作最终能否做到最好，你的专业水平能否发挥到极致，都与周围同事是否与你配合得融洽和谐有关系。所以，除了“敏于事”以外，还要“慎于言”。

在办公室说话一定要讲究说话的艺术，和同事一起交谈时，注意多用“我们”少用“我”。经常用“我”的人，在无意识在就把自己隔离在其他人之外；而“我们”则会让你周围的同事感觉你们是一个整体，尤其是如果你的职位比周围同事高的时候，经常使用“我们”，会让其他同事感觉亲切，那样更容易赢得同事的尊敬。

不要吝啬你的赞扬

都说“好孩子是夸出来的”、“好男人是夸出来的”，这里再加一句，“好同事也是夸出来的”。其实，我们每个人都愿意听别人的赞扬，不管是不是承认，在内心，每个人都渴望得到别人的夸奖和赞扬。

办公室人才济济，几乎个个都是精英，每个人都有自己的特长。

表面嘻嘻哈哈、大大咧咧的一群人，其实在心里都藏着一丝不服气，都觉得自己是最好的。

如果你能够在适当的时候给同事一个赞扬，同事听了心里肯定会很舒服，因为，往往你说出来的话，正是她自己也想说的，只是出于矜持和顾虑而不好意思说出口，让你把她的心里话说出来，她能不高兴、不喜欢你吗？

王宁是名牌大学的毕业生，属于典型的“白骨精”一族。论才华，论能力，办公室的几个同事没有不佩服她的。王宁工作还不到一年，就升任了部门主管，同部门的同事对此倒也没有什么异议。毕竟，王宁的能力和业绩摆在那里，别人无话可说。但是，让部门同事“有话可说”的是王宁严格的管理。

王宁是个典型的完美主义者，她对手下员工的要求异常严格。无论是谁，只要在工作中出现任何纰漏，都会遭到她毫不留情的批评。在她任部门主管的这段时间里，没有一个人听到过她的赞扬，即使已经做得很好了，她还是会挑出一些毛病来。自从她当上主管，大家几乎每天如履薄冰，只怕哪里又没有做好而遭到她的苛责。虽然王宁告诉大家，这么严格要求大家是为了大家好，但是同事们似乎都不买她的账，有些员工甚至打了请调报告，要求到其他部门工作。

王宁的不得人心，就在于她的不会赞扬。在人的潜意识中，每个人都希望能得到别人的赞扬，尤其是上司的赞扬，是对下属的激励和鼓励。如果王宁能够在适当的时候多给予下属一些赞扬，相信她手下的员工肯定会支持和配合她的工作的。

办公室是一个小社会，也是一个大舞台，每个人都在这个舞台上表现自己。能否在这个小社会中过得开心、相处得和谐，除了工作能力，就要看自己的智慧和为人处世艺术了。

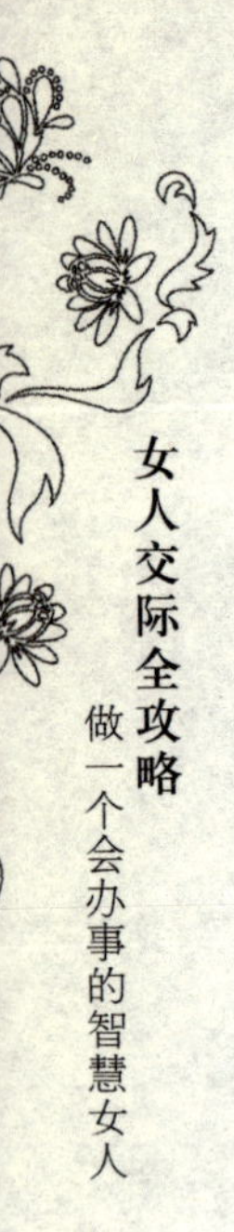

保持沟通，主动去敲上司的门

在职场上，员工的加薪、晋升的决定权一般都掌握在上司的手中。然而，对于一个管理众多员工的上司来说，往往比较容易遗忘那些与自己接触少、不善于和自己交流的人。从心理学的角度来说，时时保持与上司的沟通，能够让你时刻与上司的思维保持一致，把自己的能力和想法充分地展现在上司面前，进而成为让上司记忆深刻的员工，更容易获得晋升和加薪的机会。

主动找上司沟通

事实上，不管自己资格有多老、能力有多强，只要是下属，就只能在上级的支持和允许下工作。如果没有这种支持和允许，工作就无法顺利开展，更不要说创出成绩了。抓住适当的机会，将自己的想法和愿望及时主动地表达出来，与上司进行交流，才有可能得到上司的支持，从而得到更加广阔的舞台去实现自己的价值。

安妮从小就被父母教导，要埋头苦干，不要夸夸其谈。于是，安妮在走上社会工作以后，依然不爱和人说话，她谨守父训——事业是干出来的，不是用口夸出来的。部门会上讨论项目，安妮也总是躲在角落，虽然她认为那几个口若悬河的家伙说了许多废话，提的建议也不怎么高明，可她也不愿出风头去与他们争辩。但部门经理特别喜欢那些发言活跃分子，对于埋头苦干的安妮常常视而不见。

女性的竞争意识一向都不强烈，在工作中表现的欲望相较于男性要低得多。但是，上司也有解决问题的压力，也希望有下属积极为他出谋献策，也希望与下属多沟通。上司有时需要下属提出一些独特的“点子”。这些“点子”即使不一定被采用，也能给上司思考问题和做出正确决策提供一个新的思路。如果你没有见解，那么就很难得到重用，因为上司不喜欢只会苦干而不懂实干的人。

作为下属，你应该及时向上司汇报工作进程，如工作正在进行中，工作预计会延期或者工作已经完成。作为员工，你的声音一定要让上司听见，这一点很重要。如果你有什么好的意见、建议，应该大胆地说出来，让上司听见。当你独立做一个项目时，应每隔一段时间就向上司发一封E-mail，告诉他你工作最新的进展。E-mail有时白天发，有时夜晚发。这样上司能感觉到你一直在努力工作，并且非常重视与他的沟通。

向上司汇报工作还要注意形式和方法，想要成为成功的职业女性，就要清楚上司的喜好。有的上司喜欢当面倾听问题、情况，你就要学会口头陈述报告，而不要拿一堆文字材料去烦他；有的领导喜欢下属用文字方式打报告讲问题，你就要学会书写漂亮的报告呈交他细细琢磨，而不要用嘴巴跟他唠叨。

与上司沟通，力争给上司简洁、有力的报告，切莫让浅显和琐碎的问题烦扰他，但重要的事情必须要请示。与上司交谈时，不要虎头蛇尾。不把最后一句话说清楚，会给上司一种有气无力的感觉，甚至使上司怀疑你的工作能力。相反，把话尾讲清楚，会使上司感受到你的魄力，认为你很干练，同时也能感觉到你的开朗性格。

如何向上司提出要求

一方面，员工应该遵循上述的原则，要主动地与上司进行沟通，以获取其认可和器重；另一方面，还要懂得主动地为自己争取权益，大胆地向上司提出自己的要求。

当你需要向上司提要求时，一定要把握好时机和火候。向上司提要求，你要考虑自己提出的要求能被上司接受，关键要做到以下几点。

（1）要敢于向上司提出要求，要敢于争取自己的利益。一般来说，除非你的工作十分出色，否则上司是不会主动褒奖你的。有些时候自己的利益还是要靠自己来争取。所以，当涉及自己的利益时，一定要敢于争取，敢于向上司提出你的要求。

（2）向你的上司提出要求之前，你必须对你的要求做好权衡。考虑一下，如果你是上司，你能否接受这样的要求。倘若你自己都觉得这样的要求不能接受的话，那最好不要向上司提出，否则目的达不到，还会给上司留下不好的印象。

（3）选准时机向上司提出要求。最好是在上司心情愉快、较为空闲的时候，这时候上司高兴，你的要求被接受的可能性往往较大。

向上司提要求，一定要注意心平气和、面带微笑地陈述你的主要理由。然后再委婉地提出你的要求，尽量多用征询的话。

对工作有看法和想法不妨说出来

如果你已经工作了一段时间，你一定会在工作中有了自己的看法和想法，包括对工作进程、工作方法以及工作业绩和薪酬待遇方面。这时候，你要大胆地把自己的想法说出来，把你的思想和业绩都展现出来，这样，你就能够得到上司和同事们的认可与肯定，同时，也能够得到自己应该得到的回报。

主动表现而不是等待发现

也许你会默默地做许多工作，却不去努力争取你所感兴趣的职位，更不会向上司展现你的特长与才华，只希望上司能够有朝一日看到你勤奋工作的样子，进而发现你、提拔你，而你在他发现你之前，所做的只是等待。

方晓是一家广告策划公司的文案，进公司半年了，还在做试工期时的文字工作。她每天对着计算机，在拼音和五笔的相互切换中度过一个又一个工作日。方晓上大学时学的专业是平面设计，对色彩和构图的感觉极为准确和到位。看着同事们完成一个又一个广告创意与平面企划后那份欣喜与满足，方晓的内心真不是滋味，因为她认为自己完全可以比他们做得更好。可是，她既不主动参与公司的设计工作，也不好意思向上司讲出自己的想法和期望从事的工作。她相信上

司终有一天会看到她，注意到她。但是，她一直也没有等到机会。

作为单位的领导，他们的头脑中有许多事情要考虑，有许多关系要处理，你勤恳的工作态度他们固然不会视而不见，但若指望他能够明白你的真正需要，那也几乎是可望而不可即的事情。一味被动地等待他人的发现是极为愚蠢的想法，聪明的做法是在上司肯定了你的敬业精神之后，适时讲出你真正的需要，这样反倒会让他认为你是一个了解自己并充满自信的人，这样你也许就能得到自己真正喜欢的工作。

主动提出加薪

有没有主动提出加薪的要求，这就是一般职场女性与成功职场女性和大部分职场男性的差别。英国人曾经做过相关的调查，发现女人一生赚得的薪水一般要比男人少13％。这当中除了一些社会因素以外，大多数女性没有主动提出过加薪要求也是一个主要原因。

陈默默原来是一家公司的职员。自从进入公司，陈默默就开始勤勤恳恳、踏踏实实地工作，把自己的全部精力和热情都放在工作上，待遇一切听从老板安排，不争不抢不要。而且，她还利用一切时间和条件学习行业知识，为自己充电。很快，陈默默从试用工转正，又从普通员工一步步升为主管。她每年经手的营业额高达3000万元人民币，手下还管着400多名员工。老板给她的年薪是30元万人民币。对于这样的年薪，陈默默一直感到很满意。

但是，后来陈默默无意中了解到：其他两名与她同级的男性主管，每年能额外得到相当于一年薪水的奖金，而她的奖金只相当于半年薪水。而且，他们每年的基本薪水比她多15万元。

经过对比，陈默默突然发现拿那点薪水简直就是对自己不负责任，而导致自己薪水比别人低的原因就是她从来没有要求过加薪，总是老板给多少自己就拿多少。可是，像其他同事那样向老板当面提出加薪，陈默默总觉得难以启齿，毕竟自己是公司一手培养出来的。陈默默甚至差点想辞职不干，一走了之。不过最后，她还是决定先向老板提出加薪。

结果，老板很痛快地答应了陈默默的加薪要求，使她和其他主管享受同样的待遇。事情之顺利，大大出乎陈默默的意料。

加薪本是一件很正常的事情，你有理由主动提出这种要求。如果你感觉自己的能力、经验等已经达到需要加薪的时候了，就勇敢地去申请吧。该申请加薪的时候就不要犹豫。请求加薪未必都会成功，但如果不去申请，成功的可能也就不存在了。

许多员工在提出加薪要求时往往底气不够足，通常都是老板几句好话安慰，再拖上一段时间，事情就没有下文了。尤其是对女性员工，因为知道女人脸皮薄、胆子小，一些老板更是对女员工的加薪申请能拖就拖、能驳回就驳回。

所以，请提出你的加薪申请吧，千万别苦了自己。不提出加薪，就是对不起自己。

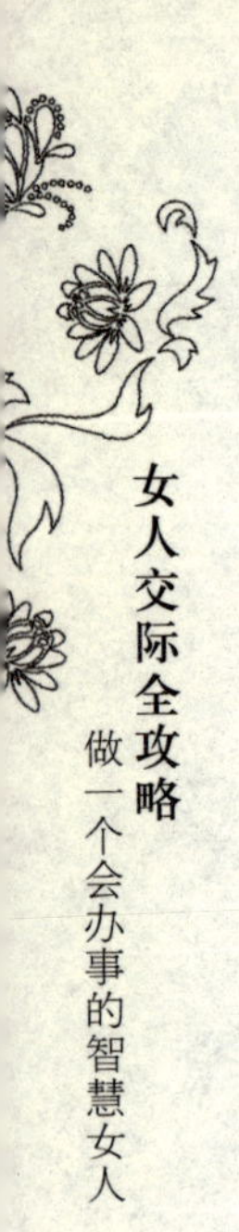

当自己成为女上司

作为女性，即使凭借自己的努力成为管理层中的一员，也很容易因为与生俱来的弱势而被人看轻，遭遇性别歧视。这样一来，你就会面临着下属尤其是男性下属不愿服从的麻烦。此时，你对下属既不能一味地用“软功”，苦口婆心地去劝导，也不能过于强硬，这样都可能使下属更加逆反，所以“软硬兼施”才是最佳选择，要知道，你是女人，同时也是上司，所以不要失上司的权威，同时也别丢了女性特有的温柔。

树立自己的权威

以下是成为权威女主管的5条法则，明白这些道理，也许能帮你在职业生涯中尽展自己美丽干练的风采。

（1）树立自己的威信。在一般人眼中，女主管给人的印象是胆量不够，办事不利索，眼光短浅，依赖性强。因此，女主管第一件要做的事，是塑造自己的形象，要树立自己的威信，要有领导的风范。证明自己的是工作能力，同时说话、做事也要能服人。做一个成功的女主管，会面临多方面的压力。除了上司和工作的压力，还会面临着男性下属不愿服从的麻烦。作为女主管，要拿出上级的权威，“恩威并举”，只不过这种“恩”要建立在“威”的基础上。

（2）工作上要公私分明。照章办事，公私分明。在工作中严格照章办事并不容易，有些人常钻“人情空子”，尤其是女主管亲近的人。这些人往往会设下友情的“陷阱”，利用和女主管的关系，做些不正当的事情，女主管往往会在不知不觉中做了别人的工具。

因此，女主管在遇到有损害自己职责和威信的事情时，一定要果断处理，哪怕是最好的朋友，也不能因此妥协通融，从而给别人留下话柄，给自己以后的工作造成障碍。女主管一定要按原则办事，但要注意的是，一定要做好善后工作。

（3）培养能力。作为女主管，如果私下交往不错的话，你还可以得到许多人的关爱。但是，如果你很能干，由于受到中国传统的大男子主义的影响，女主管在工作场合中，很难得到男下属真心的帮助。所以，女主管这时候唯一能依靠的只有自己，要能独当一面。能调动你的兵马，那么你就是一个有主见和有本事的主管。

（4）学会做领导，不要事必躬亲。女性一旦得到提升，便觉得自己应更加努力，很容易事无巨细都亲自接手。这其实是大多数新任女主管共同的症状，反而会使你变得心力交瘁、精神不振。同时，如果事无巨细你统统包办代替，下属也会因此而事事依赖你，从而，难以发挥他们应有的才能和整体配合的效益。要改变这种被动状况，你必须学会妥善地向下属布置工作。主管要学会指导下属从一个新的角度去展开工作。

（5）恰到好处地运用批评警告。作为一个女主管，当面临男性下属没做好工作而需要批评时，往往会难以启齿，担心伤害男人的自尊心。其实，既然你是主管，该说就要说，该批评的就要批评，不必有太多的顾忌。只是，批评时要讲求艺术，毕竟，男人的自尊心非

常强，一旦在女人面前自尊心受挫，便会产生强烈的抗拒心理。因此，在批评之前，最好先赞赏几句，然后再具体地提出建设性的批评意见，并提供改进的方法。

批评下属要用柔性策略

作为女上司，与下属沟通时一定要讲究策略。对于男下属，一旦批评不当，就可能伤害到他们的自尊心；而对于女下属，一旦批评不当，则会进一步激化同性的嫉妒，使其对你阳奉阴违。所以，既然是女人，就利用自身的优势，在批评或指出下属工作失误或不足时，采取委婉的沟通方式，尽量保持平和的语气，在不伤害男下属的自尊心和不刺激女下属的嫉妒心的前提下，促进下属工作的改进和完善。

柔性是女人的天生优势，有时候一个神态、一个表情，都可以起到沟通的作用。表达方式可以灵活多样，而不一定要当面说，可以采取正面引导的方式提醒下属。在你批评下属的时候，需要注意以下几点。

（1）批评要私下面对面进行。这样做，一方面保全了对方的自尊心，如果在有第三人的情况下，即使是正确无误地指责，也会引起对方的怨恨；另一方面，这是尊重对方的一种表示，使对方获得价值被认可的满足感，进而更加积极地工作；同时，还更加有利于彼此交流意见。

（2）在开始批评前，首先肯定对方的成绩。肯定和赞扬能够营造出良好的沟通氛围，为之后的批评奠定良好的情绪基础，使对方更容易接受批评；避免对方产生反射性的自我防卫以保护自己。

（3）批评要具体、有针对性、就事论事。不具体、拐弯抹角、指桑骂槐的批评通常会给人以无事生非、没事找事的感觉；明确地、就事论事地指出对方的错误才能让对方心服口服。

（4）提出解决方案。首先，批评的目的就是为了解决问题；再则，提出解决方案是自身能力的一种表现，能让对方从心里佩服，更加愿意接受批评。

（5）不要用命令的方式要求员工。用命令的口吻对员工提出要求，会拉大彼此之间的距离，使对方感到不平等和压迫感，容易激起对方的逆反心理；而自己也失去了人心。使用请建议性的、拜托式的口吻，可以增强下属的责任感，更有效果。

（6）一个错误只批评一次。同一个错误说的次数多了，对方就不以为然了。因此，与其喋喋不休地让对方厌烦，不如只做一次有效果地批评。

（7）批评以后要鼓励，要说出自己的期望。批评之后，以“好了，你可以走了”作为结束语，是非常不妥的，是虎头蛇尾的行为；相反，如果说：“我想你一定明白我的意思了，好好干吧，我期待你的表现！”如此就会激发对方更加积极地工作。

参考文献

[1] 亦辛. 女人22岁以后该做什么[M]. 北京：中国纺织出版社，2009.

[2] 林葳. 做一个会说话会办事的智慧女人[M]. 北京：现代出版社，2009.

[3] 赵晓鹏. 懂得交际的女人更快乐[M]. 天津：天津科学技术出版社，2009.

内容提要

对于女人而言，若想在这个社会生存，并且生活得很好，就必须让自己拥有充足的人脉资源，而人脉的获得必然离不开人与人的交往。如何让自己在社会交往中脱颖而出，如何成为大家喜欢并且愿意帮助与合作的人，这些都需要一定的方式与技巧。但是，许多女性缺乏交际技巧，以至于迟迟建立不起自己的人脉网络。本书就是要告诉女性朋友如何利用自身优势去打造、经营、维护自己的人脉。交际不只是男人的事，女人同样可以通过得体的办事方式来使自己成为交际场合最受欢迎的智慧女人。

图书在版编目(CIP)数据

女人交际全攻略：做一个会办事的智慧女人/咖啡猫女著. —北京：中国纺织出版社，2010.7

ISBN 978-7-5064-6482-6

Ⅰ.①女… Ⅱ.①咖… Ⅲ.①女性—人性关系学—通俗读物 Ⅳ.①C912.1-49

中国版本图书馆 CIP 数据核字(2010)第 097401 号

策划编辑：王　慧　　责任编辑：宗　静

特约编辑：李巧新　　责任印制：周　强

中国纺织出版社出版发行

地址：北京东直门南大街 6 号　邮政编码：100027

邮购电话：010—64168110　传真：010—64168231

http://www.c-textilep.com

E-mail:faxing@c-textilep.com

北京中印联印务有限公司印刷　各地新华书店经销

2010 年 7 月第 1 版　2015 年 2 月 第 2 次印刷

开本：710×1000　1/16　印张：20.5

字数：207 千字　定价：35.00 元
